Erich Zenger
Das Erste Testament

topos taschenbücher, Band 760
Eine Produktion des Matthias Grünewald Verlags

Edna Brocke
Pnina Navè Levinson
Ernst Ludwig Ehrlich
Nathan Peter Levinson
Marcel Marcus
die sich seit Jahren für eine Erneuerung
des jüdisch-christlichen Verhältnisses einsetzen
in Dankbarkeit gewidmet

Erich Zenger

Das Erste Testament

Die jüdische Bibel und die Christen

topos taschenbücher

Verlagsgemeinschaft topos plus
Butzon & Bercker, Kevelaer
Don Bosco, München
Echter, Würzburg
Lahn-Verlag, Kevelaer
Matthias Grünewald Verlag, Ostfildern
Paulusverlag, Freiburg (Schweiz)
Friedrich Pustet, Regensburg
Tyrolia, Innsbruck

Eine Initiative der Verlagsgruppe engagement

Bibliografische Information der Deutschen Nationalbibliothek
Die Deutsche Nationalbibliothek verzeichnet diese Publikation in der Deutschen Nationalbibliografie; detaillierte bibliografische Daten sind im Internet über http: / / dnb.d-nb.de abrufbar.

Unveränderter Nachdruck der 4. Auflage 1994 (Patmos Verlag)

Einband- und Reihengestaltung | Finken & Bumiller, Stuttgart
Umschlagabbildung | © KNA-Bild
Herstellung | Pustet, Regensburg
Printed in Germany

Topos ISBN: 978-3-8367-0760-2

www.topospplus.de

Inhalt

Geleitwort

von
Ludger Schwienhorst-Schönberger

Wie kaum ein anderer katholischer Alttestamentler nach dem Zweiten Vatikanischen Konzil hat sich Erich Zenger, der leider schon so früh von uns gegangen ist, um die vom Konzil geforderte Erneuerung des Verhältnisses der Kirche zum Judentum bemüht. Die vor zwanzig Jahren in erster Auflage erschienene Streitschrift – so die vom Autor selbst gewählte Gattungsbezeichnung (10) – hat der Theologie viel Bedenkenswertes mit auf den Weg gegeben. Sie selbst weiß sich der vom Zweiten Vatikanischen Konzil verabschiedeten Erklärung »Nostra aetate« verpflichtet. In ihr heißt es: »Da also das den Christen und Juden gemeinsame geistliche Erbe so groß ist, will diese Heilige Synode die gegenseitige Kenntnis und Wertschätzung beider (»mutuam utriusque cognitionem et aestimationem«), die insbesondere durch biblische und theologische Studien sowie durch brüderliche Gespräche erlangt wird, fördern und empfehlen« (NA 5). Diesem Ziel will die hier erneut aufgelegte Studie von Erich Zenger dienen.

Den Ausgangspunkt seiner Erörterungen bildet eine kontextuelle Selbstvergewisserung. Nach der Schoa, so Zenger, sind christliche Theologie und Kirche zu einer »Totalrevision« ihrer bisherigen »Denk- und Handlungsmuster« aufgerufen. Erich Zenger tendiert zu der vielfach vertretenen und mit guten Argumenten abgestützten, erstmals von dem französischen Historiker Jules Isaac (1877–1963) geäußerten Auffassung, dass die »Kultur der Verachtung« gegenüber dem Judentum, die die christliche Theologie von ihren frühen Anfängen an geprägt hat, eine indirekte Mitverantwortung für die Katastrophe der Schoa trägt. Deshalb ist es nicht allein damit getan, dem Judentum gegenüber eine Haltung der Wertschätzung entgegenzubringen. Vielmehr steht die christliche Theologie vor der Herausforderung, ihre eigene Tradition im Hinblick auf all jene Elemente einer kritischen Überprüfung zu unterziehen, die zur Herabsetzung und Verachtung des Judentums geführt haben und weiterhin führen können. Diese Elemente scheinen bis in das Neue Testament hineinzureichen. Zudem waren und sind sie zum Teil noch bis in die Gegenwart hinein prägend für eine verbreitete negative Sicht des Alten Testaments.

So ist das erste, auch von Kritikern uneingeschränkt anerkannte Anliegen der Streitschrift die *Überwindung des Antijudaismus* in Theologie und Exegese. Judenfeindschaft sieht Zenger überall dort am Werk, wo die christliche Botschaft unter Herabsetzung des jüdischen Glaubens profiliert wird. Die Profilierung des Eigenen unter Herabsetzung des Anderen zieht sich wie ein roter Faden durch die Geschichte christlicher Theologie. Altes Testament und Judentum, so Zenger, werden abgewertet, damit Neues Testament und Christentum umso strahlender hervortreten können.

Eine bis vor wenigen Jahren auch unter Alttestamentlern verbreitete Form der Exegese bestand und besteht darin, den theologischen und anthropologischen Gehalt alttestamentlicher Texte gegenüber demjenigen neutestamentlicher Texte herabzusetzen. Dies geschieht vor allem bei der alttestamentlichen Weisheitsliteratur, in der man die Gefahr einer menschlichen Selbstermächtigung witterte und das Fehlen einer *theologia crucis* beklagte. Den Psalmen machte man den Vorwurf, das höchst problematische Bild eines gewalttätigen und rachsüchtigen Gottes zu propagieren. Interessant ist, dass die in diesem Zusammenhang von Zenger angeführten Beispiele ausschließlich der zeitgenössischen Exegese entstammen, also jenem

Modell von Schriftauslegung, das sich im historisch-kritischen Paradigma artikuliert. Die Beispiele zeigen, dass auch die moderne, sich der Aufklärung verdankende und sich historisch verstehende Exegese vor Antijudaismen keineswegs gefeit ist. Zenger weist darauf hin, dass kein Geringerer als Adolf von Harnack (1851–1930) die Beibehaltung des Alten Testaments »als kanonische Urkunde im Protestantismus« als »die Folge einer religiösen und kirchlichen Lähmung« angesehen und die Forderung erhoben hat, hier endlich »reinen Tisch zu machen« (30). Was die von Zenger angeführten Beispiele Ijob und Kohelet anbelangt, aber auch was die als bedrängend empfundene Thematik der Gewalt in alttestamentlichen Texten betrifft, hatte die frühkirchliche Exegese keine oder nur wenige Vorbehalte gegenüber dem Alten Testament. Sie sah das Buch Ijob keineswegs als ein »unchristliches Buch« an, wie einige moderne Exegeten das getan haben, sondern brachte der Gestalt Ijobs als »präfiguratio Christi« hohe Anerkennung entgegen. Ebenso erfreute sich das Koheletbuch in der christlichen Tradition hoher Wertschätzung. Es war das erste alttestamentliche Buch, das von Hieronymus durchgehend kommentiert wurde und auf dessen Grundlage er das Modell einer christlichen Lebensführung entwarf. Es wäre einmal interessant, die von Zenger, wie er selbst sagt, »recht zufällig herausgegriffene[n] … Beispiele« (31) durch die Geschichte der Auslegung hin zu verfolgen. Wenn ich recht sehe, hat sich in den zurückliegenden Jahren der von Zenger monierte Auslegungsstil grundlegend geändert. Die von ihm geforderte Bereitschaft, die alttestamentlichen Texte »ausreden« und sie ihr Eigenes sagen zu lassen, scheint mir zum vorherrschenden Stil alttestamentlicher Exegese geworden zu sein. Hier hat es tatsächlich einen Paradigmenwechsel gegeben. Das heißt natürlich nicht, dass die für christliche Theologie verbindliche Lektüre des Alten Testaments nun nicht mehr im Horizont der aus Altem und

Neuem Testament bestehenden christlichen Bibel zu erfolgen habe. Es geht nicht darum, die Differenzen zwischen der jüdischen und der christlichen Auslegungs- und Fortschreibungsgeschichte des »Ersten Testaments« auszublenden oder gar zu leugnen. Etwas anderes aber ist es, an den alttestamentlichen Texten mit unreflektiert applizierten christologischen Schlenkern herumzunörgeln und sie nicht »in sich und aus sich« als vollgültiges »Wort Gottes« zu hören (138).

Das Plädoyer für eine neue Wertschätzung des Alten Testaments führt Zenger zur Suche nach einer neuen Bezeichnung, die das häufig als abwertend empfundene Wörtchen »alt« zu vermeiden sucht (144–154). Er diskutiert verschiedene Möglichkeiten und plädiert schließlich für die Bezeichnung, die der Studie ihren Titel gegeben hat und die mit dem Namen Erich Zenger verbunden wird: *Erstes Testament*. Damit greift er Vorschläge auf, die bereits in den 70er Jahren in Amerika diskutiert wurden. Zenger selbst weiß, dass »auch diese Bezeichnung … nicht ohne mögliche Missverständnisse« ist (153). Er versteht seinen Vorschlag, wie er selbst sagt (153), nicht als ausschließende Alternative, sondern als ergänzende Möglichkeit. Der Vorschlag soll zum Nachdenken anregen und der latenten Abwertung der Heiligen Schrift des Judentums und des ersten und grundlegenden Teils der christlichen Bibel wehren. Man könnte Zengers Vorschlag zudem als eine begriffliche Fassung eines katechetischen Anliegens der Frühen Kirche verstehen. Kein Geringerer als Origenes erhebt die Forderung, dass man in der Unterweisung derer, die zum christlichen Glauben kommen wollen, zunächst mit dem Alten Testament zu beginnen habe. Das Alte Testament ist als Erstes zu lesen; in ihm wird der Anfang der Geschichte Gottes mit der Welt und seinem Volk erzählt. Erst wer die Schriftwerdung des göttlichen Wortes kennengelernt habe, könne auch seine Menschwerdung verstehen. Zehn Jahre nach Zengers »Das Erste

Testament« ist die Verlautbarung der Päpstlichen Bibelkommission: »Das jüdische Volk und seine Heilige Schrift in der christlichen Bibel« erschienen (24. Mai 2001). Das kirchenamtliche Dokument greift zahlreiche der von Zenger aufgeworfenen Fragen auf und geht dabei unter anderem auch auf die Anregung ein, statt vom »Alten« in Zukunft vom »Ersten Testament« zu sprechen. Zwar wird der Vorschlag nicht übernommen, doch das damit verbundene Anliegen wird vollinhaltlich aufgegriffen: »Wenn die christliche Kirche die Schrift des jüdischen Volkes ›Altes Testament‹ nennt, dann hat sie damit in keiner Weise zum Ausdruck bringen wollen, dass diese Schrift veraltet sei und man sich ihrer deswegen entledigen könne« (Nr. 19, II.A.1).

Zengers Sensibilität für heikle Themen zeigt sich in der vorliegenden Studie unter anderem an der Behandlung der *Gewaltproblematik* im III. Kapitel: »Ein ›ewiges‹ Klischee: Der Gott der Rache und der Gewalt« (48–85). Wenige Jahre später wurde diese Thematik im Rahmen der vor allem von Jan Assmann angestoßenen Monotheismusdiskussion aufgegriffen und als kritische Anfrage nicht nur an das Alte Testament, sondern an den Monotheismus generell gerichtet, der, so der Vorwurf, mit seinen Wahrheits- und Exklusionsansprüchen intolerant und insofern gewaltanfällig sei. Dieser Aspekt der Gewaltthematik klingt in der vorliegenden Studie noch nicht an. Zenger hat sich in anderen Zusammenhängen aber auch an dieser Debatte beteiligt. Unter dem Titel: »Ein Gott der Rache? Feindpsalmen verstehen« (Freiburg 1994) hat er zudem am Beispiel ausgewählter Psalmen die Thematik vertieft.

Ein heißes Eisen greift Erich Zenger mit der Frage nach dem *Alten Bund* (IV. Kap.) und der *Verhältnisbestimmung von Altem und Neuem Testament* auf. Er vertritt die Auffassung, dass der »Neue Bund« den »wiederhergestellten Alten Bund« meint (116), der durch Tod und Auferstehung

Jesu auf die Welt der Völker hin geöffnet wurde (118). Der neue Bund ist also der erneuerte Bund. »Es ist ein und derselbe Gnadenbund« (118). Zu Recht lehnt Zenger die Rede von zwei »Bundesvölkern« oder gar zwei »Gottesvölkern« ab.

Hier zeigt sich, dass es bei der in der Studie verhandelten Thematik um zwei miteinander verschränkte Problemkreise geht. Der jüdische »Tanak«, das christlicherseits so genannte Alte Testament ist Heilige Schrift der Juden und zugleich der erste und grundlegende Teil der Heiligen Schrift der Christen. Zenger geht es nicht nur um die Frage nach dem rechten Verhältnis von Kirche und Theologie zum Alten Testament und um die Bestimmung des Verhältnisses von Altem und Neuem Testament (vgl. vor allem S. 120–139), sondern auch und vor allem um die Frage, wie das sich vom christlichen Verständnis unterscheidende jüdische Verständnis des »Tanak« *theologisch* zu bewerten ist. Zenger sieht deutlich, dass die Frage nicht rein historisch zu klären ist. »Juden und Christen lesen diese ›Heiligen Schriften‹ nicht aus historischem, sondern aus kanonischem Interesse, d. h. um aus ihnen *in ihrer Gegenwart* Gottes berufende und rettende Anrede zu hören« (155). Jüdische und christliche Exegeten, ähnlich wie katholische und evangelische Exegeten, die streng historisch-kritisch arbeiten, die also die historische Ursprungsbedeutung biblischer Texte herausarbeiten, gelangen tendenziell zu ähnlichen Ergebnissen. Naturgemäß sind diese konfessionell eingefärbt, aber sie überschreiten nicht prinzipiell den in Geisteswissenschaften anzutreffenden wissenschaftlichen Pluralismus. Allerdings sind die Rückwirkungen dieser Art von Forschung auf die jeweiligen Rezeptionsgemeinschaften begrenzt. Diese nämlich begnügen sich nicht mit der historischen Ursprungsbedeutung ihrer »Heiligen Schriften«, sondern konstituieren ihre Identität auf Sinndimensionen, die in den Texten angelegt sind, die aber zur Zeit der Entstehung und primären Rezeption dieser Texte so noch nicht »da« waren. Die Entfaltung eines in den Texten selbst angelegten Sinnpotenzials kann in sehr unterschiedliche Richtungen erfolgen. Talmud und Neues Testament können als zwei Ströme einer derartigen Sinnentfaltung verstanden werden. Zenger spricht in diesem Zusammenhang von zwei unterschiedlichen »Fortführungen im jüdischen Talmud und im christlichen Neuen Testament« (140–144). Hinsichtlich ihrer theologischen Bewertung wagt sich der Autor weit vor. Er betrachtet Talmud und Neues Testament als zwei gleichwertige Fortschreibungen des Alten Testaments und fordert von der christlichen Kirche die Anerkennung, »dass die aus dem Alten Testament herausgewachsene jüdische Überlieferung der Rabbinen, die sich ebenfalls als Fortsetzung bzw. Fortschreibung des Alten Testaments begreift, eine theologische Würde hat, die gleichrangig und qualitativ gleichwertig ist – eben für die Juden ein Wort zum Leben auf dem Weg zur Gottesherrschaft«. Literarisch gesehen ist das Alte Testament schon allein aufgrund seiner Polyphonie, aber auch aufgrund einer allen literarischen Werken zukommenden Polysemie eine Sammlung von Schriften, die prinzipiell unterschiedliche Auslegungen und Fortschreibungen ermöglicht. Talmud und Neues Testament können unter soziologischem und literarischem Aspekt in dieser Hinsicht tatsächlich als zwei unterschiedliche Fortschreibungen verstanden werden. Sie bringen ein in den biblischen Texten selbst angelegtes Sinnpotenzial auf unterschiedliche Weise zur Sprache. So gesehen kann weder die eine noch die andere als falsch abgewiesen werden. Diese Erkenntnis ist angesichts einer in der Geschichte des Christentums häufig anzutreffenden Verunglimpfung des Talmuds von nicht zu unterschätzender Bedeutung. Zenger führt einige Beispiele dazu an (141). Interessant ist, dass die Verlautbarung der Päpstlichen Bibelkommission: »Das jüdische Volk und seine Heilige Schrift in der christlichen Bibel« vom 24. Mai

2001 zu einer ähnlichen Einschätzung gelangt. In ihr heißt es, dass die Christen zugeben können und müssen, »dass die jüdische Lesung der Bibel eine mögliche Leseweise darstellt, die sich organisch aus der jüdischen Heiligen Schrift der Zeit des Zweiten Tempels ergibt, in Analogie zur christlichen Leseweise, die sich parallel entwickelte. Jede dieser beiden Leseweisen bleibt der jeweiligen Glaubenssicht treu, deren Frucht und Ausdruck sie ist. So ist die eine nicht auf die andere rückführbar« (Nr. 22, II.A.7). »Wenn der christliche Leser wahrnimmt, dass die innere Dynamik des Alten Testaments in Jesus gipfelt, handelt es sich hier um eine rückschauende Wahrnehmung, deren Ausgangspunkt nicht in den Texten als solchen liegt, sondern in den Ereignissen des Neuen Testaments, die von der apostolischen Predigt verkündigt worden sind. So darf man nicht sagen, der Jude sähe nicht, was in den Texten angekündigt worden sei« (Nr. 21, II.A.6).

Hier wird deutlich, dass die Interpretationsfigur der »Fortschreibung« einer Klärung bedarf, wenn die theologische Dimension des Neuen Testaments, näherhin die Christologie, nicht unterbestimmt bleiben soll. Für den Talmud scheint mir die Kategorie der Fortschreibung angemessen zu sein und dem jüdischen Selbstverständnis zu entsprechen. Primärer Bezugspunkt des Neuen Testaments ist aber nicht ein vorgegebener Text, den es verstehen und auslegen will, sondern eine Person, die zu verstehen und auszulegen den Impuls der neutestamentlichen Literaturwerdung bildete. Diese Person und ihre Botschaft werden im Horizont der Heiligen Schrift Israels zur Sprache gebracht und gedeutet. Sie selbst artikuliert sich in diesem Horizont und weiß sich zu diesem Volk gesandt. Die christliche Tradition bekennt, dass die Schrift von Anfang an darauf angelegt ist: Das *eine Wort Gottes,* von der Heiligen Schrift Israels bezeugt, tritt in Jesus von Nazareth als fleischgewordenes Wort in Erscheinung. Den Streit, der darüber ausbrach und der bis heute anhält, wird man theologisch als eine Auseinandersetzung *im* Gottesvolk zu verstehen haben. Damit erübrigt sich die so genannte Substitutionstheorie, die besagt, dass Israel als das alte Gottesvolk verworfen und durch die Kirche als das neue und wahre Volk Gottes ersetzt (»substituiert«) worden sei. Diese Theorie, die das Selbstverständnis der Kirche über Jahrhunderte hin prägte, lehnt Erich Zenger selbstverständlich ab. Sie wird heute kaum noch vertreten. Mit der Deutung der jüdisch-christlichen Differenz als Auseinandersetzung *im* Gottesvolk kann somit die Substitutionstheorie aufgegeben werden ohne dass die Differenzen zwischen Judentum und Christentum geleugnet werden.

Es wird häufig gesagt, das Christentum sei aus dem Judentum, die Kirche aus Israel entstanden. Erstadressat der alttestamentlichen Texte sei Israel. Nur über den Erstadressaten und sein »jüdisches« Verständnis habe die Kirche Zugang zu diesen Texten. Historische Forschung und theologische Reflexion empfehlen hier eine terminologische Präzisierung. Neuere historische Erkenntnisse deuten darauf hin, dass der Entstehungs- und Abgrenzungsprozess von Judentum und Christentum ein wechselseitiger war. Das heißt, das Judentum ist auch durch Abgrenzung vom (werdenden) Christentum zu dem geworden, was es heute ist. Vor diesem Hintergrund wäre das Alte Testament also nicht *unmittelbar* mit dem Judentum zu korrelieren, sondern es wäre der gemeinsame Stamm, aus dem Judentum und Kirche hervorgegangen sind. Mit Nachdruck und in der Sache überzeugend weist Zenger darauf hin, dass alle Versuche, die es in der Geschichte des Christentums gegeben hat, Israel das Alte Testament wegzunehmen, da es für seine verborgene christologische Botschaft blind sei, theologisch entschieden zurückzuweisen sind. Umgekehrt wird man aber auch der Kirche *ihr* Verständnis des Alten Testaments nicht absprechen dürfen, was Zenger auch nicht tut. Zwar kann die christliche Theologie viel von der jüdischen Auslegung des Alten Testaments lernen, wie inzwischen auch von kirchenamtlicher Seite anerkannt wird, gleichwohl ist das jüdische Verständnis theologisch gesehen nicht das Nadelöhr, durch welches die christliche Exegese gehen muss, um zu einem angemessenen Verstehen dieser Texte zu gelangen. Hinsichtlich des Verständnisses des »Alten Testaments« – von den Differenzen zwischen der hebräischen und griechischen Kanontradition kann hier abgesehen werden – gibt es grundlegende Gemeinsamkeiten, aber auch signifikante Differenzen zwischen Juden und Christen. Theologisch heißt das, dass es weder zwei »Gottesvölker« gibt, noch dass das eine Gottesvolk durch ein anderes ersetzt worden ist (»Substitutionstheorie«), sondern dass es in dem *einen Gottesvolk* zu einem Streit gekommen ist, wie die Heilige Schrift und in Verbindung mit ihr die Gestalt Jesu zu verstehen sei. Dieser Streit, der zu einer Spaltung geführt hat, hält an. Es kommt darauf an, dass die Auseinandersetzung sowohl in gegenseitiger Achtung und Wertschätzung als auch in theologischer und intellektueller Redlichkeit geführt wird. Erich Zengers Studie bietet dazu nach wie vor wertvolle und bedenkenswerte Anregungen. Seine Streitschrift ist auch zwanzig Jahre nach ihrem Ersterscheinen nicht veraltet. Zahlreiche Stellungnahmen und Reaktionen von christlicher und jüdischer Seite, wie etwa die Vergebungsbitte von Papst Johannes Paul II. aus dem Jahre 2000 und die Erklärung *Dabru Emet* von jüdischer Seite aus dem Jahre 2002, die von einem »dramatischen und beispiellosen Wandel in den christlich-jüdischen Beziehungen« spricht, zeigen, dass trotz mancher Rückschläge die von Zenger und vielen anderen unternommenen Bemühungen nicht vergebens sind. Dem Verlag ist zu danken, dass er »Das Erste Testament« erneut aufgelegt und somit einem breiten Leserkreis zugänglich gemacht hat und diesem somit ermöglicht, auch heute noch »auf seine Stimme zu hören«.

Zur Einführung

»Gib einen alten Freund nicht auf,
denn ein neuer hält vielleicht nicht zu dir.
Ein neuer Freund ist wie neuer Wein:
erst alt trinkst du ihn gern.«
(Jesus, Sohn des Sirach, aus Jerusalem: Sir 9,10)

»Niemand, der alten Wein getrunken hat, will neuen.
Denn er sagt:
Der alte Wein ist besser!«
(Jesus aus Nazaret: Lk 5,38)

»Nicht du trägst die Wurzel,
die Wurzel trägt dich.«
(Paulus aus Tarsus: Röm 11,18)

»Die jüdische Religion ist für uns nicht etwas ›Äußerliches‹,
sondern gehört in gewisser Weise zum ›Inneren‹ unserer Religion.
Zu ihr haben wir somit Beziehungen wie zu keiner anderen Religion.
Ihr seid unsere bevorzugten Brüder
und, so könnte man gewissermaßen sagen, unsere älteren Brüder.«
(Johannes Paulus II. aus Rom zu den Juden von Rom am 13. 4. 1986)

I. Nach Auschwitz muß die Kirche das Alte Testament anders lesen.

1. Das neue Verhältnis der Kirchen zum Judentum

Christliche Theologie ist von ihrem Ansatz her die sich in Auseinandersetzung mit Gesellschaft und Geschichte realisierende und auf die kirchlichen und gesellschaftlichen Handlungsfelder bezogene Weitergabe der in der gesamtbiblischen Überlieferung bezeugten Gottes-Wahrheiten. Als solche hat sie die Aufgabe, die »Zeichen der Zeit« im Licht der biblischen Gottes-Wahrheiten zu erkennen und als rettende, aber auch als richtende und zur Umkehr mahnende Gottesbotschaft zu hören und zu bezeugen. Ein »Zeichen der Zeit« unseres Jahrhunderts, dem sich Theologie und Kirche nicht länger entziehen dürfen, ist die Schoa.

> »Die Judenmorde unseres Jahrhunderts und ihre von Theologie und Kirche zu verantwortenden Voraussetzungen und Folgen sind die Zeichen der Zeit, die jede Theologie in bisher unbekannter Weise in Frage stellen«[1].

Gewiß, die Diskussion über die christliche Mitverantwortung an der Schoa kommt erst mühsam in Gang. Sie ist offensichtlich für uns Christen irritierend und schmerzlich, weil sie unsere christliche und kirchliche Identität betrifft. Sie ist schwierig, weil sie aus der Rückschau Menschen belastet, die oft »besten Gewissens« gelehrt und ge-

[1] F.-W. Marquardt, Von Elend und Heimsuchung der Theologie, München 1988,74. Daß die Kirche nach Auschwitz das »Alte Testament« neu lesen muß, hat schon F. Mußner in seinem 1979 erschienenen und für die katholische Kirche Deutschlands bahnbrechenden »Traktat über die Juden« (München 1979, 17) gefordert.

handelt haben und dennoch nicht das gesagt und getan haben, was richtig, erforderlich und förderlich: kurz, was christlich gewesen wäre. Wenn irgendwo die theologische Rede von struktureller Sünde, von Schuldverstrickung, ja von »Erbsünde« zutrifft, dann im Blick auf die unselige Blindheit, in der Kirche und Theologie jahrhundertelang die theologische Würde des jüdischen Volks übersehen, mißachtet und verletzt haben. Wenn das christliche Mittelalter sein theologisches Urteil über das Judentum an den Kathedralen dadurch verkündete, daß man der triumphierenden Gestalt der Ecclesia die Gestalt der »besiegten« Synagoga gegenüberstellte, über deren Augen eine Binde oder ein Schleier gelegt war, um ihre Blindheit anzuklagen, dann war dies - so müssen wir heute sagen - zugleich, ja mehr noch eine ungewollte Aussage der Kirche über sich selbst: Wer so triumphalistisch denkt und wer sich so absolut setzt, wird blind für das Geheimnis eines anderen. Weil die Kirche blind war für das Geheimnis Israels, ist sie schuldig geworden - an Israel und an ihrem Auftrag, gemeinsam mit Israel Zeugnis von der lebendigmachenden Liebe Gottes zu geben.

Diese Schuld der Christen ist vielschichtig. Sie kann und soll hier nicht im einzelnen dargestellt und beurteilt werden. Die historische Forschung der letzten Jahre hat über den Zusammenhang von theologisch inspirierter Judenfeindschaft und Antisemitismus viele bedenkenswerte Studien vorgelegt[2]. Auch die verhängnisvolle Wirkungsgeschichte problematischer Aussagen von Exegeten über das Judentum, die von ihren Verfassern zwar nicht antijüdisch

[2] Vgl. zuletzt G. Czermak, Christen gegen Juden. Geschichte einer Verfolgung. Von der Antike bis zum Holocaust, von 1945 bis heute, Frankfurt 1991: grundsätzliche Überlegungen über die diesbezüglich problematische Wirkungsgeschichte neutestamentlicher Aussagen bietet z. B. W. Stegemann, Christliche Judenfeindschaft und Neues Testament, in: ders. (Hrsg.), Kirche und Nationalsozialismus, Stuttgart 1990,131-169: nach wie vor grundlegend: R. R. Ruether, Nächstenliebe und Brudermord. Die theologischen Wurzeln des Antisemitismus, München 1978.

gemeint waren, aber dennoch so gelesen wurden und heute gewiß nicht mehr wiederholt werden dürfen, ist durch zahlreiche Untersuchungen aufgedeckt worden[3]. Manches ist auch zur Verteidigung der des Antijudaismus bezichtigten Theologen und Kirchenleute vorgebracht worden[4]. Diese historische Forschung ist unerläßlich. Nicht nur um der historischen Wahrheit willen, sondern um die gefährlichen Mechanismen bewußt zu machen, die zu dieser theologischen Blindheit geführt haben.

Auch als die Schoa mitten in Europa geschah, waren die Kirchen blind. Schon als 1938 die Synagogen brannten, haben sie gesehen – und doch nicht gesehen! Als die Juden aus den Dörfern und Städten verschleppt wurden, haben sie gesehen – und doch nicht gesehen! Die jahrhundertelange Blindheit der Christen war tödlich – für die Juden!

Es dauerte auch nach 1945 lange, bis den Kirchen und den Theologen, den christlichen Politikern und den christlichen Gemeinden die Augen aufgingen. Eine Signalfunktion hatte die heiß umkämpfte[5] und am 28. Oktober 1965

[3] Vgl. P. von der Osten-Sacken, Rückzug ins Wesen und aus der Geschichte. Antijudaismus bei Adolf von Harnack und Rudolf Bultmann: WPKG 67,1978,106–122; R. Rendtorff, Die jüdische Bibel und ihre antijüdische Auslegung, in: R. Rendtorff – E. Stegemann (Hrsg.), Auschwitz – Krise der christlichen Theologie, München 1980,99–116; E. Stegemann, Der Jude Paulus und seine antijüdische Auslegung, ebda. 117–139; H. D. Preuß, Vom Verlust des Alten Testaments und seinen Folgen (dargestellt anhand der Theologie und Predigt F. D. E. Schleiermachers), in: J. Track (Hrsg.), Lebendiger Umgang mit Schrift und Bekenntnis, Stuttgart 1980,127–160; W. Schottroff, Theologie und Politik bei Emanuel Hirsch: KuI 2, 1987, 24–49. 137–158; W. Stegemann, Das Verhältnis Rudolf Bultmanns zum Judentum. Ein Beitrag zur Pathologie des strukturellen theologischen Antijudaismus: KuI 5,1990,26–44.

[4] Vgl. z. B. E. Gräßer, Antijudaismus bei Bultmann? Eine Erwiderung, in: ders., Der Alte Bund im Neuen. Exegetische Studien zur Israelfrage im Neuen Testament (WUNT 35), Tübingen 1985, 201–211; R. Smend, Schleiermachers Kritik am Alten Testament, in: ders., Epochen der Bibelkritik. Gesammelte Studien Band 3 (BevTh 109), München 1991,128–144; ders., Wellhausen und das Judentum, ebda. 186–215.

[5] Darüber informiert ausführlich J. Oesterreicher in seiner »Kommentierenden

promulgierte Erklärung des Zweiten Vatikanischen Konzils »Nostra Aetate« (Über das Verhältnis der Kirche zu den nichtchristlichen Religionen), die in ihrem 4. Artikel unmißverständlich feststellt:

> »Bei ihrer Besinnung auf das Geheimnis der Kirche gedenkt die Heilige Synode des Bandes, wodurch das Volk des Neuen Bundes mit dem Stamme Abrahams geistlich (spiritualiter) verbunden ist«[6].

Mit der Konzilserklärung hat die katholische Kirche begonnen, Schutt und Schmutz aus der Geschichte ihres Verhaltens gegenüber dem jüdischen Volk abzutragen und neue Wege der geforderten Weggemeinschaft zu bahnen. Die Konzilserklärung hat viele Stellungnahmen und Initiativen auf regionaler Ebene angestoßen[7]. Zwar ist der Ökumenische Rat der Kirchen über erste, recht unbefriedigende Schritte noch nicht hinausgekommen, aber in einzelnen Kirchen sind auch hier bedeutsame (Synodal-)Beschlüsse verabschiedet worden[8]. Fast könnte man geneigt sein, schon von einer neuen Epoche des Verhältnisses der

Einleitung« zu »Nostra Aetate«, in: LThK. Das Zweite Vatikanische Konzil. Teil II, Freiburg 1967, 406–478.

[6] J. Oesterreicher weist ebda. 410 darauf hin, daß hier eine gezielte Anspielung auf eine Rede Pius' XI. vorliegt, in der dieser bei einer Audienz im Herbst 1938 (!) erklärt hatte: »Durch Christus und in Christus sind wir aus Abrahams geistlichem Geschlecht. Geistlicherseits sind wir Semiten.« Ob die Formulierung besonders glücklich ist, mag man zu Recht bezweifeln. In der Sache weist sie einen neuen Weg – angesichts der jahrhundertelangen kirchlichen Verachtung und Verdammung der Juden. J. Oesterreicher sagt zu der Formulierung ebda.: Der Papst »brandmarkte den Judenhaß nicht, wie man erwartet hätte, als ein Unrecht, als eine Verletzung des Sittengesetzes – das war ihm eine Selbstverständlichkeit. Er sah vielmehr im Judenhasser einen Rebellen gegen die heilsgeschichtliche Wirklichkeit, die den Christen zu einem übernatürlichen Abkömmling des Erzvaters Abraham macht.«

[7] Vgl. die Dokumentation der entsprechenden katholischen Verlautbarungen, in: R. Rendtorff – H. H. Henrix, Die Kirchen und das Judentum. Dokumente von 1945 bis 1985, Paderborn – München ²1989, 117–230. 244–309.

[8] Vgl. ebda. 321–621; vgl. zuletzt besonders wichtig die von der Hauptversammlung des Reformierten Bundes am 12. Mai 1990 verabschiedeten »Leitsätze in der Begegnung von Juden und Christen: Wir und die Juden – Israel und die Kirche.«

Kirchen zum jüdischen Volk zu sprechen. Immerhin hat Johannes Paul II. bei seinem symbolträchtigen Besuch der Großen Synagoge Roms am 13. April 1986 selbst derartige Töne angeschlagen, als er den 4. Artikel der Konzilserklärung »Nostra Aetate« so bewertete:

> »Die entscheidende Wende im Verhältnis der katholischen Kirche zum Judentum und zu den einzelnen Juden ist mit diesem kurzen, aber prägnanten Abschnitt eingetreten«[9].

Ob und wie die Realität des christlich-jüdischen Verhältnisses der letzten Jahre mit diesen Worten übereinstimmt, müßte im einzelnen diskutiert werden. Sowohl in politischer wie in theologischer Hinsicht sind gerade bei den Auseinandersetzungen um den schrecklichen Golfkrieg wieder Stimmen laut geworden, die an jener »Wende« zweifeln lassen.

Wie dem auch sei: Angesichts der Schoa ist eine entscheidende Wende im Verhältnis der Kirchen zum Judentum gefordert. Auf allen Ebenen. Wenn irgendwo die Rede von einem Paradigmenwechsel sinnvoll ist, dann hier. Dabei geht es nicht mehr um Einzelkorrekturen, sondern um eine Totalrevision unserer bisherigen Denk- und Handlungsmuster. Die Schoa ist das Zeit-Zeichen, das eine radikale Erneuerung unserer christlichen Theologie fordert. Die Radikalität betrifft die jüdische Wurzel des Christentums. Zu ihr müssen wir ein neues Verhältnis finden, und zwar in doppelter Weise: Zum einen müssen wir diese unsere bleibende Verwurzelung im biblischen Judentum lieben und pflegen. Und zum anderen müssen wir das nachbiblische Judentum, das aus eben dieser Wurzel lebt, als unsere ältere Schwester in ihrer ureigenen Identität respektieren und lieben lernen.

[9] Vgl. R. Rendtorff – H. H. Henrix, Kirchen und Judentum (s. Anm. 7) 108 f.

2. *Beim Alten Testament geht es um das Fundament*

Es gibt gewiß mehrere Felder der Theologie und des kirchlich-gesellschaftlichen Lebens, auf denen die radikale Erneuerung ansetzen muß. Ein wichtiges – vielleicht das entscheidende! – Feld ist der christliche Umgang mit dem sogenannten Alten Testament[10]. Immerhin ist dieser Teil unserer Heiligen Schrift auch, ja zuallererst die jüdische Bibel. Sie war die Bibel Jesu und der ersten Christen. Und niemand wird im Ernst behaupten wollen, die Schriften des Neuen Testaments seien verfaßt worden, um das sogenannte Alte Testament abzulösen. Als die Kirche im 2. Jahrhundert Markions Generalangriff gegen das Alte Testament und gegen die »jüdischen« Passagen im Neuen Testament (er wollte nur noch ein »gereinigtes« Lukas-Evangelium und 10 ebenfalls entjudaisierte Paulus-Briefe

[10] Einen instruktiven Überblick über die unterschiedliche »Beurteilung« des Alten Testaments durch Theologie und Kirche bieten: A. H. J. Gunneweg, Vom Verstehen des Alten Testaments. Eine Hermeneutik (ATD.E 5), Göttingen ²1988; H. D. Preuß, Das Alte Testament in christlicher Predigt, Stuttgart 184, 61–164; beide Autoren informieren kompetent, vertreten freilich selbst Positionen, die ich nicht akzeptieren kann. – Wichtige Beiträge zum Thema insgesamt sind u. a.: J. M. Schmidt, Zum christlichen Verständnis der gemeinsamen Bibel, in: E. Brocke - J. Seim (Hrsg.), Gottes Augapfel. Zur Erneuerung des Verhältnisses von Juden und Christen, Neukirchen 1986,77–94; J. D. Levenson, The Hebrew Bible, the Old Testament and Historical Criticism, in: R. E. Friedman – H. G. M. Williamson (Hrsg.), The Future of Biblical Studies. The Hebrew Scriptures, Atlanta 1987,19–59; K. Lehmann, Das Alte Testament in seiner Bedeutung für Leben und Lehre der Kirche heute: TrThZ 98,1989,161–170; R. Rendtorff, Toward a Common Jewish-Christian Reading of the Hebrew Bible, in: R. Brooks – J. J. Collins (Hrsg.), Hebrew Bible or Old Testament? Studying the Bible in Judaism and Christianity, Notre Dame 1990,89–108; vgl. auch ders., Hat denn Gott sein Volk verstoßen? Die evangelische Kirche und das Judentum seit 1945. Ein Kommentar, München 1989,117–119; E. Brocke, Von den »Schriften« zum »Alten Testament« – und zurück? Jüdische Fragen zur christlichen Suche einer »Mitte der Schrift«, in: FS-R. Rendtorff, Neukirchen 1990,581–594; K. Haacker – H. Hempelmann, Hebraica Veritas. Die hebräische Grundlage der biblischen Theologie als exegetische und systematische Aufgabe, Wuppertal 1991.

gelten lassen!) abwehrte und klar am »Alten Testament« als unverzichtbarem Bestandteil ihrer Heiligen Schrift festhielt, tat sie dies aus dem geradezu instinktiven Empfinden heraus, daß es hier um die Substanz ging. Jedem Kundigen mußte klar sein: Die Schriften des Alten Testaments sind das Fundament, auf das die neutestamentlichen Bekenntnisse zu Jesus dem Christus »gemäß den Schriften« bezogen sind. Bei aller Polemik, die das sich profilierende junge Christentum gegen jene jüdische Mehrheit entwikkelte, die *seinen* Weg nicht gehen wollte, hielten die neutestamentlichen Autoren auch noch nach der Tempelzerstörung (70 n. Chr.) unerschütterlich, ja wie es scheint, noch dezidierter als zuvor, daran fest: Christliche Identität gibt es nur, auch für das Heidenchristentum, in der bleibenden Rückbindung an das Judentum, an die jüdische Kultur und insbesondere an die jüdische Bibel. Selbst als faktisch aus vielfältigen Gründen[11] die Brücken zwischen »Synagoge« und Kirche abgebrochen wurden, blieb die Kirche, auch wenn es ihr offensichtlich schwer fiel, dabei: »Nicht du trägst die Wurzel, sondern die Wurzel trägt dich« (Röm 11,18).

Daß Jesus überhaupt nicht verstanden werden kann ohne die jüdische Bibel und ohne die jüdische Kultur, demonstriert der Verfasser des lukanischen Doppelwerks beinahe auf jeder Seite. Den zwei »blinden« (vgl. Lk 24,16) Emmausjüngern rekapituliert Jesus nicht seine eigene Biographie. Weder seine Gottesreichbotschaft noch seine Zeichen und Wunder ruft er in Erinnerung – sondern »Mose und alle Propheten« (Lk 24,27; vgl. auch programmatisch am Schluß der Apostelgeschichte: 28,23!). Und erst als er auch noch die jüdische Beraka über das Brot spricht, »gehen ihnen die Augen auf« (Lk 24,31). Der auferweckte Jesus wird hier (in Anlehnung an Spr 9,1–9; Sir

[11] Vgl. dazu vor allem: G. Theißen, Zur Entstehung des Christentums aus dem Judentum: KuI 3,1988,179–189.

24; Bar 3,19–4,4 u.a.) als »die Weisheit Israels« gezeichnet, die – gut weisheitlich – vor dem Tod bewahrt und zum Leben führt, indem sie sich selbst mitteilt. Daß es um die Weisheit Israels und nicht um die Philosophie der Griechen geht, zeigt Lukas »am fast völligen Scheitern der Mission in Athen (Apg 17,16–34). Die Predigt des Paulus knüpft zwar explizit und implizit beim religiösen Vorverständnis des heidnischen Publikums an. Aber der Vorrat an Gemeinsamkeiten zwischen Redner und Publikum ist bestenfalls geeignet, gewisse Voraussetzungen für die Vermittlung des biblischen Monotheismus zu schaffen; der zentrale Inhalt der christlichen Botschaft, Tod und Auferweckung Jesu, wird gerade von den Philosophen nicht verstanden, weil dazu die wesentliche Voraussetzung fehlt: die Hoffnung auf die Auferweckung der Toten, d.h. Israels Hoffnung (vgl. Apg 17,18.32 gegenüber 23,6; 26,6 im Kontext)«[12]. Selbst wenn Lukas am Ende der Apostelgeschichte erkennen läßt, »daß nach seiner Einschätzung die Zeit der christlichen Judenmission beendet ist und die Kirche in der Region, die Lukas vor Augen hat, definitiv zu einer heidenchristlichen Kirche geworden ist«[13], weiß er: Nur im bleibenden Ja zur jüdischen Verwurzelung Jesu sind seine Botschaft und die Botschaft über ihn authentisch und verstehbar. Wer Jesus nachfolgen will, muß theologisch nach Jerusalem – das sagt (ob in Trauer oder in Zorn, ob mit Begeisterung oder mit Verwunderung, wissen wir nicht) jener Lukas, dessen Interesse nicht (mehr) Jerusalem gilt.

Das ambivalente Verhältnis der judenchristlichen Jesusanhänger zur ureigenen jüdischen Tradition dokumentiert auch die »Haß-Liebe«, mit der im Johannes-Evangelium der Streit um die rechte Auslegung der jüdischen

[12] K. Löning, Das Verhältnis zum Judentum als Identitätsproblem der Kirche nach der Apostelgeschichte, in: FS-A. Th. Khoury, Würzburg – Altenberge 1990,319.

[13] K. Löning, ebda. 304.

Gotteswahrheit ausgetragen wird. Jesus wird hier zum Exponenten einer Bewegung, die sich massiv und polemisch mit ihren Gegnern auseinandersetzt – mit wahrer Gottes-Leidenschaft und im Wissen um den letztlich gemeinsamen Boden, der nicht verlassen wird, auch wenn in Verbalradikalismus der Eindruck des Gegenteils erweckt wird. Nur wer diese Voraussetzung ernst nimmt, wird die scheinbar paradoxen Worte begreifen, die dabei Jesus in den Mund gelegt werden: »Die Erlösung (kommt) von den Juden« (Joh 4,22) – »Warum versteht ihr nicht, was ich euch sage? Weil ihr nicht imstande seid, mein Wort zu hören. Ihr habt den Teufel zum Vater... Wer aus Gott ist, hört die Worte Gottes; ihr hört sie deshalb nicht, weil ihr nicht aus Gott seid« (Joh 8,43.44.47). Wie immer diese theologische Zerrissenheit sozialpsychologisch, religionsgeschichtlich und politisch erklärt und beurteilt werden kann[14], sie belegt unzweifelhaft: Selbst als die Kommunikationsfähigkeit zwischen den Jesusanhängern und dem übrigen Judentum (fast) am Ende war, bleibt es dabei, daß Jesus im Judentum »zu Hause« ist, auch wenn die Mehrheit der »Hausgenossen« ihn nicht aufnahm (vgl. Joh 1,11) – und deshalb verteufelt wird.

Wer Jesus und die Botschaft über ihn verstehen will, muß die jüdische Bibel und die jüdische Kultur, in der sie verwurzelt sind, kennen und lieben lernen. Das ist die explizite und implizite Vor-Gabe der neutestamentlichen Autoren, an der die Kirche gegen Markion und alle offenen und latenten Markioniten bis heute festgehalten hat. Das Neue Testament ist ohne das »Alte Testament« nicht zu haben. Aber genau dies ist das Problem, das bis heute verdrängt und ungeklärt ist: *Wie* sind diese beiden Teile der Bibel aufeinander bezogen? Wie ist der erste Teil »christ-

[14] Vgl. dazu besonders: M. Brumlik, Johannes: Das judenfeindliche Evangelium: KuI 4,1989,102–113; E. Stegemann, Die Tragödie der Nähe. Zu den judenfeindlichen Aussagen des Johannesevangeliums: ebda. 114–123.

lich« zu verstehen und zu lesen? Ist er, wie neuerdings oft gesagt wird, »vor-christlich« und damit eigentlich »nicht-christlich«, gar »unchristlich«? Oder ist er eigentlich und immer schon so »christlich«, daß nur die Christen ihn richtig verstehen, wie beispielsweise ein im übrigen so faszinierender Theologe wie Karl Rahner noch 1972 in dem von ihm herausgegebenen »Herders Theologisches Taschenlexikon« sagte: »Als ›vorgeschichtliche‹ Vergangenheit des Neuen und ewigen Bundes, in den hinein das Alte Testament sich aufgehoben hat, ist es nur vom Neuen Bund her adäquat richtig interpretierbar, weil sein wahres Wesen sich erst in der Offenbarung seines *télos* (Röm 10,4 [E.Z.: Ziel und Ende zugleich!]) enthüllt (2 Kor 3,14);... eine bloß alttestamentlich immanente Bedeutung (M. Buber) (auch unter Anerkennung seiner besonderen Gottgewirktheit) würde verkennen, daß das Alte Testament sein ganzes Wesen erst im Neuen Testament enthüllt hat und davon von uns nicht mehr abgesehen werden kann, ohne auch das wirkliche Selbstverständnis zu verfehlen, das das Alte Testament selbst von sich hatte, so sehr auch nach diesem immanenten Selbstverständnis des Alten Testaments gefragt werden muß, soweit eine solche Frage von Späteren gestellt und beantwortet werden kann«[15].

3. Paradigmenwechsel im Umgang mit dem Alten Testament

Die Frage nach dem Verhältnis der beiden Testamente in der *einen* christlichen Bibel wurde (abgesehen von den ersten beiden Jahrhunderten der Kirche, wo das Problem als Frage der Kontinuität bzw. Diskontinuität zum Judentum

[15] K. Rahner (Hrsg.), Herders Theologisches Taschenlexikon I, Freiburg 1972,84 (es handelt sich dabei um eine Kurzfassung des bereits 1957 erschienenen Artikels »Altes Testament [als heilsgeschichtliche Periode]«).

unausweichlich war!) bis heute als *innerchristliches* Problem verhandelt (oder verdrängt). Es stellt sich uns heute im Wissen um die negativen Folgen der falschen Verhältnisbestimmungen der Vergangenheit, aber noch mehr im ernsten Bemühen um ein erneuertes Verhältnis der Kirche zum Judentum als *christlich-jüdisches* Problem höchsten Ranges. »Nach Auschwitz« können und dürfen wir nicht länger übersehen, daß das sogenannte Alte Testament zuallererst die jüdische Bibel *ist.* »Nach Auschwitz« dürfen wir nicht länger blind sein gegenüber der theologischen (!) Wahrheit, daß das jüdische Volk bis heute aus der Lebenskraft dieser seiner Heiligen Schriften und der sie auslegenden rabbinischen Überlieferungen gelebt hat – ja überlebt hat, allen (auch »christlich« motivierten) Ausrottungsversuchen zum Trotz. Diese Wahrheit fordert in der Tat einen Paradigmenwechsel im theologischen Nachdenken der Kirche über ihr Verhältnis und ihren Umgang mit dem ersten Teil ihrer Bibel. Zu den innerchristlichen Perspektiven des Problems kommen neue, ja wichtigere Fragen hinzu: Was bedeutet es für die Kirche, daß die Juden in dieser ihrer Bibel vollgültig und unabhängig vom Bekenntnis zu Jesus als dem Christus darin ihrem Bundesgott begegnen? Was bedeutet es, daß Juden und Christen diese »Heiligen Schriften« teilen? Lesen sie dabei eigentlich die gleichen »Schriften«? Gibt es überhaupt einen genuin christlichen Umgang mit dem sogenannten Alten Testament, der dieses als jüdische Bibel respektiert und zugleich als christliche Heilige Schrift in das Zentrum christlichen Lebens stellt?

Daß das »Alte Testament« freilich faktisch am Rande des christlichen Lebens steht, wird kaum jemand bestreiten. Zumindest in der katholischen Kirche wird kaum über einen alttestamentlichen Text gepredigt. Die Auswahl der liturgischen Perikopen ist weder ein repräsentativer Querschnitt, der das Ganze »im Fragment« nahebringen möchte oder könnte, noch bezeugt der Zusammenschnitt der

Einzeltexte besondere Hochschätzung des »Eigenwerts« dieser Texte, die häufig zu einem in das neutestamentliche Evangelium bloß hinführenden »Stimmungsbild« herabgewürdigt sind[16].

Wie wenig das »Alte Testament« für die Substanz des kirchlichen Christentums faktisch bedeutet, demonstrieren – gewiß wider Willen – beinahe jeder Katechismus und jede traditionelle Dogmatik. Das ist freilich nicht erstaunlich, weil das in diesen Heiligen Schriften bezeugte Gottes-Handeln schon in den altkirchlichen Glaubensbekenntnissen nur marginal oder überhaupt nicht vorkommt. »Zu den konstanten Stücken jedes Gottesdienstes gehört das apostolische Glaubensbekenntnis mit seinen drei Artikeln. Im ersten und zugleich kürzesten wird Gott als Vater und Schöpfer Himmels und der Erden bekannt. Die biblische Basis dieses Bekenntnisses bildet die Schöpfungsgeschichte. Mit diesem Bezug, der zudem wahrscheinlich oft gar nicht einmal bewußt ist, ist die Aufnahme alttestamentlicher Überlieferungselemente im Apostolikum bereits erschöpft. Der seit den Erzvätern in der Geschichte Israels handelnde Gott ist nicht ins Bekenntnis aufgenommen worden. Ebenso fehlt im zweiten Artikel, dem Bekenntnis zu Jesus, im Unterschied zu einem der ältesten christlichen Bekenntnisse (1. Kor. 15,3–6) der Hinweis, Gott habe ›gemäß den Schriften‹ an ihm gehandelt. Und schließlich sucht man im dritten Artikel, dem Bekenntnis zum Heiligen Geist, vergebens nach der Beteuerung der Hoffnung Israels wie auch der Schöpfung insgesamt«[17].

16 Eine differenzierte (m. E. insgesamt zu unkritische!) Bewertung der Perikopenauswahl bei: E. Nübold, Die alttestamentliche Lesung in der Meßfeier: BiLi 63,1990,176–182: ders., Die Kriterien zur Auswahl der Perikopen des Alten Testaments in der nachkonziliaren katholischen Perikopenordnung, in: R. Zerfaß – H. Poensgen (Hrsg.), Die vergessene Wurzel. Das Alte Testament in der Predigt der Kirchen, Würzburg 1990,29–42.

17 P. von der Osten-Sacken, »Christus – des Gesetzes Ende?«, in: ders. (Hrsg.), Wie aktuell ist das Alte Testament? Beiträge aus Israel und Berlin, Berlin [3]1985,7. Der Hinweis »auf die Schriften« steht wenigstens im »Großen« (Ni-

Schon im Eucharistischen Hochgebet des Hippolyt, an dem sich das »neue« Hochgebet II inspiriert, fehlte jeglicher Bezug auf das Alte Testament. Und was in den anderen Hochgebeten steht, ist nicht gerade theologisch erleuchtet. Im dritten Hochgebet wird die Kultpolemik Mal 1,10f aufgegriffen und im Sinn einer unkritischen Erfüllungstheologie auf die Kirche übertragen:

»Bis ans Ende der Zeiten versammelst du dir ein Volk, damit deinem Namen das reine Opfer dargebracht werde vom Aufgang der Sonne bis zum Untergang«[18].

Das vierte Hochgebet nimmt zwar in seiner heilsgeschichtlichen Konzeption die Geschichte Gottes mit »den Menschen« von der Schöpfung bis zu Jesus in den Blick, aber Israel wird dabei (gezielt?) ausgeblendet.

»Den Menschen hast du nach deinem Bild geschaffen und ihm die Sorge für die ganze Welt anvertraut. Über alle Geschöpfe sollte er herrschen und allein dir, seinem Schöpfer, dienen.
Als er im Ungehorsam deine Freundschaft verlor und der Macht des Todes verfiel, hast du ihn dennoch nicht verlassen, sondern voll Erbarmen allen geholfen, dich zu suchen und zu finden.
Immer wieder hast du den Menschen deinen Bund angeboten und sie durch die Propheten gelehrt, das Heil zu erwarten.«

Auf das in diesem Gebet problematische Verständnis der biblischen Urgeschichte, die naiv historisierend nacherzählt wird, will ich hier nicht eingehen. Aber daß Gott »immer wieder den Menschen seinen Bund angeboten habe«, verfehlt doch schlicht die biblische Wahrheit, und zwar in mehrfacher Hinsicht:

zänokonstantinopolitanischen) Glaubensbekenntnis: »... ist am dritten Tage auferstanden nach der Schrift«.

18 Natürlich darf sich die Kirche im Horizont der biblischen »Völkerverheißungen« sehen, sie muß dies sogar; aber sie tritt eben nicht an die Stelle Israels (wie die m. E. häretische »Substitutionstheorie« meint; sie wird z. B. vertreten von J. Ratzinger in: LThK 6,175f)!

a) Falls hier auf den Bund des Schöpfergottes mit »allem Lebendigen« angespielt wird, von dem in Gen 9,1–17 erzählt wird, wird dieser Bund anthropozentrisch enggeführt und zu einem »Angebot« reduziert. Im biblischen Text sagt demgegenüber Gott bedingungslos klar: »Hiermit errichte ich (performatives Perfekt!) meinen Bund mit euch und mit euren Nachkommen und mit allen Lebewesen bei euch...« (Gen 9,9f).
b) Falls hier auf den Bund mit Abraham (Gen 17) und mit Israel am Sinai (Ex 19–34) angespielt wird, so handelt es sich auch da nicht etwa um ein Angebot, sondern um eine Heilssetzung des Gottes Israels zugunsten seines Volkes.
c) Falls auf die prophetische Ankündigung vom »Neuen Bund« (dazu siehe unten IV.) Bezug genommen sein soll, bleibt ebenfalls zu sagen:
Die Bundes-Erneuerung ist durch die Propheten nicht pauschal »den Menschen« verkündet worden, sondern »Israel und Juda«:

> »Siehe schon brechen die Tage an, da ich mit dem Haus Israel und dem Haus Juda den neuen Bund schließe (= den Bund neu mache)« (Jer 31,31).

d) Daß die biblischen Propheten schließlich darauf reduziert werden, daß sie »die Menschen gelehrt haben, das Heil zu erwarten«, entspricht zwar einem christlicherseits lieb gewordenen Klischee, ist aber höchstens die halbierte biblische Wahrheit; daß auch hier wieder jeglicher Israel-Bezug vermieden wird, stimmt – gelinde gesagt – nachdenklich.
e) Dieses Hochgebet ist entstanden, nachdem das Zweite Vatikanische Konzil die neue Sicht über das Verhältnis der Kirche zu Israel verbindlich promulgiert hatte. Ob diese Passage des Hochgebets noch akzeptabel ist, nachdem nun schließlich Johannes Paul II. mehrfach im Rückgriff auf Röm 11,29 zurecht den Christen wieder in Erinnerung

gerufen hat, daß Israel nach wie vor im ungekündigten Gottesbund steht[19]?!

Bedenkt man die Prägekraft, die von derart zentralen liturgischen Texten ausgeht, sind die totale Ausblendung des Gotteshandelns an Israel und das Verschweigen der Zusammenbindung von Israel und Kirche zu einer »messianischen Weggemeinschaft im Gottesbund« ein gravierendes Defizit, das »nach Auschwitz« und angesichts der neuen theologischen Sicht des Zweiten Vatikanums nicht mehr tolerabel ist. Der Paradigmenwechsel ist auch hier überfällig, zumal in der Eucharistiefeier, deren Grundstruktur durch und durch jüdisch ist[20].

Die vorliegende kleine Studie will einen Beitrag zu diesem Paradigmenwechsel im christlichen Umgang mit der jüdischen Bibel und der in ihr bezeugten Geschichte Gottes mit Israel leisten. Es ist in mancher Hinsicht der gewiß recht subjektive Beitrag eines christlichen Alttestamentlers, der »sein« Buch liebt und diese Liebe anderen mitteilen möchte. Aber vor allem ist es der Beitrag eines Christen, der von der Wahrheit des biblischen Gotteszeugnisses über Israel und über die unaufkündbare Bindung der Kirche an Israel gepackt ist und zur *christlichen* Anerkenntnis dieser Wahrheit mithelfen will – um Israel und der Kirche willen!

Es ist ein Gesprächsbeitrag in drei Schritten: Der *erste Schritt* will verbreitete christliche Vor- und Fehlurteile

[19] M. W. erstmals in seiner Ansprache an den Zentralrat der Juden in Deutschland und die Rabbinerkonferenz am 17. 11. 1980 in Mainz: »Die erste Dimension dieses Dialogs, nämlich die Begegnung zwischen dem Gottesvolk des von Gott nie gekündigten [Anm: Vgl. Röm 11,29] Alten Bundes und dem des Neuen Bundes, ist zugleich ein Dialog innerhalb unserer Kirche, gleichsam zwischen dem ersten und dem zweiten Teil ihrer Bibel«; Text in: R. Rendtorff – H. H. Henrix, Kirchen und Judentum (s. Anm. 7) 75.

[20] Vgl. K. Richter, Der Gottesdienst - wesentliches Element einer jüdisch-christlichen Ökumene, in: FS.-A. Th. Khoury (s. Anm. 12) 76–78; ders., Jüdische Wurzeln christlicher Liturgie im Spiegel der neueren katholischen Liturgiewissenschaft, in: FS-E. L. Ehrlich, Freiburg 1991, 138–141.

über das Alte Testament aufklären und ausräumen (II–V). Der *zweite Schritt* will zeigen, wie das »Alte Testament« selbst verstanden werden will, insofern es die jüdische Bibel und insofern es der erste Teil der christlichen Bibel ist (VI–VII). Der *dritte Schritt* schließlich will die Frage diskutieren, was es theologisch bedeutet, daß die christliche Kirche die jüdische Bibel und das Neue Testament als ihre *eine* Heilige Schrift kanonisiert hat (VIII).

II. Ist der Gott des Alten Testaments ein anderer Gott als der Gott Jesu?

1. Grundsätzliche Relativierungen

Der massivste Vorwurf, der christlicherseits seit Markion gegen das Alte Testament immer wieder erhoben wird, trifft in sein Zentrum. Er lautet: Der Gott, von dem in den Geschichtsbüchern erzählt wird, dessen Botschaft die Propheten verkünden, den die Psalmenbeter anflehen und auf den die Weisheitsüberlieferungen setzen, sei letztlich und zutiefst ein anderer Gott als der Gott Jesu.

Der kriegslüsterne, gewalttätige und rachesüchtige Gott des Alten Testaments sei das Gegenteil von dem Gott der Güte und der Barmherzigkeit, den Jesus verkündet habe. Besonders ärgerlich und verabscheuenswert sei es, daß dieser Gott sogar im Gebet zur Rache und zur Strafe angestachelt wird. Und neuerdings kommt aus einer bestimmten Richtung feministischer Theologie auch noch der Vorwurf hinzu, der Gott des Alten Testaments sei ein patriarchalischer Gott und dieses fatale Gottesbild legitimiere die männliche Gewalt gegenüber Frauen. Kurz: Ein solches Gottesbild fordere geradezu, daß man das Alte Testament als *altes* Testament beurteile – und verabschiede, ganz oder mindestens in Teilen! An diesem zentralen Punkt sei das Neue Testament wirklich ein *neues* Testament.

Daß dieses »neue« Lied »vor Auschwitz« mit besonders schrillen Tönen auch in der zünftigen Theologie verbreitet wurde, ist aus den einschlägigen Zitaten bekannt. Drei »berühmte« Beispiele, die unschwer vermehrt werden könnten, sollen hier genügen.

Als einer der schärfsten christlichen Kritiker des »jüdischen« Alten Testaments kann *Friedrich Schleiermacher* gelten. Weil es ihm um die Absolutheit des Christentums ging, »disqualifizierte« er das Judentum und das »Alte Testament« als dessen Heiliges Buch:

> »Das Christenthum ist ohnerachtet seines geschichtlichen Zusammenhanges mit dem Judenthum doch nicht als eine Fortsetzung oder Erneuerung desselben anzusehen; vielmehr steht es, was seine Eigenthümlichkeit betrifft, mit dem Judenthum in keinem anderen Verhältniß als mit dem Heidenthum«[21].

Daß die frühe Kirche die beiden Testamente in der einen Bibel geradezu rangmäßig gleichgesetzt hat, das sei aus ihrer besonderen geschichtlichen Situation verstehbar, aber für uns Spätere nicht mehr nötig. Aus geschichtlichem Respekt solle das Alte Testament als Teil unserer Bibel zwar beibehalten werden, aber am besten als Anhang hinter dem Neuen Testament, »da die jetzige Stellung nicht undeutlich die Forderung aufstellt, daß man sich erst durch das ganze A. T. durcharbeiten müsse, um auf richtigem Wege zum Neuen Testament zu gelangen«[22].

Ausdrücklich auf Schleiermacher rekurriert *Emanuel Hirsch* in seiner 1936 erschienenen Schrift »Das Alte Testament und die Predigt des Evangeliums« und stellt lapidar fest:

> »Die evangelische Theologie hat Schleiermachers Urteil über das Alte Testament zu ihrem eigenen Schaden vergessen.« Das Alte Testament ist ›in seiner Ganzheit‹ das Dokument einer fremden Religion, die für uns durch den Glauben an Jesus aufgehoben und zerbrochen ist«[23].

Auf den Punkt gebracht ist dieses theologische Unverständnis gegenüber dem »jüdischen« Alten Testament be-

[21] F. Schleiermacher im Leitsatz von § 22 seiner »Glaubenslehre« in der ersten Auflage (1821/22): zitiert nach: R. Smend, Schleiermachers Kritik (s. Anm. 4) 132.

[22] ebda. 136.

[23] Vgl. dazu W. Schottroff, Theologie (s. Anm. 3) 33f.

kanntlich in *Adolf Harnacks* Alterswerk »Marcion: Das Evangelium vom fremden Gott«, das 1921 in erster und 1924 in zweiter Auflage erschien. Er schreibt:

»Das Alte Testament im 2. Jahrhundert zu verwerfen, war ein Fehler, den die große Kirche mit Recht abgelehnt hat; es im 16. Jahrhundert beizubehalten, war ein Schicksal, dem sich die Reformation noch nicht zu entziehen vermochte, es aber seit dem 19. Jahrhundert als kanonische Urkunde im Protestantismus noch zu conservieren, ist die Folge einer religiösen und kirchlichen Lähmung.... Hier reinen Tisch zu machen... das ist die Großtat, die heute – fast schon zu spät – vom Protestantismus verlangt wird«[24].

Derart scharfe Töne hört man heute nur noch selten. Neuerdings freilich wieder bei sich besonders »christlich« gebenden Leuten wie der Psychologin *Hanna Wolff*[25] und ihrem Propagandisten, dem Bestseller-Hobbytheologen *Franz Alt*, der Jesus als »den neuen Mann« entdeckt hat, der uns vom neurotisierenden Judengott befreien will:

»Neuer Wein in neue Schläuche! Keine Vermischung! Keine Harmonisierung aus Feigheit und Denkfaulheit!... Solange Christen das alte Gottesbild des Alten Testaments nicht überwinden, sind sie behindert, krank und nicht gesund«[26].

Das ist eine Kurzfassung von Hanna Wolffs Thesen, die den Christen vorwirft, sie hätten das neue, jesuanische Gottesbild verraten und sich wieder vom alten Judengott vergiften lassen. Daß Jesus einen »anderen« Gott verkündet hat, ist ihr a priori klar:

»Es wird zum Beispiel ausdrücklich immer wieder und mit Emphase behauptet, daß der Gott Abrahams, Isaaks und Jakobs auch der Vater Jesu sei. Wenn dieser Satz stimmte, dann hätte sich Jesus jede weitere Mühe und jede zusätzliche Ver-

[24] A. a. O. 248 f. 254 (1. Auflage) bzw. 217. 222 (2. Auflage).

[25] H. Wolff, Neuer Wein – Alte Schläuche. Das Identitätsproblem des Christentums im Lichte der Tiefenpsychologie, Stuttgart 1981.

[26] F. Alt, Jesus – der erste neue Mann, München [4]1990,120. 132 (in Aufnahme von H. Wolff, Neuer Wein 162–192: »Das krank machende Gottesbild«).

kündigung sparen können. Der Satz zeigt nur, wie sträflich naiv Christen sind, wenn sie ohne ernsthafteres Nachdenken annehmen, Jesus brächte hinsichtlich des Gottesgedankens absolut nichts Neues«[27].

Im Munde von Fachtheologen klingt das Lied, daß der Gott Jesu nicht der Gott des Alten Testaments und der Gott der Christen ein anderer als der Gott der Juden ist, heute »lieblicher« als zu Zeiten Schleiermachers und Harnacks. Einige – recht zufällig herausgegriffene – Beispiele sollen dies illustrieren.

Vom christologischen Gottesverständnis des Paulus her argumentiert der Neutestamentler *Erich Gräßer.* Weil der jüdische und der christliche Gottesglaube »nie bezogen ist auf eine ›nackte Tatsache‹ namens ›Gott‹«, sondern »sich jeweils konkret im Bekenntnis (äußert), das seinerseits in der Formulierung des Geglaubten abhängig ist von den je verschiedenen Gottesanschauungen und -vorstellungen«, ist »in *dieser* Hinsicht (credendum!)... der Gott Israels keineswegs der Gott der Christen, wie umgekehrt der Gott der Christen auch nicht der Gott Israels ist«[28]. Ob daraus nicht folgen müßte, daß der Gott des Mose nicht der Gott des leidenden Jeremia oder daß der Gott, der Jesus sterben ließ, nicht der Gott ist, der ihn auferweckte, oder daß der Gott der Katholiken nicht der Gott der Protestanten ist? Ob hinter *Gräßers* subtiler Differenzierung nicht doch die These steht, daß für die Christen die Gottesbotschaft der jüdischen Bibel »alt« wurde, weil »ihr Christusglaube

[27] H. Wolff, Neuer Wein (s. Anm. 25) 164.

[28] E. Gräßer, Der Alte Bund (s. Anm. 4) 245f Anm. 48. Ebda. 245 wird das Gottesverständnis des Paulus so gekennzeichnet: »Das in Christus offenbare Heil Gottes denkt Paulus nicht im prophetischen Schema von Verheißung und Erfüllung, sondern in der apokalyptischen Entsprechung von Endzeit und Urzeit. Wo Gott *schöpferisch* auf den Plan tritt, ist *Neuheit* schlechthin das Prädikat seines Tuns. Das heißt, heilsgeschichtliche Linien werden nirgends durchgezogen.« In der dazu gehörenden Anm. 48 heißt es: »Weswegen auch die Rede von dem *einen* Gott als dem Israel und Kirche einigenden Faktor eine Leerformel ist«.

sich nicht vom alten Buch« herleitet, »sondern in der Erfahrung der Auferweckung des Gekreuzigten« gründet[29]?

Vor allem aus trinitätstheologischen Gründen will der Fundamentaltheologe *Peter Knauer* das Alte Testament zu einem *alten* Testament machen, das seiner »Erfüllung« im *neuen* Testament bedarf:

> »Die ganze Schrift Israels läßt sich in dem Wort zusammenfassen, das in ihr immer neu wiederholt wird: ›Ihr seid mein Volk, und ich bin euer Gott.‹ Die christliche Verkündigung kann eine solche Aussage im Grunde nicht überbieten. Es gibt nichts noch Höheres als Gemeinschaft von Menschen mit Gott. Aber die christliche Botschaft mit ihrem trinitarischen Gottesverständnis beansprucht, diejenige Auslegung des Satzes zu sein, in der er sich überhaupt erst als endgültig sinnvoll verstehen läßt. ›Gemeinschaft von Menschen mit Gott‹ ist nur dann nicht in sich widersprüchlich, wenn sie darin besteht, daß Menschen in die reale Relation Gottes zu Gott, des Vaters zum Sohn, aufgenommen sind, wenn also der Heilige Geist ihr Verhältnis zu Gott ist.
> Auch die anderen Grundbegriffe der Schrift Israels, ›Wort Gottes‹, ›Bund mit Gott‹, ›Volk Gottes‹, sind erst in dieser ihrer christlichen Interpretation endgültig sinnvoll. ›Wort Gottes‹ im eigentlichen Sinn setzt die Menschwerdung des Sohnes voraus. Ein ›Bund mit Gott‹ kann nur im Hineingenommensein in das Gottesverhältnis Jesu bestehen. Erst wenn der Heilige Geist Menschen miteinander verbindet, sind sie in Wahrheit ›Volk Gottes‹...
> Gerade dadurch, daß die Schrift Israels zum ›Alten Testament‹ erklärt wird, wird sie in sich selbst neu, nämlich neutestamentlich verstanden. ›Schrifterfüllung‹ bedeutet nicht das nachträgliche äußere Eintreffen vorausgesagter Ereignisse, sondern das endgültige ›Sinnvoll‹-Sein der Aussagen selbst...«[30].

Für sich allein genommen bliebe das Alte Testament problematisch. Wäre es »für sich allein als ›Heilige

[29] E. Gräßer, ebda. 134.

[30] P. Knauer, Der Glaube kommt vom Hören. Ökumenische Fundamentaltheologie, Graz 1978, 181 f.

Schrift‹ verstehbar, dann wäre die Christusbotschaft überflüssig.« Erst in seinem christlichen Gebrauch werde das Alte Testament zur »Heiligen Schrift«[31].

Daß Jesus ein gegenüber dem Alten Testament und dem zeitgenössischen Judentum neues Gottesverständnis und Gottesverhältnis verkündet und ermöglicht hat, wird seit der einschlägigen Untersuchung von *Joachim Jeremias*[32] immer wieder mit dem Hinweis auf die jesuanische Gebetsanrede »abba« begründet, deren Intimität (»Pappa«, »Väterchen«) für jüdisches Empfinden Gott gegenüber geradezu respektlos gewesen wäre. Wenn Jesus also Gott »abba« nennt und seine Jüngerinnen und Jünger lehrt, es ihm gleich zu tun, sei dies in der Tat »eine feine, aber doch auffallende Verschiebung gegenüber der religiösen Erfahrung Israels«[33]:

> »Es war etwas Neues und Unerhörtes, daß Jesus es gewagt hat, diesen Schritt zu vollziehen. Er hat so mit Gott geredet, wie das Kind mit seinem Vater, so schlicht, so innig, so geborgen. Das Abba der Gottesanrede Jesu enthüllt das Herzstück seines Gottesverhältnisses«[34].

Differenzierter wird diese These vom Neutestamentler *Helmut Merklein* vorgetragen:

> »Verfehlt wäre es, diese Gottesanrede im Sinne einer Verniedlichung Gottes auszuwerten, als ob aus dem Herrn und Gebieter nun ein ›liebes Väterchen‹ geworden wäre, mit dem die Kinder umspringen können, wie sie wollen. Daß Gott, den Jesus mit ›Abba‹ anredet, der Herr und Gebieter bleibt, zeigt schon das Vaterunser, das von dem ›Abba‹ erbittet, sein Herr- und Königsein durchzusetzen...

[31] P. Knauer, ebda. 182; vgl. auch ebda. 202: »Die Schrift Israels bedarf der Auslegung durch das ›Neue Testament‹, weil sie anderenfalls unklar bleibt. Nur im christlichen trinitarisch-inkarnatorisch-pneumatologischen Verständnis läßt sich die Schrift Israels überhaupt als ›Wort Gottes‹ verstehen«.

[32] J. Jeremias, Abba, in: ders., Abba. Studien zur neutestamentlichen Theologie und Zeitgeschichte, Göttingen 1966,15–67.

[33] R. Schwager, Jesus im Heilsdrama. Entwurf einer biblischen Erlösungslehre (Innsbrucker Theologische Studien 29), Innsbruck 1990,45.

[34] J. Jeremias, Abba, 63 (s. Anm. 32).

Jesus verkündet also keinen anderen Gott. Gott bleibt ein und derselbe. Aber Jesus wagt es, diesen selben Gott mit ›Abba‹ *anzureden* und dazu auch seine Jünger zu ermutigen. Wer so beten darf, muß in einem neuen, das bisher Gewohnte übersteigenden Verhältnis zu Gott stehen. Jesu Gottesanrede zeigt daher nicht eine Veränderung *Gottes* an, sondern eine Veränderung des *Menschen*, der so beten darf. Nicht ein neues *Wesen* Gottes oder auch nur ein neuer, bisher verborgener Zug am *Wesen* Gottes wird geoffenbart. Jesu Gottesanrede setzt vielmehr ein neues, veränderndes *Handeln* Gottes am *Menschen* voraus«[35].

2. *Vorbehalte gegen die Weisheitsbücher*

Nicht nur die christlichen Systematiker und Neutestamentler (miß)brauchen das Alte Testament, um die »neue« Gottesbotschaft Jesu so zu profilieren, daß Israels Gottesverständnis dabei immer negative Zensuren erhält. Auch die christlichen Alttestamentler singen dieses Lied oft kräftig mit. Meist steht von vornherein fest: »Was man von Gott sagen kann, erfahren wir (Christen) nur aus Jesus Christus«[36]. Die alttestamentlichen Texte führen je nach dem »Niveau« ihrer Gottesbotschaft dazu hin.

[35] H. Merklein, Jesu Botschaft von der Gottesherrschaft. Eine Skizze (SBS 111), Stuttgart [3]1989,85. Gegen alle »Überfrachtungen« der »Abba-Anrede« hat schon 1981 D. Zeller in der FS-J. M. Oesterreicher (New York 1981,117–129) gezeigt, daß die »Abba-Anrede« im Frühjudentum nicht so singulär ist, wie die Neutestamentler behaupten; er verweist besonders auf Sir 51,10 und im Zusammenhang damit auf Sir 23,1.4. Vgl. nun: A. Strotmann, »Mein Vater bist du!« (Sir 51,10) Zur Bedeutung der Vaterschaft Gottes in kanonischen und nichtkanonischen frühjüdischen Schriften, Frankfurt 1991. Die christliche »Abba-Ideologie« ist hier endlich durch eine nüchterne Analyse des Befunds abgelöst worden.

[36] D. Michel, Untersuchungen zur Eigenart des Buches Qohelet (BZAW 183), Berlin 1989,288f. Das Zitat steht in folgendem Zusammenhang: »Ich bewundere die denkerische Leistung Qohelets. Ich bin fasziniert von seiner Lebenshaltung. Ich meine, daß gerade sein Hinweis, man müsse das Glück in der Gegenwart und nicht in einer Zukunft suchen, uns heute sehr zu denken geben kann. Aber ich weiß auch: Nach dem Zeugnis des Alten wie des Neuen Testaments muß man von Gott anders reden. Man kann als Erkenntnisgrund

Vor allem die Bücher der alttestamentlichen Weisheitstheologie werden wegen des in ihnen sich aussprechenden Gottesverständnisses als »un-christlich«, ja »unter-christlich« disqualifiziert. Ihre »kanonische« Funktion wird dann meist darin gesehen, daß der christliche Bibelleser in diesen Büchern lernen kann, wie man *nicht* über und zu Gott reden darf. Mehr noch: An ihnen kommt die alttestamentliche Theologie buchstäblich an ihr »Ende« – das Jesus Christus heißt; denn an ihnen erlebt man, wie »es nicht geht«, und darin »treiben sie Christum!«

Der christliche Tadel gilt besonders dem viele Menschen so faszinierenden Buch Kohelet, dem man freilich meist bescheinigt, auch im Kontext der jüdischen Bibel »am äußersten Rand des Jahweglaubens«[37] zu stehen. So wird der finnische *Bischof Aare Lauha*, der in der großen Reihe »Biblischer Kommentar« das Buch Kohelet auslegt, nicht müde, immer wieder Kohelets Gottesbegriff als »Sackgasse« zu kennzeichnen:

> »Sein Gott ist nicht der Gott des israelitischen Glaubens: das Verhältnis des Menschen zu Gott ist bei ihm anders als allgemein im Alten Testament.... Für den alttestamentlichen Glauben ist zuversichtliches Vertrauen charakteristisch. Das kennt Kohelet nicht. Er hat nur Achtung vor dem unbegreiflichen Despoten. Das zentrale Dilemma liegt darin, daß die Sinnfrage des Lebens für Kohelet nicht theologisch zu lösen ist, sondern mit Hilfe der Vernunft beantwortet werden soll – und doch weiß er, daß man nicht auf menschliche Weisheit vertrauen kann«[38].

Was also soll dann ein solches Buch in der christlichen Bibel? Des Bischofs Antwort lautet:

für Gott nur Gott selber ansehen. Und das heißt für christliche Theologie: Was man über Gott sagen kann, erfahren wir nur aus Jesus Christus. Das kann Qohelet klarmachen«.

37 K. Galling, Das Rätsel der Zeit im Urteil Qohelets: ZThK 58,1961,12.

38 A. Lauha, Kohelet (BK XIX), Neukirchen 1978,17.

»Die Eignung des Predigerbuches vom neutestamentlichen Standpunkt aus ist... nur indirekt zu sehen. Man hat Veranlassung, sich an ABeas Reflexionen über die Schrift Kohelets anzuschließen: ›Quare Ecclesiastae quoque liber dici potest praeparatio Evangelii, praeparatio tamen potius negativa quam positiva: monstrat enim revelationem Veteris Testamenti ad difficultates intellectus et vitae solvendas non sufficere, sed ulteriorem requiri manifestationem‹ (Liber ecclesiastae, 1950,IX–X). Kohelet deckt die Hoffnungslosigkeit einer Lebenshaltung ohne das persönliche Gottesverhältnis auf und verkündigt dadurch indirekt die Notwendigkeit der lebendigen Gottesrealität... So kann man sagen, daß das Predigerbuch im Zusammenhang mit der Ganzheit der biblischen Botschaft – also nicht allein und losgelöst – doch in seiner Art ›Christum treibet‹«[39].

Dem Buch Ijob, für nicht wenige leidende Menschen eine Quelle der Kraft und des Trostes, geht es im Urteil mancher christlicher Alttestamentler nicht viel besser. Auch wenn die hohen literarischen und »seelsorgerlichen« Qualitäten dieses Buchs gerühmt werden, vor der christlichen Dogmatik kann es nicht bestehen, wie beispielsweise *Franz Hesse* einschärft:

»Begründet oder bezeugt das Buch Hiob in der Art, wie es Fragen stellt und Fragen zu lösen versucht, in gültiger Weise christlichen Glauben und christliches Handeln? Zur Beantwortung dieser Frage genügt der Hinweis, daß das Buch Hiob Teil der Bibel, der für die Christenheit normativen Heiligen Schrift, sei, nicht. Im Gegenteil muß die Tatsache, daß es Teil des Alten Testamens ist, hier zur Vorsicht mahnen. Denn das Alte Testament ist Zeugnis von einer Religion, die zeitlich vor dem Erdendasein Jesu, also vor der Entstehung des Christentums, liegt; sie kann schon von daher nicht mit dem Christenglauben identisch sein...

[39] A. Lauha, ebda. 24. Das Zitat aus A. Beas Kohelet-Kommentar lautet: »Deshalb kann das Buch des Predigers auch Vorbereitung des Evangeliums genannt werden, jedoch eher negative als positive Vorbereitung: es beweist nämlich, daß die Offenbarung des Alten Testaments nicht ausreicht zur Lösung der Probleme des Verstandes und des Lebens, sondern daß eine weitere Offenbarung notwendig ist«.

Die... gestellte Frage kann nur so beantwortet werden: Das Buch Hiob kann in der Art, wie es seine Fragen stellt und zu beantworten versucht, keine Wegweisung für den christlichen Glauben sein«[40].

Vor allem im Kontext lutherischer Theologie kann man über die alttestamentliche Weisheitstheologie und insbesondere über ihren Aufruf, das Leben »in die Hand zu nehmen«, in vielen Variationen hören, was *Horst Dietrich Preuß* so zusammenfaßt:

»Theologia crucis ist uns aufgetragen, und über deren Verhältnis zur Weisheit und Erkenntnis hat Paulus, auch wenn er dort ein anderes Gegenüber mit im Auge hat, in 1 Kor 1,18ff das Notwendige gesagt... Ob man folglich dem weisheitlichen Denken des Alten Testaments auch innerhalb des christlichen Glaubens einen vollen legitimen Platz einräumen kann und soll, erscheint mir fraglich«[41].

Nach Meinung nicht weniger christlicher Alttestamentler erweist die Weisheitsliteratur ihre theologisch legitime Funktion gerade in ihrem Scheitern, weil sie das, was sie geben möchte, nicht geben kann: Lebenskunst! Leben, so sagen sie, gelingt nicht als Leistung des Menschen, sondern nur als demütige Annahme des Kreuzes in der Lebensgemeinschaft mit dem gekreuzigten Jesus. Auf dem Boden dieser Theologie, die ein gebrochenes Verhältnis zur Welt als dem vom guten Schöpfergott durchwalteten Lebenshaus hat[42] und die dem Optimismus der Weisheit ebenso mißtraut wie der intellektuellen (Kohelet) oder emotionalen (Ijob) Leidenschaft ihrer Gott-Suche, bleibt diesem weiten Feld alttestamentlicher Literatur nur eine begrenzte, negative Rolle innerhalb der christlichen Bibel:

[40] F. Hesse, Hiob (ZBK AT 14), Zürich 1978,19f.

[41] H. D. Preuß, Einführung in die alttestamentliche Weisheitsliteratur, Stuttgart 1987,189.

[42] Daß »römisch-katholische Theologen ein unkritischeres Verhältnis zur Weisheit und der Art ihrer Rede von Gott haben«, konstatiert H. D. Preuß ebda. 192f durchaus richtig. Ob man das heute nicht auch als *echte* Anfrage an die lutherischen a prioris empfinden könnte?

Diese Literatur macht »indirekt deutlich, daß und wie dieser an und in seinen Grundanschauungen und Postulaten an Gott wie an der Welt scheiternde Mensch eine neue und andere Lebensoptik sowie ein anderes Gottesverständnis nötig hat, anders gesagt, daß er Christus als Hilfe und Neuorientierung benötigt. In diesem indirekten Christuszeugnis aufgrund ihres eigenen Scheiterns... besteht die eigentliche theologische Bedeutung der alttestamentlichen Weisheitsliteratur«[43].

3. Nörgelei an den »jüdischen« Psalmen

Besonders bitter stößt vielen Christen das Gottesbild mancher Psalmen auf. Gewiß, diese alttestamentlichen Gebete sind für die Kirche und für die Christen unverzichtbar, zumal das Neue Testament kaum ureigene »christliche« Gebete enthält. Es ist auch keine Frage: Nach Ausweis der Zitate im Neuen Testament war der Psalter das biblische Lieblingsbuch des entstehenden Christentums. Die neutestamentlichen Autoren lassen Jesus dort, wo er selbst betet, meist alttestamentliche Psalmen beten. Vor allem in der Passionsgeschichte wird durch die insgesamt starke Bezugnahme auf Psalmen (besonders auf Ps 22 und 69, aber auch auf Ps 31 und 42/43) das Leiden Jesu nicht nur als »schriftgemäß« dargestellt, sondern der Psalmen betende Jesus wird so zum Nachfolge-Paradigma für Leiden und Sterben als Weg ins Gottesreich. Kann es für die Christen eine überzeugendere »christologische« Legitimation des Psalmenbuchs geben?

Dennoch: Die christliche Nörgelei an zahlreichen Psalmen ist nicht zu überhören (sie hätten es gewiß lieber, wenn Jesus wie »weiland« David eigene »christliche« Psalmen gedichtet hätte!). Es ärgert die Christen, daß da so viel von Feinden, Bösewichten und Gottlosen die Rede ist, daß die Menschen in den Psalmen so ehrlich sind und

[43] H. D. Preuß, ebda. 191.

all ihre Ängste und Projektionen, ihre Krankheiten und Schmerzen, ihren Zorn und ihren Neid, ja sogar ihr Leiden an ihrem Gott ausbreiten, daß sie so voller Hunger nach irdischem Glück und Leben sind. Vor allem aber finden Christen es »nicht auf christlicher Höhe«[44], wie die Psalmen an die Gerechtigkeit, ja an die »Rache« Gottes appellieren, daß er an den Feinden das Strafgericht vollziehe. Voller Entrüstung wird gesagt: Solche Wünsche sind typisch »jüdisch«, einem Jesus-Jünger, der sein Leben unter das »neue« jesuanische Gebot der Feindesliebe gestellt habe, schlechterdings unzumutbar. Das war auch die Meinung der Vatikanischen Kommission, die das Stundengebet »entjudaisiert« hat, indem sie mehrere Psalmen und einzelne Psalmenverse gestrichen hat[45]. Die

[44] So etikettiert F. Nötscher (Echter-Bibel IV, Würzburg 1959,24) den Wunsch des Beters von Ps 6,11. Besonders B. Duhm erteilt in seinem Psalmenkommentar (KHC XIV, Freiburg 1899) dem Psalter wiederholt »christliche« Zensuren. Zu Ps 6: »Nimmt die schlichte Wahrheit des Gedichts uns für sich ein, so bleibt dem christlichen Empfinden die Bezugnahme auf die Feinde befremdlich...« (22). Zu Ps 16: »...und der christlichen Welt- und Lebensauffassung dürfte seine naive Freude... nicht ganz genügen« (46). Zu Ps 32: »Seine Vorstellungen von den Leiden, von der Sünde, vom Glück sind unterchristlich« (95). Zu Ps 51: »Auch die ›Tiefe‹ des Sündenbewusstseins ist nicht eigentlich von christlicher Art...« (148). Zu Ps 109: »Die Verwünschungen dieses Ps.s sind in besonders hohem Masse ›unchristlich‹, trotzdem ist er für messianisch gehalten worden (schon Act 1,16–20)« (254).

[45] Voll gestrichen sind die Psalmen 58 83 109. Dazu heißt es in der »Allgemeinen Einführung in das Stundengebet« (Nr. 131): »Die drei Psalmen 58 83 und 109, in denen der Fluchcharakter überwiegt, sind in das Psalterium des Stundengebetes nicht aufgenommen. Ebenso sind einzelne derartige Verse anderer Psalmen ausgelassen, was am Beginn jeweils vermerkt ist. Diese Textauslassungen erfolgten wegen gewisser psychologischer Schwierigkeiten, obwohl Fluchpsalmen sogar in der Frömmigkeitswelt des Neuen Testaments vorkommen (z. B. Offb 6,10) und in keiner Weise zum Verfluchen verleiten wollen.« Der kirchlichen Zensur fielen dabei folgende Psalmverse zum Opfer (ich wünsche den »Schneidern« nicht, daß sie »an jenem Tage« die Wahrheit der von ihnen beseitigten Verse erleben dürfen - vgl. dazu jedoch III 5): 5,11; 21,9–13; 28,4f; 31,18f; 35,3a.4–8.24–26; 40,15f; 54,7; 55,16; 56,8; 59,6–9.12–16 (warum »kocht« man nicht gleich einen neuen Psalm?); 63,10–12; 69,23–29 (69,23f können sich damit trösten, daß sie immerhin von Paulus im Römerbrief zitiert werden: Röm 11,9f); 79,6–7.12; 110,6; 137,7–9; 139,19–22 (der Psalm wird zerstört!); 140,10–12; 141,10; 143,12. Ob man so mit Papst-Enzykliken umgehen dürfte?

christliche Idylle des liturgischen Gebets sollte nicht länger durch derart schrille vor- und unter-christliche Töne gestört werden!

Manchen christlichen Theologen genügt diese römische Amputation der Bibel immer noch nicht. Ihr Problem sitzt im Grunde viel tiefer. Der Liturgiewissenschaftler *Balthasar Fischer* spricht es in seiner Einleitung zu dem von den Liturgischen Instituten Salzburg, Trier und Zürich herausgegebenen »Kleinen Stundenbuch« offen aus:

> »Wohltuend an den Psalmen ist, daß sie so menschlich sind. Sie loben Gott, aber sie sind kein reines Lob. Augustinus sagt, ihr Lob sei ›gemischt mit Tränen‹. Unsere Not und Verzagtheit und Verzweiflung darf hier zum Ausdruck kommen, aber das letzte ist dann doch immer wieder der Lobpreis dessen, der uns geschaffen und erlöst hat. Eine gewisse Schwierigkeit ergibt sich aus der Tatsache, daß diese Lieder... dem AT entstammen, also vor der Ankunft Christi niedergeschrieben sind und nur in ganz seltenen Fällen auf den kommenden Messias Bezug nehmen. Wie können sie das christliche Gebet werden, bei dem doch Christus die Mitte ist, sei es, daß wir zu ihm beten, sei es, daß wir seinem Beten uns anschließen?«[46]

Balthasar Fischer schlägt als Lösung des Problems vor: Die Psalmen soll man christlich nicht im (alttestamentlichen) »Wortsinn«, sondern im (neutestamentlichen) »Erfüllungssinn« beten. Der Wortlaut der Psalmen soll dabei seine jüdische »Erdung« verlieren und zum Auslöser christologischer Assoziationen werden. Ob hier nicht aus der selbstgemachten »Not« eine noch größere »Not« entsteht, zumindest wenn der »Erfüllungssinn« zum System erhoben wird und der Beter zum »Herrn« des Gottesworts gemacht wird, statt sein demütiger »Diener« zu sein?[47]

[46] Kleines Stundenbuch, Einsiedeln - Freiburg u. a. o. J., 7*.

[47] B. Fischer schlägt einen vierfachen »Erfüllungssinn« vor: vgl. ders., Dich will ich suchen von Tag zu Tag. Meditationen zu den Morgen- und Abendpsalmen des Stundenbuches, Freiburg ²1985,14–23. Er findet ebda. 15 f immerhin mild-pastorale Worte für jene armen Psalmenbeter, die den Wortlaut der Psalmen selbst ernst nehmen, statt ihn zum »Aufhänger« von Assoziatio-

Konsequenter, wenn auch nicht radikal genug, ist da schon der Neutestamentler *Otto Knoch*, der das Problem ähnlich sieht und offensichtlich am liebsten den Psalter noch viel weitgehender entjudaisieren möchte, als Rom dies für die Liturgie bislang tat. Er fragt:

»Kann der Christ als Glied des neuen Gottesvolkes genauso wie der Jude als Glied des alten alle Psalmen beten, oder erfordert die neue Heilsebene und die Hinordnung des Christen auf Jesus Christus, den auferstandenen Herrn der Kirche und der Menschheit, eine Veränderung der Psalmentexte und des Vollzugs des Psalmengebets?«[48]

Nach einer knappen Skizze dessen, was er für »die Grundprinzipien der Botschaft Jesu« hält, stellt er einen ganzen Katalog von theologischen Vorstellungen im Psalter zusammen, die diesen Grundprinzipien nicht entsprechen, und illustriert diesen Katalog an einzelnen Psalmversen. Das Ergebnis ist »klar«: Eigentlich sind die jüdischen Psalmen »unbrauchbar«. Da wir aber keine anderen haben, muß der Psalter aus christlicher Sicht gereinigt und das Bleibende neu gedeutet werden:

Von Jesu »Botschaft und Lehre her sind daher die Gebete des Alten Testaments *zu läutern* (Hervorhebung: E. Z.) und aufzuschließen... Das ist der Grund, weshalb die katholische Kirche sowohl im Meßbuch wie auch im Stundengebet sowohl die Psalmen und Psalmenabschnitte, die nach Rache und Vergeltung rufen, wie auch jene, die deutlich alttestamentlich-jü-

nen zu machen: »Dieser Erfüllungssinn hat verschiedene [vier] Stufen. Die erste Stufe ist schon dann gegeben, wenn eine Meditation – ohne auf das Christusereignis Bezug zu nehmen – beim Wortsinn des alttestamentlichen Textes verweilt, aber in der zusammenfassenden Oration zu erkennen gibt, daß das göttliche Du im Hintergrund dieser Meditation der Vater unseres Herrn Jesus Christus ist und auf dem Weg über Jesus Christus als Mittler erreicht wird. Gerade für einen jungen, anfangenden Psalmenbeter wird man oft gut daran tun, es vorerst bei einem solchen Minimum der Verchristlichung [!] bewenden zu lassen, damit er vor allen weiteren Deutungs-Schritten den großen Atem des Wortsinnes aufnehmen und verkosten kann«.

[48] O. Knoch, Altbundlicher Psalter. Wie kann, darf und soll ein Christ ihn beten?: Erneuerung in Kirche und Gesellschaft IV, 1989,45.

dische Auffassungen vertreten, ausgeschieden hat, außerdem durch entsprechende Leitverse und Orationen alle Psalmenabschnitte und Psalmen in den Zusammenhang der christlichen Heilsgeschichte und des kirchlichen Betens eingeordnet hat. *Leider* aber sind dabei Abschnitte stehengeblieben, die einer besonderen christlichen Deutung bedürfen«[49].

4. Rückfragen an die christlichen Kritiker

Was ist diesen christlichen Positionen gemeinsam, die wir kurz charakterisiert haben? Bei aller Unterschiedlichkeit im einzelnen lassen sich m. E. folgende Voraussetzungen und Vor-Urteile im Blick auf die christliche Relevanz des Alten Testaments erkennen:

(1) Das Alte Testament wird neben das Neue Testament gestellt und *so* an ihm gemessen, daß das Neue in jedem Fall als *»neu«* erscheint. Dabei wird meist mit ungleichem Maß gemessen: Man sucht die Highlights des Neuen Testaments heraus und vergleicht sie mit »problematischen« oder schwierigen Texten des Alten Testaments. Man vergleicht beispielsweise nicht die Botschaft Jesu vom barmherzigen Gott mit dem breiten Strom der Texte, die den Gott Israels in Aufnahme der »Sinai-Gnaden-Formel« Ex 34,6f (vgl. dazu die Kapitel III und IV) als den über die Maßen barmherzigen Gott verkünden, sondern man sucht gezielt nach Texten, die zu den neutestamentlichen Highlights ausgesprochene Kontrasttexte sind. Wenn man das gleiche Verfahren umkehren würde, könnte das Neue Testament auch sehr schlecht aussehen. Schon Irenäus hat erkannt, daß derartige Vergleiche gerade im Blick auf das »harte« Gottesbild letztlich zu Lasten des *Neuen* Testaments gehen. Läßt man sich auf das hinter solchem »Vergleichsdenken« stehende evolutive Modell ein, das ich für äußerst problematisch halte, muß man,

[49] O. Knoch, Psalter, ebda. 46 f.

worauf der Systematiker *Raymund Schwager* mit Recht aufmerksam macht, eine Verschärfung des Gottesproblems gerade für das Neue Testament konstatieren:

»Der Bischof von Lyon verschärfte die biblische Problematik, indem er in Übereinstimmung mit seiner Idee der göttlichen Erziehung eine Zunahme der Strenge vom Alten zum Neuen Testament feststellte. ›Wie nämlich im Neuen Testament der Gottesglaube der Menschen wuchs und als Zusatz (den Glauben an) den Sohn Gottes bekam, damit der Mensch Gottes teilhaftig werde, so wuchs auch die für den Wandel erforderliche Sorgfalt, indem wir nicht nur von bösen Werken uns enthalten sollen, sondern auch von solchen Gedanken, müßigen Reden, eitlen Gesprächen, schlüpfrigen Worten. Und ebenso ist auch die Strafe derer gewachsen, die dem Worte Gottes nicht glauben, seine Ankunft verachten und sich rückwärts wenden. Aus der zeitlichen ist eine ewige Strafe geworden‹ (Irenäus, Adv. haer. IV 28,2). Der Zorn Gottes ist nach Irenäus keine blinde Leidenschaft, sondern die zur Erziehung gehörende strafende Gerechtigkeit und insofern mit dem Gott der Güte vereinbar. Das Problem liegt deshalb weniger im Alten Testament, wie Markion meinte, sondern eher im Neuen, denn hier ist die Strafe – entsprechend der höheren Vollkommenheit – weit strenger. ›Hier wie dort also ist die strafende Gerechtigkeit dieselbe, dort vorbildhaft, zeitlich, gemäßigter, hier eigentlich, ewig und strenger‹ (Ebd. IV 28,1). – Irenäus hat klar gesehen, daß das Alte Testament in seinen zentralen Teilen als höchste Form des Gerichts nur den frühzeitigen und gewaltsamen Tod kennt, während im Neuen Testament die Sünder mit der Hölle bedroht werden«[50].

In der Tat: Nur wer das Neue Testament *selektiv* kennt oder liest, kann die dümmliche, weil falsche Antithese Altes Testament = Gott der Rache/des Gerichts – Neues Testament = Gott der Güte/Barmherzigkeit weiterlallen. Nicht nur die Johannesapokalypse greift ausdrücklich die »harten« Gottesaussagen des Alten Testaments auf (sie bündelt sie geradezu: Man lese beispielsweise

[50] R. Schwager, Jesus im Heilsdrama (s. Anm. 33) 13.

Offb 19,11–21!), um ihre apokalyptische Botschaft über den Christus, »der kommen wird, zu richten die Lebenden und die Toten« (wie wir im Apostolikum bekennen), eindringlich auszumalen. Auch die jesuanische Predigt setzt »gut alttestamentlich« massive Gerichtsbilder ein, um die tödliche Destruktivität des Bösen aufzudecken und zur Entscheidung für den Weg der Nächstenliebe als Praxis von Christus- und Gottesliebe zu bewegen. So heißt es beispielsweise in der großen Endzeitrede Mt 25,31–46:

> »Wenn der Menschensohn in seiner Herrlichkeit kommt und alle Engel mit ihm, dann wird er sich auf den Thron seiner Herrlichkeit setzen. Und alle Völker werden vor ihm zusammengeworfen werden, und er wird sie voneinander scheiden, wie der Hirt die Schafe von den Böcken scheidet. Er wird die Schafe zu seiner Rechten versammeln, die Böcke aber zur Linken.
> Dann wird der König denen auf der rechten Seite sagen: Kommt her, die ihr von meinem Vater gesegnet seid, nehmt das Reich in Besitz...
> Dann wird er sich auch an die auf der linken Seite wenden und zu ihnen sagen: Weg von mir, ihr Verfluchten, in das ewige Feuer, das für den Teufel und seine Engel bestimmt ist!...
> Und sie werden weggehen und die ewige Strafe erhalten«.

Schon dieser kurze Blick auf das Neue Testament macht sichtbar: Die beiden Testamente lassen sich nicht auseinanderdividieren. Sie sind durch ihre Sprache und durch ihre Botschaft so sehr ineinander verschränkt, daß die Schläge gegen das eine immer auch das andere treffen. Und wer das Problem mit »Läuterungen« oder »Streichungen« bestimmter Teile des »Alten Testaments« lösen will, muß es dann schon wie Markion machen: Dann muß munter im Neuen Testament mitbeschnitten werden.

Nein: Die *wertenden* Vergleiche »besser«, »höher« taugen nicht, um das Verhältnis der beiden Testamente zu bestimmen. Sie treffen letztlich den biblischen Gott selbst.

(2) Verhalten sich die christlichen Nörgler am Alten Testament, die diesem vorwerfen, es sei »anders« als das Neue Testament, nicht paradox? Sie nehmen ein Geschenk an, nehmen sich den besten Teil davon heraus und nörgeln dann mit Blick auf den verbleibenden Teil, das Geschenk sei doch insgesamt ein minderwertiges Geschenk gewesen. Sie sind wie Leute, die in einer Bäckerei dem Bäcker vorwerfen, daß er kein Gemüse bäckt! Welches Gottesbild wird da eigentlich vorausgesetzt, wenn argumentiert wird: Wäre das Alte Testament »für sich allein als ›Heilige Schrift‹ verstehbar, dann wäre die Christusbotschaft überflüssig«[51]. Wer macht da eigentlich wem Vorschriften?

(3) Manche christlichen Verdikte über das Alte Testament bestätigen auf deprimierende Weise den berühmten Satz Adolf von Harnacks:

> »Die Tochter verstößt die Mutter, nachdem sie sie ausgeplündert hat«[52].

Daß die Tochter nicht die Mutter ist, soll hier nicht bezweifelt werden, aber ist es nicht absurd, wenn die Tochter der Mutter vorwirft, daß diese nicht ihrerseits Tochter ist?

(4) Was sollen eigentlich Juden von Christen halten, die ihnen seit Jahrhunderten vorhalten, ihre jüdische Bibel sei unvollkommen, in sich selbst nicht sinnvoll und aus sich selbst eigentlich nicht verstehbar? Ob sie nicht mit *Georg Christoph Lichtenberg* zurückfragen sollen:

> »Wenn ein Buch und ein Kopf zusammenstoßen, und es klingt hohl, ist denn das allemal im Buch?«

[51] P. Knauer, Der Glaube (s. Anm. 30) 182; da hilft auch der ebd. gemachte Hinweis auf »Doctor Martinus« nicht weiter!

[52] A. von Harnack, Die Mission und die Ausbreitung des Christentums in den ersten drei Jahrhunderten I, Leipzig [4]1924,76.

Mit all dem soll nicht bestritten werden: Es gibt »schwierige« und »sperrige« Passagen im Alten (wie im Neuen) Testament; zumindest werden sie von vielen Bibellesern (und mehr noch von Nicht-Bibellesern!) als solche empfunden. Ehe man aber von ihnen aus Vor- und Fehlurteile über das Ganze entwickelt, ist der Versuch gefordert, diese Einzeltexte überhaupt *in sich* und als *Teile* der Bibel zu verstehen. Daß die Bibel »Gottes Wort in Menschenwort« ist und daß menschliche Sprache immer nur ein »Annäherungsversuch« an das »Gott-Geheimnis« ist[53], gilt gerade hier.

Besonders die nörgelnden christlichen Bibelwissenschaftler sollten hinter die Grundregel ihrer eigenen Zunft, die die Grundregel für den Umgang mit Vergangenheit überhaupt ist, nicht zurückfallen:

> »Geschichtliches muß geschichtlich behandelt werden. Menschen aus früherer Zeit dürfen nicht sogleich nach Maßstäben beurteilt werden, die erst gewonnen wurden, als sie nicht mehr lebten. Ein gerechtes Urteil setzt vielmehr den Versuch eines möglichst sorgfältigen Verstehens im geschichtlichen Zusammenhang voraus«[54].

Historisches Verstehen ist die Voraussetzung für den Umgang mit den angeblich oder wirklich »problematischen« Gottesaussagen des Alten (und Neuen) Testaments. Die Gefahr, die bei unkritischem Umgang mit biblischen Texten erfahrungsgemäß immer gegeben ist, daß sie zum Spiegel der eigenen Vorstellungen, Wünsche und Vorurteile werden, anstatt daß sie den Leser mit sich selbst konfrontieren und ihm *neue* Sichtweisen seiner selbst, seiner Welt und insbesondere seines Gottes ermöglichen, ist hier besonders groß. Hier muß geduldig und oft mühsam die Zeit-, Sprach- und Bilddistanz wahrgenommen wer-

[53] Vgl. dazu die grundlegenden Reflexionen von H. Vorgrimler und H.-P. Müller in dem von H.-P. Müller herausgegebenen Vortrags-Band »Was ist Wahrheit?«, Stuttgart 1989,40–52.53–67.

[54] R. Smend, Epochen der Bibelkritik (s. Anm. 4) 187.

den, damit der Text überhaupt einmal *sich selbst* aussprechen kann, ehe ein wertendes Urteil gefällt werden darf. Wer hier zu schnell meint, er habe den irritierenden Text verstanden, läuft Gefahr, seine wahre Botschaft gerade zu verfehlen. Es gibt hier auch einen »kritischen« Fundamentalismus, der in höchstem Maße »unkritisch« ist, weil er offenbarungspositivistisch an der Oberfläche des Textes hängen bleibt!

Aber das historisch-kritische Bemühen um die biblischen Texte ist nur die Voraussetzung für ihr *theologisches* Verstehen. Als solche müssen sie in ihrem größeren Zusammenhang verstanden und beurteilt werden. Das ist einerseits ihr literarischer Kontext, in dem sie stehen und aus dem sie nicht herausgebrochen werden dürfen. Und das ist andererseits, ja mehr noch, der *kanonische* Zusammenhang – die jüdische Bibel bzw. die zweiteilige christliche Bibel (vgl. dazu unten VII.).

III. Ein »ewiges« Klischee: Der Gott der Rache und der Gewalt?

1. Liebt JHWH wirklich Gewalt und Krieg?

Der Gott des Alten Testaments sei gewalttätig und rachsüchtig, er legitimiere, ja fordere Gewalt, Mord und Krieg, ist die »antialttestamentliche« bzw. »antijüdische« Stereotype schlechthin, von Markion bis zu Franz Alt[55]. Dieses Vor- und Fehlurteil verlangt deshalb eine besondere Erörterung.

Daß die »Gewalt« das zentrale Thema des Alten Testaments sei und daß die »Heilsnotwendigkeit« des Kreuzestodes Jesu gerade darin bestand, daß Jesus die Gewalttätigkeit der Juden auf sich zog und bewußt als Sündenbock auf sich nahm, um sie zu überwinden, hat im Anschluß an R. Girard neuerdings mehrfach der Innsbrucker Dogmatiker *Raymund Schwager*[56] vorgetragen – in einer m. E. höchst gefährlichen (weil erneut einem fundamentalen Antijudaismus Vorschub leistend!) und historisch geradezu abwegigen Zuspitzung:

> »Die historische Frage wird sich bei der gegebenen Quellenlage wohl nie mit letzter Sicherheit beantworten lassen. Für unsere Interpretation ist sie auch nicht von großer Bedeutung.

[55] Ich habe schon öfter die Erfahrung gemacht, daß Leute (fast) nur dies mit dem »Alten Testament« assoziieren, auch wenn ihnen sonst das Buch ein »unbekanntes Wesen« ist. Wie die Exegeten mit dem Problem umgehen, hat N. Lohfink gut zusammengestellt: »Gewalt« als Thema alttestamentlicher Forschung, in: ders. (Hrsg.), Gewalt und Gewaltlosigkeit im Alten Testament (QD 96), Freiburg 1983,15–50.

[56] Vgl. R. Girard, Das Heilige und die Gewalt, Zürich 1987; ders., Der Sündenbock, Zürich 1988; R. Schwager, Brauchen wir einen Sündenbock? Gewalt und Erlösung in den biblischen Schriften, München 1978; ders., Jesus im Heilsdrama (s. Anm. 33).

Entscheidender ist, daß die Evangelien in jenen Menschen, die auf die eine oder andere Weise bei der Verwerfung Jesu aktiv beteiligt waren, Repräsentanten ganzer Bevölkerungsschichten sehen und ihrem Tun eine grundsätzliche Bedeutung beimessen (190f). In der Allianz der Repräsentanten des Volkes und in der Furcht der anderen zeigt sich, daß letztlich alle zusammen gegen Jesus standen (192). Jesus konnte *für alle* sterben, weil sich zuvor alle *gegen ihn* zusammengerottet haben« (218). Dazu heißt es in einer Anmerkung: »Damit ist keine metaphysische, sondern eine heilsgeschichtliche Notwendigkeit gemeint. Jesus ›mußte‹ von allen verworfen werden, um alle erlösen zu können«[57].

Daß »alle« oder auch nur die Mehrheit der jüdischen Zeitgenossen Jesu Jesus abgelehnt oder bekämpft hätten, ist historisch barer Unsinn; ob es dann theologisch »wahr« sein kann? Sind die zwölf Jünger Jesu denn in der Darstellung der Evangelien Repräsentanten des Gewaltkollektivs Israel? Wie abwegig ein solches Konstrukt des »gewaltbesessenen« Israel zur Zeit Jesu ist, unterstreicht *Peter Fiedler* zurecht mit folgender Überlegung:

»Man braucht sich bloß einmal die Zahlen zu vergegenwärtigen: Angesichts einer jüdischen Bevölkerung im Mutterland von bis zu einer Million Menschen und dem Fünf- bis Sechsfachen in der Diaspora ergibt sich für den von Jesus erreichten Kreis eine Größe, die in jedem Fall nur in Promillewerten auszudrücken ist. Zu diesem Adressatenkreis gehörten außer den Menschen in Jesu unmittelbarer Umgebung auch die Sympathisanten. Allerdings gilt von diesem Kreis auch, daß er so groß war, daß er durch den Schock des Karfreitags nicht zersprengt wurde. Demgegenüber waren die wirklichen Feinde Jesu zweifellos in der Minderheit«[58].

Dies ist freilich nur der eine Aspekt der Schwagerschen Konstruktion. Er tangiert unsere Frage nur als Auswir-

[57] Die Zitate stammen aus Schwagers Studie »Brauchen wir einen Sündenbock?« (s. Anm. 56).

[58] P. Fiedler, »Beim Herrn ist die Huld, bei ihm Erlösung in Fülle«, in: FS-E. L. Ehrlich (s. Anm. 20) 193.

kung der viel grundsätzlicheren Problematik, daß hier das »Alte Testament« bzw. die jüdische Bibel insgesamt mißverstanden wird, weil ihm unterstellt wird, es sei letztlich ein Zeugnis der Gewaltbesessenheit Israels. Schlimmer noch, es sei das Zeugnis von einem Gott, der die Juden als »Gewalttäter« erwählte, damit Jesus zu ihrem Sündenbock und so zum »Erlöser« werden konnte.

Hier ist keine differenzierte Diskussion mit R. Schwager beabsichtigt. Der Hinweis auf seinen Ansatz sollte nur noch einmal unterstreichen: Das *theologische* Verständnis der Gewalt-Dimension im »alttestamentlichen« (und neutestamentlichen!) Gottesbild setzt ein *historisch* differenzierendes Verstehen der einzelnen Texte, ihrer Bildsprache und ihrer Aussage*absicht* voraus.

Viel müßte und könnte zu den einzelnen Textbereichen gesagt werden, in denen ein gewalttätiges Gottesbild überliefert ist. Manches ist einfach historisch zu »entschärfen«: Die »kriegerische« Landnahme, wie sie im Josua-Buch erzählt wird, und den sogenannten »Kriegsbann«, der die Vernichtung von Mensch und Tier fordert, hat es historisch nie gegeben. Den Stil der Kriegserzählungen teilt Israel mit seiner Umwelt; ihre »Botschaft« ist letztlich sogar eine Ablehnung des Krieges. Wer diese Geschichten biblisch richtig hören will, muß daneben die Rüstungs- und Kriegskritik eines Jesaja und eines Hosea stellen[59], aber auch die Utopien von einer Zeit, in der Gott bewirkt, daß keine Kriege mehr geführt werden[60]. Daß und wie die biblische Überlieferung selbst vor einem fundamentalistischen Mißverständnis dieser Erzählungen warnt, macht sie durch eine wunderschöne Geschichte deutlich, die sie *vor* all diese Kriegserzählungen gesetzt hat.

[59] Vgl. Jes 2,6–21 (Rüstung und Krieg ist Götzendienst!); 30,15–17; 31,1–3 (beide Texte entfalten das Motiv: »wer zum Schwert greift, wird durch das Schwert umkommen«); Hos 1,3–7; 5,8–6,6.

[60] Vgl. Jes 2,1–5 = Mi 4,1–5; Jes 11,6–9.10; Hos 2,20; Am 9,11–15; Sach 9,9–10; Ps 46; 85; 87.

»Als Josua bei Jericho war und Ausschau hielt, sah er plötzlich einen Mann mit einem gezückten Schwert in der Hand vor sich stehen. Josua ging auf ihn zu und fragte ihn: Gehörst du zu uns oder zu unseren Feinden? Er antwortete: Nein, ich bin der Anführer des Herrn der Heere. Da warf sich Josua vor ihm zu Boden, um ihm zu huldigen, und fragte ihn: Was befiehlt mein Herr seinem Knecht? Der Anführer des Herrn der Heere antwortete Josua: Zieh deine Schuhe aus; denn der Ort, wo du stehst, ist heilig. Und Josua tat es« (Jos 5,13–15).

Die Geschichte inspiriert sich unüberhörbar an der Erscheinung Gottes vor Mose im brennenden Dornstrauch (Ex 3,1–6), mit der der Exodus gedeutet wird (dazu siehe im folgenden!).

Zwei Aspekte sind in unserem Zusammenhang besonders wichtig:

a) Die Geschichte will die allen Kriegen zu Grunde liegende falsche, weil tödliche Alternative überwinden: »Gehört der zu uns oder zu unseren Feinden?« Die Antwort des Gottesboten ist unmißverständlich: Nein, d. h. weder – noch!

b) Der Gottesbote sagt, worauf es ankommt: »Zieh deine Schuhe aus!« Gib deine Ansprüche auf und nimm wahr: Der Boden, auf dem du stehst, ist »heilig«, d. h. ein Ort, auf dem ihr, du und dein Volk »heilig« sein sollt, wie ich euer Gott heilig bin. Worin das »Heiligkeitsethos« des heiligen Gottes besteht, kann man – gut alttestamentlich – im sogenannten Heiligkeitsgesetz nachlesen, dessen Kernsätze die christlichen »Kostverächter« noch immer für die Höhenflüge der spezifisch neutestamentlichen Schriften halten:

»Seid heilig, denn ich JHWH, euer Gott, bin heilig...
Du sollst in deinem Herzen keinen Haß gegen deinen Bruder [und deine Schwester] tragen...
Du sollst deinen Nächsten lieben wie dich selbst...
Wenn bei dir ein Fremder in eurem Land lebt, sollt ihr ihn nicht unterdrücken. Der Fremde, der sich bei euch aufhält, soll euch wie ein Einheimischer gelten, und du sollst ihn lie-

ben, wie dich selbst; denn ihr seid selbst Fremde in Ägypten gewesen.
Ich bin JHWH, euer Gott« (Lev 19,2.17–18.33–34).

Gewiß: Der Krieg und die kriegerische Gewalt sind ein Thema, das im Alten Testament häufig vorkommt. Aber das hängt weder damit zusammen, daß Israels Gott besonders »gewalttätig« war/ist, noch daß Israel ein besonders kriegs- und rachelüsternes Volk wäre – von dem sich dann Jesus im Auftrag seines Vaters ein für allemal distanzieren mußte. Die historische Wahrheit ist: Die allermeisten Kriege sind dem biblischen Israel aufgezwungen worden. Israel war der Spielball der Großmächte vom Nil und aus dem Zweistromland. Das biblische Israel hatte unter den Kriegen zu leiden – und setzte sich damit auf vielfache Weise auseinander. *Auch* durch eine Art »Kriegstheologie«, die Israels Gott von dem Verdacht befreien wollte, er sei gar kein Gott, weil die Götter der Großmächte mit ihm machen könnten, was sie wollten.

Selbst ein auf den ersten »fundamentalistischen« Blick kriegslüsternes Buch wie das *Buch Judit* ist im Gegenteil eine Erzählung, die im Namen Gottes den Krieg ablehnt[61]. Voller Ironie wird hier Holofernes als Typ des Krieges aufgebaut und in seiner Selbstdestruktivität vorgeführt. Daß eine Frau diesen Holofernes mit seinem eigenen Schwert enthauptet, in einer Nacht, da Holofernes diese Frau vergewaltigen wollte, ist die literarisch-theologische Pointe, die man nicht vordergründig historisieren und dann als »dem Geist des Neuen Testamentes« widersprechend verurteilen kann. Wer dies tut, hat nichts verstanden. Und wer nichts verstanden hat, soll auch nicht urteilen! Nein, das Juditbuch ist ein faszinierender Roman, der inmitten einer von Kriegen erschütterten Welt die gut »alttestamentliche« Hoffnungsbotschaft vermitteln will, die

[61] Vgl. dazu E. Zenger, Das Buch Judith (JSHRZ I 6), Gütersloh 1981; ders., Art. Judit, in: TRE 17,404–408.

Judit in ihrem »Schlußlied« (in Aufnahme der griechischen Fassung von Ex 15,3[62]) so zusammenfaßt:

»Stimmt an meinem Gott mit Pauken,
singt meinem Herrn mit Zimbeln!
Laßt ihm erklingen Psalm und Lobgesang,
verherrlicht und ruft an seinen Namen!
Fürwahr ein Gott, der den Kriegen ein Ende setzt, ist der Herr!« (Jdt 16,1f)

Selbst das *Buch Ester*, von dem Martin Luther bekanntlich gesagt hat, es juditze zu sehr und habe viel heidnische Unart[63], weshalb immer wieder, vor allem im Bereich der lutherischen Tradition verkündet wird, es passe nicht in die christliche Bibel[64], ist ein erzählerischer Protest gegen die Gewalt – vom Boden des ersten Gebotes her. Auch hier muß zunächst der Historiker unmißverständlich herausstellen: Das Buch ist kein historischer Bericht. Was an dieser Erzählung historisch ist, ist genau das Gegenteil von dem, was ihre fundamentalistischen Leser (die sogar der Alttestamentler-Zunft angehören!) ihm vorwerfen: Daß Juden im Perserreich Pogrome durchgeführt hätten, ist schlechterdings auszuschließen. Die historische Wahrheit ist, daß dieses Buch in der Gestalt des Mordechai und der Ester für eine Integration der Juden in die ihnen fremde Welt wirbt – freilich mit einer unüberschreitbaren Grenze: Keine Vergötzung und Anbetung von Menschen! Das Esterbuch ist ein narratives Bekenntnis zu dem Gott Israels, der auch »im Exil« sich als Rettergott erweist. Und zwar nicht nur als Rettergott der Juden, sondern auch »der Völker«. Um dies bei der Lektüre des Esterbuchs zu

[62] Der hebräische Text von Ex 15,3 lautet: »JHWH ist ein Kriegsmann, JHWH ist sein Name.«

[63] M. Luther, Tischreden 1. Band, Weimar – Graz 1967,208: »Ich bin dem Buch (d. i. 2 Makk) und Esther so feind, daß ich wollte, sie wären gar nicht vorhanden; denn sie judenzen zu sehr, und haben viel heidnische Unart«.

[64] Einen Überblick über die »Leidensgeschichte« des Buches bietet W. Herrmann, Ester im Streit der Meinungen (BEATAJ 4), Frankfurt 1986.

begreifen, muß man freilich die anti-jüdische Brille absetzen und es als theologische Literatur für eine Minderheit lesen, die sich dabei selbst ihre Ängste von der Seele erzählt und die zugleich um Sympathie für die eigene Sache und für den eigenen Gottesglauben wirbt. Solche so manchen Leser dieser Zeilen überraschende Hochschätzung des Ester-Buches müßte gewiß im Detail aufgezeigt werden.

Ein erster Schritt dazu wäre freilich, für Leser, die das Buch nicht im Urtext lesen können, eine Übersetzung anzufertigen, die sensibel im Umgang mit der Sprache und den Bildern ist und die das Buch nicht noch gewalttätiger macht, als es wirklich ist. Bei der »Einheitsübersetzung« ist dies leider der Fall, wie im folgenden gezeigt wird.

2. Die christlichen Übersetzer machen vieles oft noch schlimmer

Daß unsere Übersetzungen hier leider durch ihre »Gewaltsprache« die Texte oft noch »problematischer« machen, als sie sind, kann hier nur an einigen Beispielen aus dem Esterbuch und aus den Psalmen verdeutlicht werden. Die Beispiele ließen sich beinahe beliebig vermehren; in der Sensibilisierung unserer Sprache und in der entsprechenden Revision unserer Übersetzungen wartet hier noch eine wichtige Aufgabe unseres erneuerten Umgangs mit der jüdischen Bibel bzw. dem »Alten Testament«.

In Est 8,11 wird der Erlaß des Königs Artaxerxes zitiert, mit dem dieser nach der Hinrichtung Hamans den Juden das Recht einräumt, sich gegen Pogrome zu schützen, zu denen eben dieser König zuvor, unter Anstiftung durch Haman, seine Untertanen aufgefordert hatte. Natürlich wäre es aus unserer heutigen Sicht viel einfacher gewesen, das erste Edikt aufzuheben, aber das war von der Reichskonzeption her nicht möglich. Also erläßt er nun eine Art Gegenedikt, das von der Einheitsübersetzung (ähnlich wie beinahe in allen christlichen Übersetzungen) so wiedergegeben wird:

> »Mit diesem Erlaß gestattete der König den Juden in allen Städten, sich zusammenzutun, um für ihr Leben einzutreten, um in jedem Volk und in jeder Provinz alle ihre Gegner samt ihren Frauen und Kindern zu erschlagen, zu ermorden und auszurotten und ihren Besitz zu plündern.«

Da also haben wir's, schwarz auf weiß: Der jüdische Rachegott und die Juden schlachten sogar wehrlose Frauen und Kinder. Hier haben wir doch als Christen keine andere Wahl: Das ist »ein Stück der jüdischen Religion, das einen Christen geradezu abstößt«[65]. Ich verzichte – aus Respekt vor dem Judentum – auf eine Dokumentation der Obszönitäten, die christliche Kommentatoren im Namen ihres christlichen Gottes der Liebe zu dieser Stelle und über das Esterbuch als typisch jüdisches Buch geschrieben haben[66]. Nach dem Holocaust jüdischer Frauen

[65] W. Erbt, Die Purimsage in der Bibel, 1900, zitiert nach W. Herrmann, Ester, 14.

[66] Nur ein, besonders krasses, Beispiel. Max Haller schreibt in seinem Ester-Kommentar in den »Schriften des Alten Testaments« (Göttingen 1914. ^{2}1925): »Die Geschichte weist einige imponierende Züge des jüdischen Charakters auf... Viel zahlreicher aber sind die schlimmen, ja widerwärtigen Züge dieses Volkscharakters, vor allem die ungebändigte Rachsucht, die ihre Phantasie mit richtiger orientalischer Wildheit im Blute des Gegners schwimmen und schwelgen läßt (9,5), nach dem allerdings gut alttestamentlichen Grundsatz: Auge um Auge, Zahn um Zahn. Diese Rachsucht erklärt sich aus der Lage der Juden in der Zerstreuung. Durch ihre Religion (3,8) von den Völkern innerlich und äußerlich getrennt, unter denen sie doch leben müssen, fordern sie den Haß und die Todfeindschaft, durch ihren Reichtum die Habsucht, und durch ihre politische Ohnmacht die Gewalttätigkeit ihrer Umgebung heraus. Sie beantworten diese ›Pogromstimmung‹ ihrerseits durch ebenso große Feindseligkeit und Verachtung. Für dieses Judentum ist nur der Jude Mensch... Religion heißt bei den Juden: Treue gegen sein Volkstum (8,6). Der Gedanke der Treue gegen Gott ist in diesem andern, greifbareren untergetaucht. Gott ist für die Menschen da, nicht der Mensch für Gott. Das Heil, und zwar ein sehr wirklich und diesseitig gedachtes Heil, ist der Inhalt der Religion, nicht die Ehre Gottes. Der Jude ist sich selbst zum Gott geworden« (ebda. 328 f). Auf die richtige Übersetzung von Est 8,11

und Kinder ist die christliche Arroganz dieser »Theologen« beleidigend, ja menschenverächterisch. Daß ihre Ausfälle auf einem eindeutig falschen Textverständnis beruhen, macht ihren Antijudaismus besonders schlimm. Schon 1976 hat der jüdische Bibelwissenschaftler Robert Gordis nachgewiesen, daß der Erlaß nicht den Juden erlaubt, die Frauen und Kinder ihrer Feinde umzubringen, sondern daß hier im Gegenteil die jüdischen Frauen und die jüdischen Kinder als potentielle Opfer der Judenhasser gemeint sind, daß hier also durch königlichen Erlaß den Juden das (legitime!) Recht zur Notwehr eingeräumt wird »gegenüber allen, die sie samt ihren Frauen und Kindern angreifen würden«.

Daß später im Ester-Buch von einem Vorgehen der Juden gegen Frauen und Kinder nichts erzählt wird, haben übrigens die christlichen Kommentatoren durchaus gesehen. Das hat sie aber nicht nachdenklich gemacht, weil der Frauen- und Kindermord durch Juden ja besser in ihr antijüdisches Klischee paßte[67]. Besonders dekouvrierend ist beispielsweise, wie *W. Dommershausen*, der das Buch in der »Neuen Echterbibel« mit viel Sympathie kommentiert, mit 8,11 umgeht. Einerseits sieht er ganz klar:

> »Übereinstimmend mit 3^{13b} wird die Anwendung des damaligen Kriegsrechts zugebilligt: Tötung von Frauen und Kindern, Plünderung des Besitzes. Tatsächlich wird später nichts berichtet von einer Tötung der Kinder, Frauen oder Greise, und es wird betont, daß sich die Juden am Besitz ihrer Gegner nicht vergriffen hätten $9^{10.15.16}$«[68].

macht aufmerksam: R. Kessler, Die Juden als Kindes- und Frauenmörder? Zu Est 8,11, in: FS-R. Rendtorff (s. Anm. 10) 339–345.

[67] Vgl. das im christlichen Mittelalter verbreitete und liturgisch gepflegte Klischee von den Juden als »Kindsmördern«, das bis heute mancherorts – gegen alles historische *Wissen* - immer noch weiterlebt. Immerhin gibt es mutige Bischöfe, wie den von Innsbruck, der sich solchem Aberglauben und solcher »Sünde gegen den Heiligen Geist« widersetzt, auch wenn theologisch unerleuchtete Bischofskollegen an solch »gut christlichen« Traditionen festhalten möchten.

[68] W. Dommershausen, Ester (NEB), Würzburg 1980,40.

Nur wenige Seiten später freilich findet er den »Frauen- und Kindermord« dann doch noch, obwohl davon nichts im Text steht. Nun stützt Dommershausen sich auf Est 9,5, wo die »Einheitsübersetzung« besonders blutrünstig übersetzt:

»So metzelten die Juden alle ihre Feinde mit dem Schwert nieder; es gab ein großes Blutbad. Sie machten mit ihren Gegnern, was sie wollten«.

Diesen Vers kommentiert W. Dommershausen so:

»›Was sie wollten‹ ist im Lichte von 8[11] zu verstehen, also Tötung aller, die sie bekämpfen würden, einschließlich der Frauen und Kinder, ohne dabei von den persischen Behörden behindert zu werden«[69].

Daß davon im Text selbst nichts steht, ja, daß der Text dies sogar ausschließt, kann man in den nächsten Versen, in Est 9,6–10, nachlesen, wo davon die Rede ist, daß 500 Männer und 10 Söhne Hamans getötet wurden. Daß das Symbolzahlen sind, die (wir sind in einer fiktiven Erzählung!) unterstreichen, daß nun die tödliche Gefahr für die Juden vorbei ist, sollte doch zumindest einem Exegeten klar sein. Daß die Juden »machten, was sie wollten« ist ein schlimmes Klischee in einer kirchenamtlichen Übersetzung. Gemeint ist: »sie taten an ihren Hassern gemäß dem Erlaß, um den sie nachgesucht hatten«, also im Rahmen des königlichen Strafrechts. Nur wer auch unser modernes Strafrecht »rachsüchtig« nennt, weil es Völkermord bestraft, kann auch hier von »Rachsucht« reden. Ob die Todesstrafe für Völkermord für uns Heutige noch akzeptabel ist, ist eine moderne Fragestellung, die diesen »alten« Texten nicht gerecht wird.

Der kurze Blick auf das Ester-Buch dürfte ein Doppeltes gezeigt haben:

a) Unsere Übersetzungen müssen sprachlich sensibler

[69] Ebda. 45.

werden, vor allem wo sie Klischees weitertradieren und wecken könnten.

b) Die christlichen Kommentatoren sollten mit »schwierigen« Passagen besonders verantwortungsvoll umgehen; wer ein biblisches Buch nicht »liebt«, sollte besser keinen theologischen Kommentar darüber schreiben!

Das *Psalmenbuch* verdiente eine ausführliche Diskussion, weil hier die vielen christlichen Vorurteile, insbesondere gegen die fälschlich immer noch so genannten »Fluchpsalmen« sowie gegen den in den Psalmen angerufenen »Rachegott« durch unzureichende Übersetzungen ausgelöst sind[70]. Hier ließen sich viele Vorbehalte und Fehlurteile durch eine sensiblere, auch poetischere Sprache von vornherein vermeiden. Zwei Beispiele sollen das zeigen.

Der *6. Psalm*, der einmal in der kirchlichen Tradition als einer der sieben Bußpsalmen hoch angesehen war und der für Martin Luthers Spiritualität und Theologie sehr wichtig war, ist von der »kritischen« christlichen Exegese wegen seiner Schlußbitte stark »kritisiert« worden. Dies hat dann auch seine Wirkung auf die liturgische Neuordnung nicht verfehlt. In der Stundenliturgie wird er nur noch einmal fakultativ für die Lesehore »angeboten«; in der regulären Meßliturgie kommt er überhaupt nicht mehr vor; in einer Votivmesse bei der Spendung der Kranken-

[70] Vgl. dazu besonders: R. Schmid, Die Fluchpsalmen im christlichen Gebet, in: Theologie im Wandel, München 1967,377–393; N. Füglister, Vom Mut zur ganzen Schrift. Zur Eliminierung der sogenannten Fluchpsalmen aus dem Römischen Brevier: StZ 184,1969,186–200; J. Ebach, Das Erbe der Gewalt. Eine biblische Realität und ihre Wirkungsgeschichte, Gütersloh 1980,49–54; G. Hinricher, Die Fluch- und Vergeltungspsalmen im Stundengebet: BiKi 35,1980,55–59; E. Zenger, Mit meinem Gott überspringe ich Mauern. Einführung in das Psalmenbuch, Freiburg 1987. ²1988,15–18; P. Maiberger, Zur Problematik und Herkunft der sogenannten Fluchpsalmen: TrThZ 97,1988,183–216; G. Langer, Zum Problem des Umgangs mit Macht am Beispiel der Psalmen, in: FS-N. Füglister, Würzburg 1991,165–187.

salbung hat er zwar wieder »die Ehre« eines Antwortpsalms auf die Lesung (Ijob 3,1–23*), aber in der »entjudaisierten« Form, d. h. ohne die Verse 7–8 und 11.

Natürlich kann man die Diskussion eröffnen über die größere oder kleinere Eignung eines Psalms für eine bestimmte Situation. Aber für das Stundengebet halte ich eine »Streichung« für überflüssig, ja für schädlich: Um »schwierige« Psalmen soll man sich eben mühen, sowohl um ihr adäquates *Text*verständnis als auch um ihre theologische Relevanz. Wer hier »spart«, »gewinnt« nichts!

Aber nun kurz zum Schluß des 6. Psalms. Wenn wirklich dastünde, was die Einheitsübersetzung daraus macht, könnte ich das christliche Naserümpfen über diesen »Judentext« wenigstens verstehen: Er ist das klassische Beispiel dafür, wie man durch unsensible, ja falsche Übersetzung einen Psalm »kaputt« machen kann.

Der Psalm ist ein Bittgebet in schwerer Krankheit[71], in dem sich der Leidende die Angst, seine Krankheit sei Zeichen eines irrationalen Zorneshandelns Gottes, buchstäblich aus der Seele betet: In stark appellativer Sprache schüttet er sein Leiden vor seinem Gott aus und bittet um das Ende seiner zerstörerischen Krankheit, zumal Menschen seiner Umgebung ihn offensichtlich wegen seiner Krankheit verachten, statt ihm Solidarität zu zeigen; im Gegenteil: Sie schädigen ihn noch. Das ist der betende Prozeß, an dessen Ende der Leidende seine Ich-Kraft wiederfindet und sich seiner bedrohlichen Umgebung mit jenem Abschnitt widersetzt, der in der Einheitsübersetzung so lautet:

»Weicht zurück von mir, all ihr Frevler;
    denn der Herr hat mein lautes Weinen gehört.
Gehört hat der Herr mein Flehen,
    der Herr nimmt mein Beten an.

[71] Vgl. dazu E. Zenger, Ich will die Morgenröte wecken. Psalmenauslegungen, Freiburg 1991,148–161.

In Schmach und Verstörung geraten all meine Feinde,
sie müssen weichen und gehen plötzlich zugrunde« (6,9–11).

Das ist in der Tat ein schriller, ja brutaler Schluß: Der Beter bittet nicht nur darum, daß seine Feinde vernichtet werden sollen, der Psalm ist sicher: »Sie müssen weichen und plötzlich gehen sie zugrunde!« In der Tat: Das ist ein ziemlich gott-loser Schluß, der sich für ein Gebet nicht besonders gut eignet. Nur: Wie so oft, wo die Einheitsübersetzung die Feinde der Beter bzw. Gottes »zugrunde gehen läßt«, steht das nicht im Text. Den »Juden« wirft man typisch alttestamentliche Brutalität bis hinein in die Gebete vor – und trägt sie selbst dort ein, wo sie wirklich nicht steht. Was also steht da? Was ist gemeint?

Man kann V. 11 als »Blick in die Zukunft« nehmen und beispielsweise mit dem Juden Martin Buber übersetzen (Buber macht aus dem Parallelismus vier Zeilen!):

»Zuschanden werden, sehr verstört,
alle meine Feinde,
sie kehren sich hinweg,
zuschanden werden sie im Nu.«

Man kann V. 11 auch als Bittgebet übersetzen, was ich für richtiger halte. In einer Übersetzung, die die Bilder möglichst plastisch nachahmen will, lautet die Bitte dann:

»Beschämt und schreckensstarr gar sehr sollen werden all meine Feinde,
sie sollen sich wenden, sie sollen beschämt werden mit einem Schlag.«

Was die Einheitsübersetzung mit »zugrunde gehen« wiedergibt, steht schlicht nicht da; vielmehr ist das erste und das letzte Verbum in 6,11 gleich, nämlich *»bosch«* = beschämt, zuschanden werden. Was gemeint ist, läßt sich am ehesten von der in den Psalmen mehrfach begegnenden positiven Bitte »Auf dich, JHWH, habe ich vertraut, laß mich nicht beschämt werden« (Ps 25,2; vgl. 21,6;

25,20; 31,2) her erfassen. Der Beter hat voll auf JHWH gesetzt und dies öffentlich kundgetan. Nun steht die Tragfähigkeit seiner JHWH-Option auf dem Prüfstand. An seinem Schicksal wird sich entscheiden, ob er nur große leere Worte gemacht hat oder ob JHWH wirklich sein Gott ist und zu ihm hält. Die erste und die letzte Bitte in Ps 6,11 zielt also nicht auf die Vernichtung der Feinde, sondern erhofft, daß sie beschämt werden und sich schämen über all das, was sie über den Kranken gesagt, ihm angetan und ihm verweigert haben. Es soll ihnen aufgehen, daß sie »Unrechttäter« waren, d. h. sich vom Bösen haben anstekken lassen, und daß sie Instrumente des Chaos waren. Die Bitte zielt darauf, daß die göttliche Weltordnung sich durchsetzt, in der Gott den Opfern zu ihrer Würde und ihrem Lebensrecht verhilft, nicht zuletzt dadurch, daß zuallererst einmal ihre Verhinderer und Störer entlarvt werden. Wenn das subtile Netz der Unrechttäter zerreißt, wird sie lähmendes Entsetzen ergreifen, worum das zweite Verbum in V. 11 bittet. Die vormals so Aktiven, Mächtigen und Erfolgreichen stehen dann versteinert da. Ihr zerstörerisches Treiben nimmt wie von selbst ein Ende. Mehr noch, der Psalm erhofft, wie das dritte Verbum sagt, daß sie »sich wenden«. Gewiß ist hier zunächst gemeint, daß sie sich vom Leidenden »abwenden« und ihn in Ruhe lassen. Freilich fällt auf, daß weder Ausgangs- noch Zielpunkt des Sich-Wendens ausdrücklich genannt werden. Bedenkt man, daß in V. 11 zweimal von der Beschämung der Feinde als Offenbarwerden der Wahrheit JHWHs die Rede ist, so ist nicht auszuschließen, daß dieses »Sich-Wenden« der Feinde nicht nur die Abkehr von ihren bösen Praktiken, sondern auch die Hinkehr bzw. die Rückkehr zur Wahrheit JHWHs anzielt. Dann kulminiert der Psalm in der Bitte um Umkehr *aller* Feinde, und zwar so, daß ihnen sozusagen keine andere Wahl mehr bleibt: »Mit einem Schlag« soll das geschehen. Die Unwahrheit und das Unrecht ihres Tuns sollen ihnen urplötzlich aufgehen, so daß sie – wie der Beter des Psalms – begreifen und annehmen, daß JHWH allein das Maß ihres Lebens *und* ihres Umgangs mit anderen sein muß.

Wer den Psalm *so* versteht und übersetzt, wird ihn sehr wohl beten – als jüdischen und als christlichen Psalm!

Ein besonderes Problem bildet (nicht nur in den Psalmen) die angemessene Übersetzung des hebräischen Wortes *naqam* bzw. *n^{e}qamah*, das meist mit »rächen« bzw. »Rache« übersetzt wird und dann die entsprechenden Assoziationen von irrationalem, unbeherrschtem, unmäßigem, ja bisweilen ungerechtem Zurückschlagen und Vernichten auslöst; auch das schwierige Wort »Zorn« Gottes spielt in diesen Problemkreis hinein. Er kann hier nicht im Detail dargestellt werden. Daß die Übersetzung »Rache« mißverständlich ist, ist beinahe Konsens unter den Exegeten. Auch die Einheitsübersetzung vermeidet das Wort meist und wählt oft dafür »Vergeltung«. Gemeint ist: JHWH stellt die gestörte Lebensordnung wieder her, indem er zuallererst dem Geschädigten hilft. Wie JHWH sich dann dem »Störenfried« gegenüber verhält, sagt der Text oft nicht; er kann ihn zur Umkehr bewegen, er kann ihn auch »in die Grube fallen lassen, die er sich selbst gegraben hat«; er kann ihm schließlich auch seine Schuld vergeben. All das kann der Begriff beinhalten: »Rache« in unserem Sprachgebrauch ist das nicht; selbst »Vergeltung« ist ungeeignet, weil auch dieses Wort durch falsche, auch antijüdische Bibelklischees (»Aug um Aug«[72]) belastet ist.

Auch hier ist höchste Aufmerksamkeit und Sensibilität der Sprache bei der Übersetzung gefordert, um nicht falsche Züge in das Gottesbild einzutragen. Ich will das Pro-

[72] Zum richtigen Verständnis vgl. L. Schwienhorst-Schönberger, »Auge um Auge, Zahn um Zahn«. Zu einem antijüdischen Klischee: BiLi 63,1990,163–175; zur Problematik der Übersetzung des Wortfeldes »Rache« vgl. besonders W. Dietrich, Rache. Erwägungen zu einem alttestamentlichen Thema: EvTh 36,1976,450–472.

blem am Beispiel des wunderschönen *99. Psalms*[73] aufzeigen. Der Psalm gehört in die Psalmengruppe Ps 93–100, die das Königtum JHWHs feiern. Ps 99 erläutert dieses Königtum mit einem Blick in Israels Ursprungsgeschichte, insbesondere durch eine Anspielung auf die Selbstoffenbarung JHWHs am Sinai, wie dies in Ex 34,6f erzählt wird. Dabei geht die neue, besondere Akzentsetzung unseres Psalms nur auf, wenn die sprachliche Abweichung von Ex 34,6f erfaßt und auch in der Übersetzung wiedergegeben wird. Der dritte Abschnitt des Psalms (V. 6–9) lautet in der Fassung der Einheitsübersetzung:

»Mose und Aaron sind unter seinen Priestern,
Samuel unter denen, die seinen Namen anrufen;
    sie riefen zum Herrn, und er hat sie erhört.
Aus der Wolkensäule sprach er zu ihnen;
seine Gebote hielten sie,
    die Satzung, die er ihnen gab.
Herr, unser Gott, du hast sie erhört;
du warst ihnen ein verzeihender Gott,
    aber du hast ihre Frevel vergolten.
Rühmt den Herrn, unseren Gott,
werft euch nieder an seinem heiligen Berge!
    Denn heilig ist der Herr, unser Gott« (Ps 99,6–9).

In unserem Zusammenhang kommt es nur auf die Anspielung auf Ex 34,7 an – und hier trägt die Übersetzung die Vorstellung vom *strafenden* Gott (»du hast ihre Frevel vergolten«) ein, die dem Klischee vom »Rache-Gott« Vorschub leistet, obwohl der Text fast das Gegenteil betonen will. Ich würde übersetzen:

»JHWH, unser Gott,
    du, ja du hast ihnen geantwortet:
Ein vergebender Gott warst du ihnen
    und ein ihre Taten ausgleichender Gott« (Ps 99,8).

[73] Vgl. R. Scoralick, Trishagion und Gottesherrschaft. Psalm 99 als Neuinterpretation von Tora und Propheten (SBS 138), Stuttgart 1989; E. Zenger, Morgenröte (s. Anm. 71) 84–90.

Hier ist nicht das in Ex 34,6f gegebene Spannungsverhältnis vom gütigen und zugleich strafenden Gott gegeben, sondern hier ist vom erneuernden Bundesgott die Rede, der nicht nur die Schuld vergibt, sondern den Schaden wiedergutmacht, den die Sünder angerichtet haben. JHWH ist in der Tat ein guter König, weil er die immer wieder gestörte Lebensordnung wiederherstellt![74]

Auch dieses Beispiel zeigt: Bei der Übersetzung der Bilder von Gott ist höchste Sorgfalt gefordert, damit die Nuancen erfaßt und nicht die alten Vor- und Fehlurteile über den »gewalttätigen Gott« des Alten Testaments reproduziert oder gar neu provoziert werden.

3. Ist der Exodus-Gott nicht ein Gott der Gewalt »von Anfang an«?

Aber sind dies nicht doch alles Marginalien und bloße Korrekturen von Symptomen, was wir bisher zum »gewalttätigen« Gottesbild des Alten Testaments gesagt haben? Ist dieser Gott, dessen Name »der Eiferheilige« (vgl. Ex 34,14) ist, nicht gerade von den Ursprüngen der Überlieferung her und von seiner »Mitte« heraus ein Gott der Gewalt? Ist nicht vor allem der Gott des Exodus per definitionem ein Gott, der nur retten kann, indem er vernichtet?

Was in den Büchern Exodus und Numeri erzählt wird, scheint dem in der Tat recht zu geben. Da wird erzählt, wie JHWH Ägypten mit massiven Plagen überschüttet, alle Erstgeburt Ägyptens tötet und das ganze Heer des Pharao im Meer vernichtet (Ex 7–15), aber auch wie er Israel selbst mit einer »bösen Plage« straft (Num 11,1–3.33), die

[74] B. Duhm (zu seinem Psalmenkommentar vgl. auch oben Anm. 44) »löst« seine Verständnisschwierigkeit von Ps 99,8 mit einer Textänderung, die seine Vorurteile bestätigt; er übersetzt (ebda. 235): »Ein vergebender Gott bist du ihnen geworden, Doch Rache übend für Angriffe auf sie.«

Rebellen Korach, Datan und Abiram in einen Erdspalt stürzen und vom Rachen der Erde verschlingen läßt (Num 16), gegen Mose und Aaron den vorzeitigen Tod verhängt (Num 20), ja die ganze Exodusgeneration wegen ihres Kleinglaubens zum Tod verurteilt (vgl. Num 14,26–35).

Wer diese Erzählungen und das in ihnen sichtbar werdende Bild des gewalttätigen Gottes theologisch verstehen will, muß freilich vieles bedenken:

Das Gottesbild dieser Erzählungen ist vielschichtig und komplex. Um alle Mißverständnisse von vornherein auszuschließen und den hermeneutischen Horizont zu entwerfen, in dem die dann folgenden Geschichten gehört werden müssen, setzen die *ersten* Gottesaussagen im Buch Exodus klare Akzente: Er ist der Gott, der die Hilferufe und das Stöhnen der Sklaven hört (Ex 2,23), in Treue zu seinen Zusagen steht (Ex 2,24) und an den Leiden der Unterdrückten mit-leidet (Ex 3,7). Das Bild von dem im/aus dem brennenden, aber nicht verbrennenden Dornstrauch redenden Gott (Ex 3,1–6) hebt das Geheimnis des Exodus-Gottes hervor. Ob man die Erscheinung als Gottes-Metapher (das rettende und läuternde »Sinai-Feuer«) oder als Metapher für das leidende Israel (es »brennt« im Leid, wird aber nicht »verbrennen« – weil JHWH mit ihm ist) deutet[75], in jedem Fall widersetzt sich dieses »Gottesbild« einer zu einfachen Auflösung als Bild eines »Gewalt-Gottes«. Das zeigt sich dann ja in der theologischen Reflexion über den Gottes-Namen (Ex 3,14: »Ich werde sein der ich sein werde«) und insbesondere in der Selbstdefinition JHWHs, als er an Mose auf dem Sinai vorüberzieht (vgl. Ex 34,6f; diese »Sinaiformel« faßt das spannungsreiche

[75] Zur Beziehung des brennenden *s^e näh* (»Dornstrauch«) zum brennenden *Sinai* (lautliche Ähnlichkeit!) vgl. E. Zenger, Israel am Sinai, Altenberge ²1985,160: achtet man besonders auf den in Ex 3,1–6 zweimal betonten Aspekt, daß das Feuer brennt, aber nicht zerstört, legt sich das Verständnis des Bildes als Botschaft von der Güte Gottes am ehesten nahe (das ist auch die Auffassung des im 14. Jh. entstandenen Hauptwerks der Kabbala »Buch des Glanzes« [Zohar]): als Sinnbild für Israel deutet Philo den Text!

Gottesbild der Exodus-Erzählungen zusammen: JHWH ist gütig, aber nicht neutral gegenüber dem Bösen![76]).

Es sind Erzählungen, deren Geschehensstruktur man nicht in den Satz auflösen darf, daß der Gott JHWH gewalttätig ist. Diese Erzählungen setzen sich mit der Realität politischer, struktureller Gewalt auseinander – als Hoffnungsbotschaft für die Opfer und als Umkehrappell an die »Täter«. Bei diesen Geschichten gilt in besonderer Weise: »The medium is the message«, die *Erzählung* selbst ist hier die Botschaft. Auf sie muß man sich voll einlassen. Hier wird doch aus der Perspektive der Ohnmächtigen und Leidenden erzählt, daß – allem Anschein zum Trotz – der gewalttätige Pharao nicht das letzte Wort hat[77]. Das sind keine Propagandageschichten der Mächtigen, sondern Hoffnungsgeschichten in tödlicher Bedrängnis. Um es mit aller Deutlichkeit zu sagen: Was der berühmte historische »Kern« dieser Erzählungen ist, weiß der Historiker nicht. Aber er muß zunächst sagen: Weder wurden die Erstgeborenen der Ägypter noch wurde ihre Streitmacht im Meer vernichtet; auch die Rotte Korach wurde nicht vom Erdboden verschlungen, noch ist die Exodusgruppe (wie groß bzw. klein immer sie war!) den Tod eines göttlichen Strafgerichts gestorben. Das sind alles Erzählstoffe, die man *als solche* hören muß, um die mit und in ihnen erzählte Botschaft zu hören: Daß und wie der biblische Gott

[76] Zu einer neuen Deutung von Ex 34,6-7 vgl. A. Schenker, Versöhnung und Widerstand. Bibeltheologische Untersuchung zum Strafen Gottes und der Menschen, besonders im Lichte von Exodus 21-22 (SBS 139), Stuttgart 1990,85–89.

[77] Vor allem die sogenannten Plagen-Erzählungen haben u. a. die Funktion, den »langen Atem« JHWHs gegenüber dem Pharao zu demonstrieren, bis schließlich keine Alternative mehr bleibt: diesen Aspekt der Exodusgeschichte arbeitet (mit insgesamt wichtigen Überlegungen zum Problemfeld!) gut heraus: R. Oberforcher, Verkündet das Alte Testament einen gewalttätigen Gott? Fundamentalistische Relikte im Umgang mit gewalttätigen Zügen im biblischen Gottesbild, in: J. Niewiadomski (Hrsg.), Eindeutige Antworten? Fundamentalistische Versuchung in Religion und Gesellschaft, Thaur 1988,133-158 (bes. 146–149).

voller Anteilnahme auf der Seite der Leidenden und Schwachen steht, weil sie seine »Familie« sind, und daß er sie zugleich davor bewahren will, untereinander nach pharaonischen Mustern zu leben.

Im Hintergrund dieser Erzählungen steht die Vorstellung einer von Gott gesetzten und gewollten Lebensordnung, an die Gott selbst als ein Gott des Rechts und der Gerechtigkeit gebunden ist und nach der er eine besondere Schutzpflicht für diejenigen hat, denen die Menschenrechte verweigert werden. Dazu setzt er seine »Schutz-Gewalt« (potestas, nicht violentia!) ein. Dies ist keine irrationale »Rache«, die vernichten will, sondern hier geht es um Durchsetzung und Wiederherstellung der fundamentalen Lebensordnung mit jener legitimen Gewalt, auf die wir auch heute im staatlichen Bereich nicht verzichten können.

Diese biblischen Erzählungen von dem Gott, der »mit erhobenem Arm« seine Feinde und die Feinde »seiner Familie« bekämpft, müssen aber auch *kanonisch* gelesen werden. Sie sind nur *eine* Stimme neben anderen, die ebenfalls gehört werden müssen.

Das *Buch Jona* beispielsweise verkündet, daß es auch andere Wege Gottes gibt: »Ninive« (Verdichtung des Bösen!) kann auch umkehren, der »gewalttätige« Gott ist ein gütiger und barmherziger Gott, der *alle* Schuld vergibt (vgl. Jon 4,2f) – auch den Todfeinden. Das ist die Botschaft, die Jona-Israel der Völkerwelt vermitteln soll, durch seine Predigt *und* durch sein Leben[78].

[78] Auch die christliche Jonaexegese ist ein von Antijudaismus verseuchtes Arbeitsfeld; vgl. F. W. Golka, Jonaexegese und Antijudaismus: KuI 1,1986,51–61.

4. Das Problem verschärft sich im Neuen Testament!

Wer vorschnell den Gott, der »Rosse und Wagen (Reiter?) ins Meer warf« (Ex 15,21), zum »Rache-Gott« macht, zu dem der »Liebe-Gott« Jesu einen gezielten Gegensatz bildet, sollte nicht verdrängen, daß das in diesen Erzählungen *erzählerisch* entfaltete Problem auch das Neue Testament und die christliche Theologie (weil und wo die *Realität* menschlicher Gewalt und Sünde da ist!) vor die Frage stellt, auf wessen Seite der biblische Gott steht und *wie* den Opfern Gerechtigkeit widerfährt. Das Neue Testament nimmt gerade hier weithin alttestamentliche Texte auf, verlagert »die Gewalt« der Gerechtigkeit Gottes dann freilich, wie das dem damaligen Denken voll entsprach, mehr und mehr in das Jenseits.

Ich will dies an der neutestamentlichen Aufnahme eines »schwierigen« alttestamentlichen Textes aufzeigen. Im »Lied des Mose« (Dtn 32), das voll aus dem Bildrepertoire der altorientalischen Religionsgeschichte schöpft, um die durch JHWH den einzig wahren Gott geschehene »Entmachtung« der Götter, die Unterdrückung legitimieren, zu beschwören, werden JHWH folgende Worte in den Mund gelegt:

»Mein ist die Strafe und die Vergeltung,
zu der Zeit, da ihr Fuß wanken wird.[79]
Der Tag ihres Verderbens ist nah,
und ihr Verhängnis kommt schnell.–
Ja, JHWH wird seinem Volk recht geben
und mit seinen Dienern Mitleid haben« (Dtn 32,35f).

[79] EÜ entscheidet sich für eine andere Lesart: »Liegt dies nicht bei mir verborgen, in meinen Vorratskammern versiegelt *bis zum Tag der* Strafe und Vergeltung, *bis* zu der Zeit, da ihr Fuß wanken wird.« Die von uns gewählte Lesart entspricht der gut bezeugten masoretischen Überlieferung und ist auch in Röm 12,19 und Hebr 10,30 vorausgesetzt.

Auf diesen Text spielt das Neue Testament gleich dreimal (!) an und macht ihn sich in jeweils unterschiedlicher Deutung zu eigen; aber *nie* ist ein Gegensatz oder gar eine Ablehnung dieser Vorstellung als »nicht-neutestamentlich« zu erkennen.

In *Lk 21,20–24* wird durch ein Jesus in den Mund gelegtes Logion die 70 n. Chr. erfolgte Zerstörung Jerusalems als »gerechtes Gericht« Gottes gedeutet, wobei außer Dtn 32,35 auch noch auf Sach 12,3 (nach dem Wortlaut der Septuaginta!) zurückgegriffen wird; das Logion selbst ist mit Bildern und Motiven gestaltet, die der prophetischen Gerichtspredigt (»Unheilsankündigung«) des Alten Testaments entstammen, steht also voll auf dessen Boden!

> »Wenn ihr aber seht, daß Jerusalem von einem Heer eingeschlossen wird, dann könnt ihr daraus erkennen, daß die Stadt bald verwüstet wird. Dann sollen die Bewohner von Judäa in die Berge fliehen; wer in der Stadt ist, soll sie verlassen, und wer auf dem Land ist, soll nicht in die Stadt gehen. Denn das sind die *Tage der Vergeltung* [vgl. Dtn 32,35], an denen alles in Erfüllung gehen soll, was in der Schrift steht. Wehe den Frauen, die in jenen Tagen schwanger sind oder ein Kind stillen. Denn eine große Not wird über dieses Volk kommen. Mit scharfem Schwert wird man sie erschlagen, als Gefangene wird man sie in alle Länder verschleppen, und *Jerusalem* wird von *den Heiden zertreten* werden [vgl. Sach 12,3 G], bis die Zeiten der Heiden sich erfüllen« (Lk 21,20-24).

Im ermahnenden Teil seines *Römerbriefs* (Röm 12,1–15,13) verweist Paulus ausdrücklich auf Dtn 32,35, um mit »dem Gott der Vergeltung« (die Einheitsübersetzung wählt dabei das mißverständliche Wort »Rache«!) seine Adressaten von eigener »Vergeltung/Rache« abzuhalten; dabei argumentiert er obendrein »alttestamentlich« mit einem Zitat aus dem Sprüchebuch!

> »Rächt euch nicht selber, liebe Brüder, sondern laßt Raum für den Zorn (Gottes); denn in der Schrift steht: *Mein ist die Rache,* ich werde vergelten [vgl. Dtn 32,35], spricht der Herr.

> Vielmehr: *Wenn dein Feind Hunger hat, gib ihm zu essen, wenn er Durst hat, gib ihm zu trinken; tust du das, dann sammelst du glühende Kohlen auf sein Haupt* [vgl. Spr 25,21f]. Laß dich nicht vom Bösen besiegen, sondern besiege das Böse durch das Gute!« (Röm 12,19f)

Daß Paulus hier mit der Erinnerung »an den Gott der Rache«, d. h. an den Gott der Gerechtigkeit, seine Adressaten dazu motivieren will, die Spirale der Gewalt und des Bösen zu durchbrechen, aber auch sich nicht an die Stelle Gottes zu setzen, ist beste alttestamentliche Tradition, wie die Erzählung 1 Sam 24 über die Verschonung Sauls durch David in der Höhle bei En-Gedi zeigt.

Als Saul den David verfolgte, um ihn umzubringen, fügte es sich, so wird da erzählt, daß sich David mit seinen Leuten in einer Höhle versteckt hat, in die dann ausgerechnet Saul »auf die Seite geht«, um seine Notdurft zu verrichten. Obwohl seine Leute David auffordern, Saul nun seinerseits umzubringen, tut er es nicht, sondern schneidet nur heimlich einen Zipfel vom Mantel des Saul ab. Als dieser dann, nachdem er sein Geschäft erledigt hat, die Höhle verläßt, folgt ihm David und stellt sich ihm mit den Worten in den Weg:

> »Wenn ich einen Zipfel deines Mantels abgeschnitten und dich nicht getötet habe, dann kannst du erkennen und einsehen, daß ich weder Bosheit noch Aufruhr im Sinn habe und daß ich mich nicht gegen dich versündigt habe; du aber stellst mir nach, um mir das Leben zu nehmen. JHWH soll zwischen mir und dir richten und er soll mir Genugtuung verschaffen von dir (»mich an dir rächen«), aber meine Hand wird sich nicht erheben gegen dich, wie das alte Sprichwort bei uns sagt:
>
> Von dem Frevler geht Frevel aus,
> aber meine Hand erhebt sich nicht gegen dich!« (1 Sam 24,12f)

Das ist übrigens auch der Grundansatz der Bitten, mit denen die Verfolgten und Unterdrückten in den Klagepsalmen gegenüber ihren Peinigern und gegen die Unheilsmächte, denen sie sich ausgeliefert fühlen, an ihren Gott wenden. Der Beter rächt sich nicht selbst, sondern übergibt – in leidenschaftlichem Protest gegen das Unrecht, das ihm geschieht und das er nicht, auch um Gottes Willen nicht, hinnehmen kann – seine Sache in die Hand seines Gottes. Ob das, wie die christlichen Vorwürfe gegen diese Fluchpsalmen immer wieder sagen, wirklich »unchristlich« ist? Die Christentumsgeschichte zeigt jedenfalls, daß die Christen oft, auch im Namen Christi, ihre Sache lieber selbst in die Hand genommen haben...

Auch der *Hebräerbrief*, der als einzige neutestamentliche Schrift reflektierte Gegensätze zum »Alten Bund« (dazu siehe unten IV.) aufbaut, greift auf Dtn 32,35 zurück, um mit dem Hinweis auf »den Gott der Gerechtigkeit« (»Gott der Rache«) vor Sünde und insbesondere vor dem Abfall vom Glauben an Jesus Christus zu warnen; er verschärft sogar noch die alttestamentliche Gottesbotschaft:

> »Wenn wir vorsätzlich sündigen, nachdem wir die Erkenntnis der Wahrheit empfangen haben, gibt es für diese Sünden keine Opfer mehr, sondern nur die Erwartung des furchtbaren Gerichts und ein *wütendes Feuer, das die Gegner verzehren wird* [vgl. Jes 26,11]. Wer das Gesetz des Mose verwirft, *muß* ohne Erbarmen *auf die Aussage von zwei oder drei Zeugen hin sterben* [vgl. Dtn 17,6]. Meint ihr nicht, daß eine noch viel härtere Strafe der verdient, der den Sohn Gottes mit Füßen getreten, das Blut des Bundes [vgl. Ex 24,8], durch das er geheiligt wurde, verachtet und den Geist der Gnade geschmäht hat? Wir kennen doch den, der gesagt hat: *Mein ist die Rache*, ich werde vergelten, und ferner: *Der Herr wird sein Volk richten* [vgl. Dtn 32,35f]. Es ist furchtbar, in die Hände des lebendigen Gottes zu fallen« (Hebr 10,30f).

Unser kurzer Blick auf diese drei neutestamentlichen Texte macht bewußt: Der »Gott der Rache« ist kein spezifisch alttestamentliches, sondern ein biblisches Problem. Wer hier vorschnell im Namen Jesu das Alte Testament verurteilt, verurteilt auch das Neue Testament. Auch der neutestamentliche Gebrauch der Rede vom »Gott des Gerichts« ist einerseits eine deutlich paränetische Rede, die vor dem Bösen bewahren will; aber sie stellt andererseits und zugleich die biblische Wahrheit heraus, daß es keine Liebe ohne Gerechtigkeit gibt und daß der biblische Gott auf der Seite der Opfer und nicht der Henker steht.

5. Ein dynamisches Gottesbild: Größer als Gottes Gerechtigkeit ist Gottes Liebe

Wer die alttestamentlichen *und* die neutestamentlichen Gottesaussagen verstehen will, muß sich bewußt machen: Es sind nicht Aussagen über Gott *in sich*, sondern über sein Verhältnis zur Welt und zur Geschichte. Und in diesen Aussagen spiegeln sich die ganze Spannung und die Komplexität wider, in der die reale Welt existiert – mit all ihren Störungen und Gefährdungen, in ihrem Gelingen und Scheitern. Die biblische Gottesrede blendet die negativen Dimensionen von Welt und Geschichte nicht aus; sie stellt sich dem Bösen und den Bösen in der Welt – und konfrontiert damit die Welterfahrungen, die von einem *guten* Gott zeugen. Beide Aspekte dieser Welt- und Geschichtserfahrung spiegeln sich in der biblischen Gottesrede wider: Der »Gott der Liebe« darf deshalb nicht gegen den »Gott des Zorns« ausgespielt werden; der »Gott der Gerechtigkeit« steht spannungsreich neben dem »Gott der Barmherzigkeit«.

Beide *Wirkweisen* (»Wirkattribute«) Gottes gehören unlöslich und spannungsreich zusammen. Und doch wagt es gerade das »Alte Testament« und in seiner Nachfolge das rabbinische Judentum, beide Aspekte noch einmal so in eine Einheit zu bringen, daß »im entscheidenden Fall« die Gerechtigkeit zurückstehen muß, weil das »eigentliche«

Wirken Gottes seine Barmherzigkeit ist. Angesichts einer solchen theologischen Option des Judentums wird abermals offenkundig, wie dümmlich das Klischee vom alttestamentlich-jüdischen »Rache-Gott« ist.

Schon die alttestamentlichen *Schöpfungserzählungen* sind das Hohelied von der Liebe des Schöpfergottes, die größer ist als seine Gerechtigkeit. Diese Erzählungen konfrontieren ihre Hörer und Leser einerseits mit der Realität von Sünde und Gewalt der Lebewesen im »Lebenshaus« der Schöpfung, aber zugleich, ja noch viel mehr konfrontieren sie mit einem Gott, der seine berechtigten Enttäuschungen beiseiteschiebt, weil er die Erde und alles, was auf ihr lebt, unendlich liebt.

Wir kennen diese »Urgeschichten« auf den ersten Seiten des Buches Genesis, die man als narrative Theologie hören muß, und zwar als eine Apologie des biblischen Gottes, dessen Liebe stärker ist als seine Gerechtigkeit. Kaum daß JHWH Elohim den Menschen als Mann und Frau liebevoll geschaffen und für sie sogar eigenhändig einen königlichen Luxuspark gepflanzt hatte, da begann sofort die Kette der Enttäuschungen. Gierig und gewalttätig nehmen diese Menschen sich, was ihnen gefällt. Da hilft auch nicht, daß er sie aus der Oase wegschickt, in der Hoffnung, daß die bäuerliche Arbeit draußen sie verändern, sie friedlicher und demütiger machen könnte. Im Gegenteil: Er muß hilflos zusehen, wie sie sich gegenseitig umbringen. Je zahlreicher sie werden, desto mehr nimmt ihre zerstörerische Gewalt zu. Gewiß, Gottes Einsamkeit hatte ein Ende gefunden, seit es die Menschen gab. Das Leben von JHWH Elohim war abwechslungsreicher, aber auch unruhig, ja ärgerlich geworden. Sollte er sich weiter bieten lassen, was diese Menschen, diese undankbaren Geschöpfe, nicht nur einander und seiner geliebten Erde, sondern vor allem auch ihm selbst in ihrer Gewalttätigkeit antaten?

»Und JHWH sah, daß auf der Erde das böse Tun des Menschen zunahm und daß alles Denken und Streben des Menschen böse war.
Die Erde wurde voll von Gewalttat. Und Gott sah die Erde und siehe: Sie wurde verdorben, denn alles Fleisch auf ihr verdarb seinen Weg über die Erde hin« (Gen 6,5.11 f).

Es fiel JHWH nicht leicht, sich einzugestehen, daß sein Experiment gescheitert war und daß seine hohen Erwartungen nicht erfüllt wurden. War es nicht logisch, ja war er es sich nicht selbst schuldig, dieser leidlichen Geschichte ein Ende zu machen:

»Es reute JHWH, daß er die Menschen auf der Erde gemacht hatte, und es tat seinem Herzen weh« (Gen 6,6).

Es reute ihn, sagen die Erzähler vornehm. Im Klartext heißt dies: Es ärgerte ihn, daß er die Geschichte mit den Menschen überhaupt angefangen hatte, und er beschloß:

»Ich will den Menschen vertilgen, weg vom Erdboden.
Das Ende allen Fleisches ist vor mich gekommen,
denn die Erde ist voll von Gewalttat von ihnen her.
Siehe: Ich verderbe sie zusammen mit der Erde« (Gen 6,7.13).

Und JHWH Elohim läßt eine gewaltige Sintflut kommen, die alle und alles vernichten sollte. Er reagiert wie die Regierenden aller Zeiten, wie die weltlichen und geistlichen Herrscher aller Zeiten es taten und tun: Er straft und vernichtet. Auf die Gewalt reagiert nun auch er selbst mit Gewalt.

Daß eine gottgeschickte Sintflut die Götter von den lästigen Menschen befreien sollte, haben vor Israel auch schon die Sumerer und die Babylonier erzählt. Von ihnen haben die biblischen Erzähler den Stoff übernommen. Vermutlich kannten sie sogar die zwei altorientalischen Fassungen, die auch wir heute kennen; die eine Fassung ist auf der 11. Tafel des Gilgamesch-Epos überliefert, die andere Fassung findet sich im sogenannten Atramhasis-Mythos. Um die theologische Botschaft unserer biblischen

Erzählung besser zu begreifen, ist es hilfreich, ihre mesopotamische Vorlage zu kennen. In dieser findet bei der Sintflut ein Konflikt zwischen *mehreren* Göttern statt. Es ist der Sturm- und Staatsgott Enlil, der da in göttlichem Zorn die menschlichen Störenfriede ein für allemal durch eine Sintflut ausrotten will. Keiner der Götter wagt es, im Götterrat gegen die göttliche Gewalt zu protestieren. Sogar die Muttergöttin (im Gilgamesch-Epos heißt sie Ischtar, im Atramhasis-Mythos heißt sie Nintu, »Herrin des Gebärens«) stimmt, wenn auch schweren Herzens, dem Beschluß zu. Aber als die Sintflut einsetzt, heißt es von ihr:

»Da schreit Ischtar wie eine Gebärende.
Es jammert die Herrin der Götter, die schönstimmige:
Wäre doch jener Tag zu Lehm (?) geworden,
da ich in der Schar der Götter Schlimmem zustimmte!
Wie konnte ich in der Schar der Götter Schlimmem zustimmen,
dem Kampf zur Vernichtung meiner Menschen zustimmen.
Erst gebäre ich meine lieben Menschen,
dann erfüllen sie wie Fischbrut das Meer!«

In der Muttergöttin bricht der Widerspruch der göttlichen Gewalt auf: Es »ist wie die Erfahrung einer Mutter, die das, was sie unter Mühen und Schmerzen geboren hat, unter keinen Umständen vernichtet sehen will«[80]. So ist sie überglücklich, als sie am Ende der Sintflut sieht, daß *ein* Mensch mit seiner Familie die Katastrophe überlebt hat: Im Gilgamesch-Epos heißt er Utnapischtim, im Atramhasis-Mythos heißt er Atramhasis, in der biblischen Überlieferung heißt er Noach.

Als Dank für seine Rettung baut der Gerettete einen Altar und bringt ein Opfer dar. Und als der Duft des Weihrauchs aufsteigt und die Götter anlockt, da verwehrt die Muttergöttin, die Göttin der Güte, dem Gott Enlil, dem

[80] O. Keel, Jahwe in der Rolle der Muttergottheit: Orientierung 53,1989,90.

Gott des Zorns, den Zutritt zur Götterrunde. Und sie verkündet:

> »Ihr Götter hier, so wahr des Lapislazuliamuletts
> an meinem Halse ich nicht vergesse,
> will ich die Tage hier, fürwahr, mir merken,
> daß ewig ihrer ich nicht vergesse!«

Was die mesopotamische Überlieferung auf mehrere Gottheiten verteilt, das findet nach der biblischen Überlieferung im Kopf und Herz ein- und desselben Gottes statt.

Und zwar so, daß dieser Gott am Ende der Sintflut ein anderer ist als vorher. Überspitzt gesagt: Am Anfang ist er Enlil, der Gott des vernichtenden Zorns, und am Ende ist er Ischtar-Nintu, die Göttin der mütterlichen Liebe. Was zu Beginn der Erzählung der Grund für seinen gewalttätigen Zorn war, ist am Ende der Grund für seine warmherzige Geduld und Liebe. Als JHWH das Weihrauchopfer der Versöhnung riecht, das ihm Noach darbringt, verkündet er:

> »Solange die Erde besteht, will ich die Menschen nicht (mehr) vernichten, auch wenn ihr Trachten nach Bösem und nach Gewalt ist, von ihrer Jugend an.
> Nein, was lebendig ist, will ich nicht (mehr) vernichten, wie ich es in der Sintflut getan habe« (Gen 8,22.21).

Das ist nun eine andere Reue Gottes als zu Beginn der Sintflut. Da schaute JHWH auf sich selbst, nun schaut er auf die Menschen:

Es sind doch seine Kinder, die er bedingungslos lieben und zu denen er halten will, nicht nur in guten, sondern vor allem in bösen Tagen. Nachdem er sich auf die Menschen eingelassen hat, will er sich *voll* auf sie einlassen – nicht mit der kalten Logik von law and order, sondern mit der großzügigen Liebe einer Mutter, die immer noch zu ihren Kindern hält und ihnen hilft, wenn niemand mehr helfen will.

Das ist auch die Bedeutung des Regenbogens[81], den der Schöpfergott als Erinnerungszeichen seiner verantwortlichen und fürsorglichen Gottesherrschaft nach der Flut in die Wolken setzt:

»Und es soll sein:
Wenn ich in Zukunft daran gehen möchte, Wolken der Sintflut über die Erde kommen zu lassen,
dann wird der Bogen in den Wolken erscheinen, und ich werde meines Bundes gedenken,
der zwischen mir und ... zwischen allen lebendigen Wesen ist,
des Inhalts:
Nie mehr sollen die Wasser zur Sintflut werden, die alles vernichtet« (Gen 9,15).

Das ist das letzte Gotteswort der biblischen Urgeschichte. Erst danach beginnt die Zeit, in der wir leben. Das ist wichtig, damit wir die Sintflutgeschichte recht verstehen: Sie erzählt nicht von einem realen Geschehen auf der Erde. Sie erzählt nicht, daß da irgendwann in der Frühzeit ein zorniger Gott eine gigantische Katastrophe auf die Erde ausgeschüttet hat. Ihre Botschaft sagt das Gegenteil: Auch wenn der Schöpfergott wegen der Bosheit der Menschen nach menschlichen Maßstäben eine Sintflut schicken müßte, er wird es dennoch *nie* tun[82], denn von

[81] Vgl. dazu E. Zenger, Gottes Bogen in den Wolken. Untersuchungen zu Komposition und Theologie der priesterschriftlichen Urgeschichte (SBS 112), Stuttgart ²1987,124–131.

[82] Die Fluterzählung ist ein »Anti-Mythos« und bildet mit der Schöpfungserzählung als »Mythos« zusammen eine komplexe Einheit, die mit H.-P. Müller, auf den auch der Begriff »Anti-Mythos« zurückgeht, so gekennzeichnet werden kann: »Während der Schöpfungsmythos das Dasein des Menschen in seiner Welt garantieren will, indem er aufzeigt, warum das, was ist, sein *darf*, will der Antimythos von der Flut hinwegbannen, was dieses Dasein bedroht und seine Rechtfertigung in Frage stellt« (H.-P. Müller, Das Motiv für die Sintflut. Die hermeneutische Funktion des Mythos und seine Analyse: ZAW 97,1985,53). Während die Schöpfungserzählungen als Mythen legitimieren, was ist, delegitimieren die Sintfluterzählungen als Antimythen, was nicht sein darf; vgl. dazu zuletzt H.-P. Müller, Mythos – Kerygma – Wahrheit. Zur Hermeneutik einer biblischen Theologie, in: ders. (Hrsg.), Was ist Wahrheit?, Stuttgart 1989,53–56.

ihm gilt letztlich doch nicht, was der (neutestamentliche!) Hebräerbrief sagt: »Es ist furchtbar, in die Hände des lebendigen Gottes zu fallen!« (Hebr 10,30). Das »Alte« Testament sagt: Das letzte, endgültige Wort Gottes ist seine rettende Liebe. Das frühjüdische Buch der Weisheit formuliert dies wunderschön:

»Du liebst alles, was ist,
und verabscheust nichts von dem, was du geschaffen hast.
Hättest du etwas gehaßt, du hättest es nicht geschaffen!
Wie könnte irgend etwas bestehen bleiben, wenn du nicht wolltest?
Oder wie könnte etwas erhalten bleiben, was nicht von dir ins Dasein gerufen wäre?
Du schonst alles, weil es dir gehört, dir – dem Liebhaber des Lebens!« (Weish 11,24–26).

Weil Gott als Liebhaber des Lebens seine Welt liebt, wölbt er über sie seine Güte wie einen Himmel (Ps 36,6) und »rettet (!) er gleichermaßen Menschen und Tiere« (Ps 36,7). So leidet er an und mit seiner Welt, wenn sie vom gewaltsamen Tod bedroht ist.

Besonders eindrucksvoll wird dies am Schluß des *Jonabuchs* entfaltet, als Gott dem Jona, der lieber am »Zorn Gottes« festhalten möchte (und deshalb von diesem Zorn »verbrannt« wird, wie die Erzähler sehr plastisch im Bild des Sonnenstichs darstellen), eine einfühlsame Exegese über die barmherzige Liebe des (alttestamentlichen!) Gottes seiner Schöpfung gibt. Es ist eine Exegese, die er auch den »neutestamentlichen« Jona-Gestalten gibt, damit sie endlich die »jüdische« Gottes-Botschaft begreifen und lieben lernen.

Als Jona zornig darüber ist, daß die schöne Rizinusstaude mit ihren großen schattenspendenden Blättern verdorrt und sein Kopf von der Sonne gestochen wird, da wird er von Gott belehrt: »Dir ist es leid um den Rizinusstrauch, für den du nicht gearbeitet und den du nicht großgezogen hast... Mir aber sollte es nicht leid sein um Ninive, die große Stadt, in der mehr als hundertzwanzigtausend Menschen leben... und außerdem so viel Vieh?« (Jona 4,10f). Das ist der große Paukenschlag, mit dem das Jonabuch schließt: Der gute Schöpfergott liebt nicht nur »seine« Menschen, sondern auch »seine« Tiere – und leidet, wo und wenn sie gewaltsam umkommen.

Daß die Liebe Gottes auch in der Geschichte Israels, ja der Völker größer ist als seine Gerechtigkeit, das ist die Botschaft, die vor allem die Prophetenbücher verkünden[83]. Besonders das Hoseabuch ruft in das Dunkel der Sünde und der Gottesvergessenheit die Botschaft von der unendlichen Liebe des biblischen Gottes hinein, um zu Umkehr und »Neubruch« des Herzens (vgl. Hos 10,12) zu bewegen.

Jeder der drei Teile des Hoseabuchs (1–3; 4–11; 12–14) schließt mit dem Hohenlied der Liebe JHWHs, die Israel, ja die Schöpfung erneuern kann und will. Welch dramatischer »Kampf« dabei in Gott selbst sich vollzieht, läßt *Hos 11,1–11* geradezu »miterleben«. Hos 11,1–11 besteht aus den zwei Teilen 11,1–7 und 11,8–11. Der Abschnitt 11,1–7 ist ein antithetisch gestalteter Geschichtsrückblick, der einerseits JHWHs liebevolle Zuwendung zu Israel vom Exodus an in Metaphern von JHWH als Vater und als Mutter in Erinnerung ruft und der andererseits Israels Wegrennen von JHWH und seinen Abfall zum Götzendienst beklagt, weshalb in dem Abschnitt JHWH zugleich androht, daß Israel wieder zurück muß nach Ägypten. Das ist die Logik des Gotteszorns und der Gottesgerechtigkeit: Das wäre die verdiente Strafe für Israel!

Doch dann folgt der zweite Abschnitt 11,8–11. In einer

[83] Die meisten von ihnen haben deshalb als abschließenden Teil eine Zusammenstellung von Heilsankündigungen. Besonders eindrucksvoll ist dies im Amosbuch, wo mit Am 9,7–15 das eigentliche Finale des *kanonischen* Buchs vorliegt; da dieser Teil erst aus nachexilischer Zeit stammt, wird er von der Exegese zu Unrecht meist als »weniger bedeutend« eingestuft (vgl. das bekannte Urteil Julius Wellhausens über diesen »Amos-Schluß«: »Rosen und Lavendel statt Blut und Eisen«).

feierlichen göttlichen Erklärung des Strafverzichts verkündet JHWH – Israel dabei direkt anredend – seine eigene Unfähigkeit, das verdiente Strafgericht zu vollziehen:

»Wie könnte ich dich preisgeben, Efraim,
wie dich aufgeben, Israel?
Wie könnte ich dich preisgeben wie Adma,
dich behandeln wie Zebojim?« (11,8a)

Adma und Zebojim sind die Namen zweier Städte, die in der israelitischen Überlieferung zusammen mit Sodom und Gomorrha, als deren Nachbarstädte sie galten, der Inbegriff katastrophischen Untergangs waren. Soll und kann Gott Israel, in das er so viel Liebe »investiert« hat, vernichten wie Adma und Zebojim, wie Sodom und Gomorrha? Da ist eine Stimme in Gott, die dies fordert und ankündigt: Israel hat wegen seiner Treulosigkeit und wegen seiner Schuld den Tod verdient! Aber da meldet sich, kaum hat diese Stimme in Gott gesprochen, eine zweite Stimme in Gott zu Wort, die schließlich das letzte Wort hat:

»Mein Herz wendet sich gegen mich,
mein Mitleid lodert auf.
Ich kann (EÜ: will) meinen glühenden Zorn nicht vollstrekken,
ich bin unfähig, Efraim zu verderben.
Denn Gott bin ich, nicht ein Mann,
heilig in deiner Mitte.
Ich komme nicht um zu zerstören« (11,8b–9).

Gegen die Logik des männlichen Zorns wendet sich in Gott das mütterliche Mitleid. Möglicherweise stand hier im hebräischen Text ursprünglich (der Text ist an dieser Stelle nicht gut erhalten) *rahamim.* Das »ist ein Abstraktplural von *rähäm*, ›Gebärmutter, weiblicher Schoß‹. ›Mitleid‹ ist keine glückliche Übersetzung. Es ist eher ein Organ des Mitlebens als bloß des Mitleidens. *Rähäm*, ›der Mutterschoß‹, ermöglicht neues Leben. Mit seiner Hilfe erlebt die Mutter die Anfänge des neuen Lebens symbiotisch mit, sich mitfreuend, mitleidend«[84]. So könnte man geradezu übersetzen[85]:

»Es kehrt sich gegen mich mein Herz,
ganz und gar entbrannt ist mein Mutterschoß.
Deshalb kann ich meinen glühenden Zorn nicht vollstrecken,
deshalb bin ich unfähig, Efraim zu vernichten.«

Das ist kein kühnes Bild: Da ist in Gott die männliche Logik, die Israel wegen seiner Schuld vernichten müßte, nicht zuletzt weil diese männliche Seite in Gott zu Recht sagt, daß *man* so nicht mit sich umspringen lassen darf. Aber da ist eben auch, wie Hosea sagt, eine weiblich-mütterliche Seite in Gott – Gott hat gewissermaßen einen Mutterschoß –, und diese weiblich-mütterliche Seite setzt sich durch und macht deutlich: Gottes bedingungslose Liebe muß sich gerade im Augenblick der Schuld erweisen – als Liebe, die geduldig wartet und zu ihren Kindern steht. Der biblische Gott will nicht den Tod, sondern das Leben seiner Kinder.

Das ist auch die Theologie von Hos 11,8f. Deshalb schließt der Abschnitt in 11,11 mit einer sensiblen Heilsutopie:

»Wie Vögel kommen sie zitternd herbei aus Ägypten,
wie Tauben aus dem Land Assur.
Ich lasse sie wohnen in ihren Häusern –
Spruch des Herrn« (11,11).

Das ist das Bild von einem abermaligen Exodus mit dem Ziel, daß sie – was immer geschieht – im Lande wohnen bleiben dürfen (die von den meisten Kommentatoren

[84] O. Keel, Jahwe in der Rolle der Muttergottheit (s. Anm. 80) 90.

[85] Mit Helen Schüngel-Straumann, Gott als Mutter in Hosea 11: ThQ 166,1969,119–134; zu Hos 11,1–11 vgl. zuletzt M. Nissinen, Prophetie, Redaktion und Fortschreibung im Hoseabuch. Studien zum Werdegang eines Prophetenbuchs im Lichte von Hos 4 und 11 (AOAT 231), Kevelaer – Neukirchen-Vluyn 1991,229–350; zu »Gott als Mutter« ebda. 268–280.

und Bibelübersetzern vorgenommene Textkorrektur in 11,11 ist m. E. falsch!). Mit der Schnelligkeit von Vögeln kommen sie zu ihrem Gott, mit der sprichwörtlichen Liebeslust der Tauben, bebend und zitternd angesichts der Gottesbegegnung (Theophanie). So also endet die Geschichte, die mit der Gerichtsankündigung des zornigen Gottes ihr katastrophisches Ende zu finden schien, aber durch die Liebe des mütterlichen JHWH eine unerwartete Wende nimmt.

Daß dieses dynamische Gottesbild im rabbinischen Judentum und dann vor allem in der Kabbala und im Chassidismus eine faszinierende Wirkungsgeschichte erlebt hat, kann hier nur angemerkt werden. Zwar hat das Judentum nie eine Theologie im Stil des Christentums entwickelt, aber die beispielsweise im rabbinischen Judentum entstandene Lehre über die »Gottesattribute«, insbesondere über die aus Ex 34,6–7 heraus gestaltete Auffassung über die 13 Attribute Gottes (die sogenannten *middot*) kann als »Theo-Logie« in nuce verstanden werden. Alle diese *middot* sind in Gott »am Wirken«, damit seine Schöpfung zum Leben kam und am Leben bleibt. Besonders zentral (und in unserem Zusammenhang wichtig) ist die rabbinische Auffassung, daß die beiden *middot* »Gerechtigkeit« (*middat ha-din*) und »Barmherzigkeit« (*middat-ha-rachamim*) die fundamentalen »Wirkweisen« Gottes sind, die er seiner Welt gegenüber in das richtige »Verhältnis« bringen muß. Das ist sozusagen seine »göttliche Kunst«: Einerseits muß er die rechte Balance zwischen beiden finden, damit *er* in seiner »Gerechtigkeit« nicht die Welt vernichtet und damit »die Barmherzigkeit« nicht zuläßt, daß *die Menschen* in ihrer Sündhaftigkeit sich selbst und ihre Welt zerstören. Andererseits entspricht es seiner Göttlichkeit, daß das Maß der Barmherzigkeit letztlich größer ist als das Maß seiner Gerechtigkeit – denn auch für die Rabbinen gilt: »Gott bin ich – und nicht Mensch (Mann)«.

Ich will diese rabbinische »Lehre« von der größeren Liebe Gottes mit vier knappen Zitaten illustrieren[86].

Schon bei der Weltschöpfung mußte sich Gott gewissermaßen entscheiden, daß er die Welt nicht nur mit dem »Maß der Gerechtigkeit« schaffen und regieren dürfe, sondern daß er das »Maß des Erbarmens« immer zugleich bereit halten müsse, denn – so läßt ein Midrasch Abraham Gott zurufen:

»Wenn Du die Welt willst, kannst Du kein striktes Recht haben, wenn aber das strikte Recht, so keine Welt. Du hältst das Seil an beiden Enden – Du willst die Welt und Du willst das strikte Recht! – Wenn Du aber nicht ein wenig losläßt (oder: verzichtest), kann die Welt nicht bestehen!«[87]

Besonders die Menschenschöpfung verdankt sich der Barmherzigkeit Gottes. In immer neuen Variationen halten die Rabbinen das fest: Obwohl Gott wußte, daß die Menschen sündigen werden, und weil er wußte, daß dies eben zum Wesen des Menschen gehört (vgl. Gen 8,21!), hat er die Menschen dennoch geschaffen. Dabei drängte er in sich selbst seine »Gerechtigkeit« zurück und ließ seine »Barmherzigkeit« entscheiden:

»In der Stunde, wo Gott den ersten Menschen erschaffen wollte, berieth er sich mit den Dienstengeln und sprach zu ihnen: Wir wollen einen Menschen machen in unserm Bilde und nach unsrer Aehnlichkeit. Wozu? fragten sie ihn. Damit die Gerechten von ihm erstehen s. Ps. 1,6: ›der Ewige kennt den Weg der Gerechten‹ d. h. der Ewige that den Weg der Gerechten den Dienstengeln kund, ›dagegen den Weg der Frevler verheimlichte er ihnen‹ d. h. er offenbarte ihnen, dass

[86] Vgl. dazu besonders K. E. Grözinger, Middat ha-din und middat ha-rahamim. Die sogenannten Gottesattribute ›Gerechtigkeit‹ und ›Barmherzigkeit‹ in der rabbinischen Literatur: Frankfurter Judaistische Beiträge 8,1980,95–110 (den Hinweis verdanke ich meinem Münsteraner Kollegen Hermann Lichtenberger).

[87] Midrasch Bereschit Rabba (Genesis) 39,6; zitiert nach K. E. Grözinger, ebda. 111.

Gerechte von ihm erstehen würden, er offenbarte ihnen aber nicht, dass Frevler von ihm erstehen würden; denn hätte er ihnen auch das offenbart, so würde das Mass der Gerechtigkeit die Erschaffung nicht zugelassen haben«[88].

Daß Gott die strafende Seite in sich selbst immer wieder zurückdrängt, damit die Barmherzigkeit seine Kinder am Leben erhält, zeigt ein wunderschöner Midrasch im Babylonischen Talmud, der Gott sogar zum »Beter« macht (und damit implizit zum Vorbild *aller* Beter!):

»R. Zutra bar Tuvya sagte, Rav hat gesagt [so betet Gott:]
Möge es Mir wohlgefallen, daß mein Erbarmen (rahamim) meinen Zorn fessle
und Mein Erbarmen sich über meine Middot wälze
und Ich mit Meinen Söhnen in der Middat ha-rahamim verfahre
und Ich für sie
innerhalb der Rechtslinie trete«[89].

Die Rabbinen haben die Spannung zwischen beiden Wirkweisen Gottes gegenüber seiner Welt schließlich besonders anschaulich in der Vorstellung von den zwei unterschiedlichen Thronen verdichtet, auf die sich Gott setzt, um sein Weltregiment durchzuführen.

Der babylonische Talmud schildert beispielsweise den »Tageslauf« Gottes (im Kontext einer Kommentierung von Ps 2,4) so:

»Zwölf Stunden hat der Tag; in den ersten drei Stunden sitzt der Heilige, gebenedeiet sei er, und befasst sich mit der Gesetzeslehre, in den anderen sitzt er und richtet die ganze Welt, und sobald er sieht, dass die Welt die Vernichtung verdient, erhebt er sich vom Stuhl des Rechts und setzt sich auf den Stuhl der Barmherzigkeit; in den dritten sitzt er und ernährt die ganze Welt, von den gehörnten Büffeln bis zu den Nissen

[88] Midrasch Bereschit Rabba (Genesis) 8,4; zitiert nach A. Wünsche, Bibliotheca Rabbinica, Hildesheim 1967,32.

[89] Babylonischer Talmud, Traktat Berakot (Segnungen) 7a; zitiert nach K. E. Grözinger, ebda. 111.

der Läuse; in den vierten sitzt der Heilige, gebenedeiet sei er, und scherzt mit dem Levjathan, denn es heisst: ›Der Levjathan, den du geschaffen hast, um mit ihm zu spielen!‹«[90]

[90] Babylonischer Talmud, Traktat Avoda zara (Vom Götzendienst) 3b; zitiert nach L. Goldschmidt, Der Babylonische Talmud VII, Berlin 1925,801.

IV. Der Alte Bund – ein alter Bund?

1. Eine eigenartige Ausgangssituation

Wohl kaum ein anderer theologischer Begriff ist im Zusammenhang mit dem Verhältnis der beiden Testamente innerhalb der christlichen Bibel und zur Verhältnisbestimmung zwischen Judentum und Kirche derart belastet und schwierig zugleich wie der Begriff »Bund«.

Einerseits werden die christlichen Theologen seit Jahren nicht müde, gewiß auch in Absetzung von überzogenen »Bundestheologien«, darauf hinzuweisen, daß »Bund« im Alten Testament nicht derart zentral ist, daß man mit ihm die »Substanz« dieses Teils unserer Bibel zusammenfassen dürfe. Die Bundestheologie sei erst ein »Spätling« in der Theologie Israels und habe sich, vor allem in ihrer deuteronomischen Ausprägung als »Vertragsbund«, als theologisch wenig hilfreich erwiesen, weshalb sie von der spätdeuteronomistischen und priesterschriftlichen Vorstellung vom »Gnaden- bzw. Verheißungsbund« abgelöst worden sei[91]; in weiten Bereichen des »Alten« Testaments, insbesondere in der Weisheitsüberlieferung, herrsche ohnedies ein Bundesschweigen. Und vor allem im Neuen Testament spiele die Bundestheologie nur am Rande herein. Bei dem Bonner Neutestamentler *Erich Gräßer* kann man auch nachlesen, warum dies so ist:

[91] Eine knappe, aber hervorragende Skizze über die biblische Bundestheologie bietet N. Lohfink, Art. Bund, in: Neues Bibel-Lexikon, Zürich 1990,344–348; zu deren Relevanz für das christlich-jüdische Verhältnis vgl. nun: ders., Der Begriff »Bund« in der biblischen Theologie: ThPh 66,1991,161–176.

»Das Bundesschweigen Jesu ist kein Zufall. Jesus hat das Heil Gottes als nahe herbeigekommene Gottesherrschaft proklamiert. Diese im rezeptionsgeschichtlichen Zusammenhang mit der frühjüdischen Apokalyptik stehende Verkündigung greift nach Form und Inhalt weit über das hinaus, was einer Bundestheologie zu sagen möglich ist. Sie ist *neuer* Wein in *neuen* Schläuchen... Vom Hebr[äerbrief: E. Z.] und der Abendmahlsparadosis abgesehen, ist nirgendwo im NT Diatheke [»Bund«: E. Z.] ein zentrales Theologumenon. Wo es aber vorkommt – und das gilt ausnahmslos –, geht es nicht nur um typologische Entsprechung zur alttestamentlichen *berit* [»Bund«: E. Z.], sondern um Andersartigkeit, um Gegensatz«[92].

Andererseits drängte sich, nicht zuletzt wegen der Bezeichnungen »Altes Testament« und »Neues Testament«, die Vokabel »Bund« immer wieder auf, um mit ihr sowohl das »Neue« der Kirche als auch das Judentum und Kirche Verbindende auszudrücken. »Altbundlich« und »neubundlich« sind in den letzten Jahren oft gebrauchte Adjektiva, wobei »altbundlich« in der Regel als ehrende Kennzeichnung der Israel zukommenden Würde gemeint ist. In diesem Sinn gebraucht diese Begrifflichkeit beispielsweise *Johannes Paul II.* in seiner historischen Ansprache an den Zentralrat der Juden in Deutschland und die Rabbinerkonferenz am 17. November 1980 in Mainz:

»Tiefe und Reichtum unseres gemeinsamen Erbes erschließen sich uns besonders in wohlwollendem Dialog und vertrauensvoller Zusammenarbeit. ... Dabei geht es nicht nur um die Berichtigung einer falschen religiösen Sicht des Judenvolkes, welche die Verkennungen und Verfolgungen im Lauf der Geschichte zum Teil mitverursachte, sondern vor allem um den Dialog zwischen den zwei Religionen, die – mit dem Islam – der Welt den Glauben an den einen, unaussprechlichen, uns ansprechenden Gott schenken durften und stellvertretend für die ganze Welt ihm dienen wollen.

Die erste Dimension dieses Dialogs, nämlich die Begegnung

[92] E. Gräßer, Der Alte Bund (s. Anm. 4) 126f.

zwischen dem Gottesvolk des von Gott nie gekündigten [Anmerkung: Vgl. Röm 11,29] Alten Bundes und dem des Neuen Bundes, ist zugleich ein Dialog innerhalb unserer Kirche, gleichsam zwischen dem ersten und zweiten Teil ihrer Bibel«[93].

In dieser Rede spricht der Papst von zwei »Bünden« und von zwei »Gottesvölkern«. Er steht damit in einer langen kirchlichen Tradition, die von dem »alten« Bund freilich nicht immer so positiv sprach. Aber steht er dabei auch auf biblischem Boden? Oder wirkt hier nicht immer noch ein Vor- bzw. Fehlurteil über das »Alte Testament« und über das jüdische Volk als Gottesvolk eines Bundes nach, der durch den »neuen« Bund Gottes mit der Kirche eben »alt« geworden ist? Ist der »alte« Bund wirklich ein »anderer« Bund?

Stark vereinfacht lassen sich in der Christentumsgeschichte bis heute *auf der einen Seite* zwei[94] Positionen erkennen, die den Alten Bund als durch Jesus Christus »veraltet« erklären, während *auf der anderen Seite* eine gut biblische Position wieder neu entdeckt wird, nach der der Alte Bund als Gottesbund von seinem tiefsten Wesen her ein »neuer« Bund ist, so daß Jesus nicht einen »anderen« Bund »gestiftet« hat, sondern daß für die Christen gilt:

»Gott hat seinen Bund mit Israel nicht gekündigt.
Wir beginnen zu erkennen: In Christus Jesus sind wir, Menschen aus der Völkerwelt – unserer Herkunft nach fern vom Gott Israels und seinem Volk –, gewürdigt und berufen zur Teilhabe an der Israel zuerst zugesprochenen Erwählung und zur Gemeinschaft im Gottesbund.

[93] Vgl. R. Rendtorff – H. H. Henrix, Kirchen und Judentum (s. Anm. 7) 75.

[94] Eine weitere Position bietet nun M. Karrer, Der Kelch des neuen Bundes. Erwägungen zum Verständnis des Herrenmahls nach 1 Kor 11,23b–25: BZ 34,1990,198–221. Er will – mich überhaupt nicht überzeugend – die christliche Abendmahlsüberlieferung vom jüdischen Pessach absetzen und versteht das Kelchwort Jesu als Proklamation einer »neuen Setzung«; er rückt damit die Kirche noch weiter vom Judentum weg!

›Es sollen wohl Berge weichen und Hügel hinfallen, aber meine Gnade soll nicht von dir weichen und der Bund meines Friedens soll nicht hinfallen, spricht der Herr, dein Erbarmer.‹ (Jes. 54,10)

›Denn Gottes Gaben und Berufung können ihn nicht gereuen.‹ (Röm. 11,29)

Damit widersprechen wir der verbreiteten Auffassung, die christliche Kirche sei von Gott an die Stelle eines enterbten und verworfenen Israel gesetzt worden. Wir suchen vielmehr den wurzelhaften und bleibenden Zusammenhang wahrzunehmen, in dem Israel und die Kirche in dem einen ungekündigten Gottesbund miteinander verbunden sind.

Wir sagen jedem christlichen Erwählungsbewußtsein ab, das zur Überheblichkeit führt und die Verwerfung anderer fordert«[95].

2. Der Bund Gottes mit Israel ist nicht durch Jesus »alt« geworden

Eine Position, die sich schon im Hebräerbrief ankündigt, von zahlreichen »Kirchenvätern« geradezu kultiviert wurde und über zwei Jahrtausende bis heute christlichen Gemütern das erhebende Bewußtsein vermittelt, sie allein stünden »auf der rechten Seite« (vgl. Mt 25,33f), sieht zwischen dem Alten Gottesbund mit Israel und dem »neuen« Handeln Gottes in und durch Jesus Christus einen scharfen, geradezu »wesensmäßigen« Gegensatz, der einerseits mit der »nationalen« bzw. »kollektiven« Dimension des alten Gottesbundes zu tun habe, und der andererseits aus der klassischen Antithese Gesetz-Evangelium herkommt, wobei der »alte Bund« zum »Gesetz« und der »neue« Bund zum »Evangelium« erklärt wird. Der Neue Bund gilt dann meist als das Ende des Alten. Die fünf Autor(inn)en, die im folgenden zur Illustration dieser Posi-

[95] Leitsatz II der 1990 von der Hauptversammlung des Reformierten Bundes verabschiedeten »Leitsätze in der Begegnung von Juden und Christen«.

tion zitiert werden, stammen aus sehr unterschiedlichen Bereichen. Sie sind nicht repräsentativ, wohl aber typisch für ihre Bereiche.

In dem Thomas von Aquin zugeschriebenen Eucharistiehymnus *Pange lingua gloriosi Corporis mysterium* lautet bekanntlich die vorletzte Strophe:

»Tantum ergo sacramentum
veneremur cernui
et antiquum documentum
novo cedat ritui...«

Die sprachliche und poetische Armut dieser Strophe braucht uns hier nicht zu beschäftigen, ebensowenig soll die sich hier ausdrückende Eucharistietheologie hinterfragt werden. In unserem Zusammenhang sind zwei Beobachtungen wichtig. (1) Nimmt man den Text wörtlich, ist er schlichtweg unsinnig: »Das alte documentum = Schriftstück = das Alte Testament soll dem neuen Ritus weichen!« – das kann doch wohl nicht wahr sein? (2) Die antijüdische »Kampfparole« hängt offensichtlich mit dem im 13. Jahrhundert starken kulturellen Einfluß der Juden zusammen, gegen den sich schon das 4. Laterankonzil 1215 mit seiner beschämenden Kleiderverordnung für Juden (und »Sarazenen«) zur Wehr setzte. Wird die Eucharistie (die der Jude Jesus nach der biblischen Tradition im Kontext eines jüdischen Pessach-Mahles »eingesetzt« hat) hier ein sakramentales (ex opere operato?) »Kampfmittel« gegen die Juden?

Die in der Liturgie gebräuchlichen deutschen Fassungen sind zwar nicht mehr kämpferisch, aber theologisch noch viel schlechter:

»Darum laßt uns tief verehren
ein so großes Sakrament!
Dieser Bund wird ewig währen
und der alte hat ein End...«

So haben wir bis zum Erscheinen des neuen »Gotteslobs« gesungen. In ihm steht nun eine 1969 von Maria Luise Thurmair gemachte Übertragung, die auch noch in den Text einträgt, warum der alte Bund weichen muß: weil er »das Gesetz der Furcht« ist, an dessen Stelle nun das christliche »Mahl der Liebe« tritt. Hier feiern die Klischees »fröhliche Urstände« (nein: beschämende »Urstände«, wenn man überlegt, wieviele Kommissionen dieser Text unbeanstandet passiert hat!):

»Gott ist nah in diesem Zeichen:
kniet hin und betet an.
Das Gesetz der Furcht muß weichen,
da der neue Bund begann;
Mahl der Liebe ohnegleichen:
nehmt im Glauben teil daran.«

Oft werden die Verächtlichmachung des »alten« Bundes und der Lobpreis auf den »neuen« Bund aus einer fundamentalistischen Exegese von Jer 31,31–34 genährt. In dem die biblische Katechese noch in der ersten Hälfte des 20. Jahrhunderts außergewöhnlich stark beeinflussenden »Praktischen Kommentar zur Biblischen Geschichte« von *F. J. Knecht* (erstmals erschienen 1881) heißt es:

»Der alte [beachte die Kleinschreibung!], durch Mose geschlossene Bund war ein äußeres Gesetz, auf steinerne Tafeln geschrieben, welches aus Furcht erfüllt wurde und keine innere Rechtfertigung und Heiligung bewirken konnte. Das Gesetz des Neuen Bundes [beachte die Großschreibung!] wird vom Heiligen Geiste in die Herzen geschrieben, so daß er ein inneres, mit Liebe umfaßtes Gesetz ist, welches den Menschen innerlich umwandelt, von Sünden reinigt und heiligt. Deshalb ist am Pfingstfest der Heilige Geist gesandt worden und hat das Gesetz Christi in die Herzen der Jünger eingeschrieben, indem er sie erleuchtete und mit dem Feuer der Liebe entzündete. Dem einzelnen Christen wird das Gesetz des Neuen Bundes durch die Heilige Taufe ins Herz geschrieben«[96].

[96] F. J. Knecht, Praktischer Kommentar zur Biblischen Geschichte. Im Anschlusse an die von G. Mey neu bearbeitete Schustersche Biblische Ge-

Wie tief derartige Klischees, die in der jahrhundertelang von Kirche und Theologie betriebenen »Unterweisung in der Herabwürdigung und Verachtung der Juden«[97] gepflegt wurden, in das *kollektive Unterbewußte* der Christen absackten, zeigt eine Adventspredigt, die der damalige Münchner *Kardinal Michael Faulhaber* (vorher Professor für Altes Testament) am 3. Dezember 1933 in St. Michael zu München unter dem Thema »Das Alte Testament und seine Erfüllung im Christentum« gehalten hat. Dieses Beispiel ist in unserem Zusammenhang deshalb so illustrativ, weil der Kardinal sich darin explizit mit dem rassischen Antisemitismus der Nazis auseinandersetzen will – und dennoch nicht aus den überlieferten antijüdischen

schichte für die katholischen Religionslehrer an Volksschulen, Freiburg 1881,297.

[97] Die Begriffe gehen zurück auf den französischen Historiker Jules Isaac, der mit seinem 1948 erschienenen Buch »Jesus et Israel« (deutsche Ausgabe: Jesus und Israel, Wien - Zürich 1968) die notwendige Diskussion über den Zusammenhang von christlicher Judenfeindschaft und Antisemitismus eröffnet hat. J. Oesterreicher macht in seiner Einführung zu »Nostra Aetate« in LThK III (s. Anm. 5) darauf aufmerksam, daß der Besuch Jules Isaacs am 13. 6. 1960 bei Johannes XXIII. »eine nachhaltige Wirkung auf Johannes XXIII. ausgeübt« (407) und zur Initiative Johannes' XXIII., das Thema auf das Konzil zu bringen, mitbeigetragen hat. W. Stegemann, Christliche Judenfeindschaft (s. Anm. 2) faßt Jules Isaacs Anliegen gut so zusammen: »Isaac bezeichnete die heidnische Judenfeindschaft als trivial und vulgär im Vergleich mit dem christlich-religiösen Antisemitismus. Sie sei zudem kein dominierendes Element der antiken Gesellschaften gewesen. Tatsächlich öffnete nach seiner Meinung erst das Christentum das Tor zum Antisemitismus. D. h. die eigentliche Quelle des Antisemitismus und sein historisches Kontinuum ist das Christentum - und zwar seit dem 4. christlichen Jahrhundert. Die Bedeutung der christlich-kirchlichen Judenfeindschaft sieht Isaac in zwei grundlegenden Faktoren: Einerseits habe das Christentum die *›Unterweisung in der Verachtung der Juden‹* inauguriert, andererseits habe es ein *›System der Herabwürdigung der Juden‹* in die Welt gebracht. Mit der ›Unterweisung in der Verachtung der Juden‹ meint Isaac den Jahrhunderte währenden *verbalen* christlichen Antisemitismus, der in kirchenamtlichen Erklärungen, in Predigt und Unterricht, in Lehre und Forschung zumal seit dem 4. Jahrhundert bis heute vertreten wird. Das ›System der Herabwürdigung der Juden‹ meint die mit der Unterweisung in der Verachtung der Juden einhergehende ›sichtbare Degradierung‹ der jüdischen Mitmenschen« (139).

Klischees herauskommt. Da gibt es einerseits Lobeshymnen auf das Judentum vor Jesus, also auf jenes Judentum, in dem das sogenannte Alte Testament entstanden ist. Und dann folgen andererseits die üblichen Verwerfungsklischees in bezug auf das Judentum zur Zeit Jesu und das nachbiblische Judentum. Der Kardinal formuliert dies so:

»Wir müssen unterscheiden zwischen dem Volke Israel vor dem Tode Christi und nach dem Tode Christi. Vor dem Tode Christi, die Jahre zwischen der Berufung Abrahams und der Fülle der Zeiten, war das Volk Israel Träger der Offenbarung. Der Geist Gottes erweckte und erleuchtete Männer, die durch das Gesetz, die mosaische Tora, das religiöse und bürgerliche Leben ordneten, mit den Psalmen das Gebetbuch für das Familiengebet und das Gesangbuch für die gemeinsame Liturgie schufen, in den Weisheitsbüchern Lebensweisheit lehrten, als Propheten mit dem lebendigen Wort das Gewissen des Volkes aufrüttelten... Nach dem Tode Christi wurde Israel aus dem Dienst der Offenbarung entlassen. Sie hatten die Stunde der Heimsuchung nicht erkannt. Sie hatten den Gesalbten des Herrn verleugnet und verworfen, zur Stadt hinausgeführt und ans Kreuz geschlagen. Damals zerriß der Vorhang im Tempel auf Sion und damit der Bund zwischen dem Herrn und seinem Volk. Die Tochter Sion erhielt den Scheidebrief, und seitdem wandert der ewige Ahasver ruhelos über die Erde«[98].

Daß »Bund« eigentlich keine neutestamentlich-christliche Kategorie sein könne und daß der Begriff dort, wo er im Neuen Testament begegnet, nur eingesetzt werde, um den Gegensatz und das Neue der Kirche gegenüber Israel auszudrücken, stellt *Erich Gräßer* heraus. Die neutestamentliche Rede vom »neuen Bund« greife sozusagen den Begriff »Bund« (Diatheke) nur polemisch aus dem Alten Testament auf, um sich ihm entgegensetzen zu können:

[98] Die Predigt ist zugleich als Broschüre veröffentlicht worden mit dem Titel: »Das Alte Testament und seine Erfüllung im Christentum« (Huber-Verlag München); das Zitat ebda. 4 f.

»Die Abendmahlstexte sind hier nur eine scheinbare Ausnahme! Denn was hier ›(Neuer) Bund‹ genannt wird, ist Umschreibung des in Tod und Auferweckung Jesu gründenden Heilsereignisses, in dem von der atl. Bundestheologie außer dem Begriff Diatheke nicht mehr viel übrig bleibt. So wenig wie bei den Propheten des 8. Jh.s und deren Bundesschweigen bedeutet das eine grundsätzliche Opposition gegen die Erwählungs- und Verheißungstreue Gottes. Aber daß sich dieselbe eschatologisch *anders* verwirklicht denn als Bund mit einem empirischen Volke, das gilt es zu sehen... Wäre nicht dieser *Gegensatz* des Neuen Bundes zum Alten, so wäre nicht zu verstehen, daß Israel nicht die Kirche und die Kirche nicht Israel ist«[99].

Gräßer sieht das fundamentale Defizit vor allem in der Bindung des Bundes an das Kollektiv Israel und dessen konkrete politische Geschichte. Von beidem befreit Jesus, indem er die Gottesherrschaft als eschatologische Neuschöpfung ankündigt:

»Die Berufung auf Abraham hilft Israel nicht mehr. Aus der geschichtlichen Kontinuität kommt kein Heil mehr. Vielmehr stiftet das ›Geschehensereignis‹ Gottesherrschaft die nur noch von einem neuen göttlichen Handeln her mögliche Heilszukunft«[100].

Eine Mixtur aus Pseudotheologie, Psychologie und Feminismus bietet die streitbare Psychologin (und Ideenlieferantin für *Franz Alt*) *Hanna Wolff* in ihrem Buch »Neuer Wein – Alte Schläuche«[101], um ihre Aufforderung zu begründen, das Christentum solle endlich seinen fanatischen und neurotischen Eifer überwinden, »sich wie ein Schmarotzergewächs an das Judentum und seine religiösen Güter anzuranken« (23). Die Tochter Christentum solle sich endlich von ihrer Fixierung auf die Mutter Judentum lösen. Und vor allem solle sie der Mutter Judentum

[99] E. Gräßer, Der Alte Bund (s. Anm. 4) 126 f.
[100] E. Gräßer, ebda. 128.
[101] Zur bibliographischen Angabe s. Anm. 25; aus dem Buch wird im folgenden unter Angabe der Seitenzahlen zitiert.

voll zurückgeben, was sie ihr gestohlen habe: Das Alte Testament. Die eigentliche, nun schon zweitausend Jahre währende Katastrophe der christlichen Theologie, die verhindert habe, daß das Christentum zu seiner ureigenen, von Jesus gewollten Identität gefunden habe, wurzele letztlich darin, daß es den neuen Wein der Botschaft Jesu in die alten jüdischen Schläuche gegossen habe. Es sei deshalb allerhöchste Zeit, mit der Vermengung von Altem und Neuem Schluß zu machen.

»Das heißt konkret: Es ist für Christen absolut unmöglich, das Alte Testament weiterhin als ihre Heilige Schrift und Grundlage ihres Glaubens anzuerkennen... Das bedeutet selbstverständlich für uns einen gravierenden ›theologischen Besitzverzicht‹, wie man es genannt hat, der aber im Grunde Verzicht auf das bedeutet, was uns rechtens niemals gehört hat. Wir müssen zum Beispiel endlich aufhören, christliche Positionen durch alttestamentliche Zitate stützen zu wollen. Wir können nicht mehr, wie in der bisherigen Form, das Alte Testament als dogmatische Grundlage unseres christlichen Glaubens ausgeben. Wir müssen aufhören, arroganterweise uns in die für den jüdischen Glauben bedeutsamen Positionen hineinzudrängen, indem wir ihre Heilsgeschichte als die unsrige erklären, ihr Selbstbewußtsein als Bundesvolk und so weiter für uns usurpieren« (189f).

Wenn die Christen endlich den Mut und die Kraft aufbrächten, den Juden das Alte Testament »als ihr Eigentum, das es immer war« (189) zurückzugeben, weil es eben kein christliches, sondern ein zutiefst jüdisches Buch sei, dessen Gottesbild mit dem Gott Jesu unvereinbar sei, wäre dies auch der wichtigste Beitrag zu der heute drängenden jüdisch-christlichen Debatte. Im theologisch begründeten Abschied des Christentums vom durch und durch jüdischen Alten Testament würde endlich die Unehrlichkeit überwunden, die den jüdisch-christlichen Dialog heute bestimmt.

»In der jüdisch-christlichen Diskussion sind beide Seiten heute nicht wirklich ehrlich... Sie sind unehrlich aus Angst, aus Angst vor der öffentlichen Meinung, und das ist eine besonders bedauerliche Angst. Die Juden reden unwahrscheinlich liebevoll von ihrem Bruder Jesus, der bei näherem Zusehen nichts weniger als ihr Bruder ist, weil sie nämlich Angst haben, weiter als Christusmörder zu figurieren. Die Christen andererseits haben den Juden gegenüber ein derart erdrückendes Schuldkonto, daß sie zu jeder nur möglichen religiösen Konzession ihnen gegenüber bereit sind, bis hin zur Aufgabe der Selbstidentität, dies aus der verschleierten Angst, wiederum als Antisemiten zu gelten« (32).

Beides ist nach H. Wolff falsch und wird nur dadurch überwunden, daß sich Judentum und Christentum mit Sympathie und Toleranz, aber in aller Klarheit und Nüchternheit darüber verständigen, »daß entgegen heutiger Oberflächenansicht die Gegensätze zwischen Judentum und Christentum sehr viel größer sind, als man meint oder sogar gelten lassen möchte« (16). Der entscheidende Schritt dazu wäre, daß die Christen eben einsehen, daß das Neue Testament *allein* ihre Heilige Schrift ist und daß es ein geschichtliches Unrecht war, die jüdische Bibel als Teil der christlichen Bibel zu reklamieren. Mit dem endgültigen Verzicht auf das Alte Testament als Teil ihrer Heiligen Schrift schaffe die Christenheit endlich die Voraussetzung dafür, daß sie aus ihrem zweitausend Jahre andauernden moribunden Entwicklungsstadium heraustäte. Hanna Wolff faßt deshalb ihren programmatischen Ruf so zusammen:

»Wir wollen endlich aufhören, die ›besseren Juden‹ zu sein, wir wollen Christen, wir müssen wir selber sein« (15).

Was typisch jüdisch sei und womit Jesus endlich aufräumt, ist nach Hanna Wolff das Bundesdenken. Auf die von ihr selbst gestellten Fragen »Hat Jesus einen neuen Bund gegründet? Kann er überhaupt einen neuen Bund gegründet haben«? (142) antwortet sie unmißverständlich mit einem klaren »Nein«. Weil nach ihr jedes Bundesdenken Ausdruck einer vorpersonalen Wir-Frömmigkeit ist, Symptom einer archaischen, kollektiven Behinderung des Einzelnen, zu seinem individuellen Ich zu finden, ist Bundestheologie mit dem »Ich-aber-sage-Euch« Anspruch Jesu schlechterdings unvereinbar. Und die Psychologin weiß es natürlich noch genauer: Das alttestamentliche Bundesdenken ist »Vaterbindung«, und das heißt »Symptom religiöser Entwicklungsunfähigkeit«. Und damit es so ist, ist für Hanna Wolff von vornherein klar, »daß Jesus damit nichts zu tun haben wollte« (133). Deshalb lautet ihre These:

»Wir brauchen (heute) kein altes und kein neues Bundesdenken, noch den dahinter stehenden Gottesgedanken, wir brauchen überhaupt kein Bundesdenken, wollen wir endlich zu christlicher Selbstidentität kommen« (134).

Daß die Bundestheologie schon in den Abendmahlstexten vorkommt und daß es vornehmlich Paulus ist, der die Bundestheologie ins Zentrum christlicher Theologie eingeschrieben hat, sieht Hanna Wolff natürlich auch – und sie weiß vor allem, wie es dazu gekommen ist.

»Man muß ... nach den Motiven fragen, die die Christenheit veranlaßt hat, dem Bundesdenken eine solche Gewichtigkeit zu verleihen. Als Grund wird gewöhnlich genannt, daß man die historische und die sachliche Kontinuität zwischen Altem und Neuem Testament wahren müsse. In Wahrheit aber, so meine ich, steckt ein ganz anderes Motiv maßgebend hinter jenen Beteuerungen, nämlich die Unfähigkeit der eigenen Identitätsfindung. Jesus allein, die laut bekannte einzige Grundlage, hat dem Christentum in Wahrheit bis auf den heutigen Tag nicht genügt. Es meint offenbar, breitere Stützen nötig zu haben« (142).

Und eine dieser breiteren Stützen ist das Bundesdenken, das Paulus und die frühen Gemeinden sich wiederum aus dem Alten Testament holten, obwohl Jesus sich doch – wie H. Wolff meint – davon in aller Schärfe losgesagt hätte. Und sie weiß auch, warum die ersten Gemeinden so bereitwillig in der Auf- und Übernahme jenes Bundesdenkens waren: weil sie Jesus nicht wirklich verstehen konnten und verstanden haben, »da sie selbst noch zumeist auf einer durchgehend kollektiven Bewußtseinsebene standen. Das Neue der Position Jesu, der mit seinem ›Ich aber sage euch‹ zugleich eine neue personale Bewußtseinsebene darstellte, konnten sie von ihrer Ebene aus nicht prinzipiell verstehen. Sie haben es darum immer wieder kollektiv mißdeutet. Das ist noch verständlich. Wenn aber *wir heute* auf unserer [dank H. Wolff! E. Z.] weiterentwickelten Bewußtseinsebene jene alten Positionen der Urgemeinden übernehmen [wie das Bundesdenken], dann ist das nicht mehr zu rechtfertigen« (144).

Wer freilich die »alttestamentliche« Bundestheologie in ihrem Selbstzeugnis liest *und* versteht (bzw. verstehen will!), kann nur erstaunt und erschrocken zugleich über diese (un-)christlichen Vor- und Fehlurteile sein. Aber auch die zur Begründung dieser Position immer wieder zitierten Passagen aus dem Neuen Testament, insbesondere die Antithesen der Bergpredigt (Mt 5,21–48) sowie 2 Kor 3,14; Gal 4,21-31 und Hebr 8,13, zwingen nicht zu solchen Klischees!

Zwar ist es hier nicht möglich, die »alttestamentliche« Bundestheologie detailliert darzustellen, aber schon der Hinweis auf folgende Aspekte dieser großartigen theologischen Konzeption kann deutlich machen, daß und warum der Bund Gottes mit Israel – um Gottes und der ganzen Schöpfung willen! – nicht durch Jesus Christus »alt« geworden sein kann:

(1) Die alttestamentliche »Bundesformel« »Ich will euer Gott sein und ihr sollt mein Volk sein«[102] begründet

[102] Der Basistext der »Bundes(schluß)formel« ist Dtn 26,17-19: dazu vgl. N. Lohfink, Studien zum Deuteronomium und zur deuteronomistischen Literatur I (SBAB 8), Stuttgart 1990,211-261; die grundlegende Studie zur »Bundesformel« ist nach wie vor: R. Smend, Die Bundesformel (ThSt 68),

einerseits gewiß jene besondere Beziehung zwischen Gott und Israel, die Israel zum »Sondereigentum« und »Kronjuwel« dieses Gottes (vgl. Ex 19,5) macht und ihm einen »Gottesauftrag« unter den Völkern und in der Geschichte der Schöpfung gibt. Aber wer diese Würde *und* diesen Auftrag, »Volk« Gottes zu werden, nationalistisch mißversteht, kennt einfach das »Alte« Testament nicht: »Bundesvolk« Gottes ist Israel, wenn es sich unter die beiden Hauptgebote der Gottes- und der Nächstenliebe stellt – und diese in der konkreten gesellschaftlichen und geschichtlichen Wirklichkeit seines Zusammenlebens Gestalt annehmen läßt. »Volk« Gottes wird Israel, wie man gerade im »Bundesbuch« Deuteronomium[103] nachlesen kann, wenn es sich zur solidarischen geschwisterlichen Gemeinschaft, ja zur »Familie JHWHs« formen läßt im Hören auf das Gotteswort.

(2) Daß der »Bund« als eine Heilsgabe Gottes verstanden wurde, die einer »Neuschöpfung« gleichkommt und deren Fundament und Mitte die Vergebung der Sünden ist, bezeugen zahlreiche »alttestamentliche« Texte. Über das angemessene Verständnis jener Texte, die einen »neuen« Bund als Gabe eines neuen Herzens und eines neuen Geistes verheißen (vgl. besonders Dtn 30,6; Jer 31,31–34; Ez 11,19f; 36,26–28), werden wir im nächsten Abschnitt sprechen. Hier mag der Hinweis auf zwei Textbereiche genügen, in denen der »Bund« als »Neuschöpfung« durch die »Vergebung der Schuld« unmißverständlich zum Ausdruck kommt:

a) In Jes 51,7 spricht JHWH Israel an als »Volk, das meine Tora im Herzen hat«. Grammatisch ist dies keine Zukunftsaussage, sondern eine Zustandsbeschreibung (Nominalsatz!). Die theologische Tiefe dieser Aussage

Zürich 1963; nun wieder abgedruckt in: ders., Die Mitte des Alten Testaments. Gesammelte Studien Band 1 (BevTh 99), München 1986,11-39.

103 Vgl. dazu G. Braulik, Studien zur Theologie des Deuteronomiums (SBAB 2), Stuttgart 1988,123-160.301-323.

geht aber erst auf, wenn der unmittelbar vorangehende Satz und wenn der (kanonische!) Kontext des Jesajabuchs mitgehört werden. Unmittelbar vorangehend werden die Israeliten als »das Heil Erkennende/Wissende« (51,7) angeredet, womit die in Jes 6,9f formulierte »Verstockung« Israels aufgehoben, ja ins Gegenteil verkehrt wird. Was dies im Blick nicht nur auf die Idee der Bundestheologie, sondern für die *Wirklichkeit* des »alttestamentlichen« Bundes bedeutet, hat *Gottfried Vanoni* so zusammengefaßt:

> »Die Voraussetzung dieser Umkehrung der Verstockung wird gleich zu Beginn von Deuterojesaja thematisiert: ›Verkündet der Stadt, daß ihr Frondienst abgedient ist [und daß ihre Schuld vergeben ist]‹ (40,2). JHWHs Vergebung [dazu Anm: Damit sind wir wieder bei einem Thema, für das viele christliche Theologen blind sind, wenn es schon im Alten Testament auftaucht] ist der tragende Grund dafür, daß Israel JHWHs Heilshandeln erkennen kann. Und die ›Tora im Herzen‹ ist die Kehrseite der Vergebung. Das alles kann man kürzer und einprägsamer in Jer 31,31–34 lesen. Vielleicht ist das auch der Grund dafür, daß Deuterojesaja als Ganzes gewöhnlich nicht in der Reihe der Gnadentexte aufgezählt wird, unter denen Jer 31 und Ez 36 die prominentesten sind. Bei Beachtung von Jes 51,7 in der biblischen Theologie ... würde... die Antwort auf die Frage: ›Wann hat Gott Jer 31 erfüllt?‹ tatsächlich (für Christen provokant)... lauten: Gott hat die Verheißung erfüllt, bevor er sie gegeben hat. Das gehört zum Evangelium des Deuterojesaja. ›Kann es überhaupt ein größeres, ein schöneres, ein befreienderes und beglückenderes geben?‹ (N. Füglister)«[104].

b) Im Psalmenbuch entfalten vor allem Ps 51 und Ps 103 eine Bundestheologie, in der der »Sinaibundesgott« angerufen wird, daß er durch Vergebung der Schuld ein neues Herz schaffen möge (Ps 51), und in der er gepriesen wird dafür, daß er als der in Barmherzigkeit und Güte vergebende Gott die Menschen Tag für Tag aus ihrer »Staub-

[104] G. Vanoni, »Die Tora im Herzen« (Jes 51,7), in: FS-N. Füglister (s. Anm. 70) 371.

verfallenheit« neu schafft (Ps 103). Beide Psalmen sind ausdrücklich »betende« Aktualisierungen des Sinaibundes, wie sie durch zahlreiche Anspielungen auf Ex 33–34 kundtun[105], und sie sind zugleich das eindrucksvolle Zeugnis dafür, daß und wie man schon im »altbundlichen« Gottesvolk von der Erfahrung durchdrungen war, daß die Verheißungen des »neuen Bundes« von Dtn 30,1–14; Jer 24,5–7; 31,31–34; 32,36–41; Ez 11,17–20; 16,59–63; 36,24–28; 37,21–28 sich schon damals »erfüllten«. Was *Norbert Lohfink* von Ps 51 sagt, gilt viel grundsätzlicher, nämlich:

> »daß schon vor Christus der betende Jude ... voraussetzen konnte, daß die Verheißung des ›neuen Bundes‹ sogar in ihrer Aussage über das neue Herz erfüllt war«[106].

(3) Daß Jesus mit seiner Botschaft vom Kommen der Gottesherrschaft die (Christen nicht mehr zumutbare) alttestamentliche Bundestheologie endgültig überwunden und »aufgehoben« habe (ohne daß er dies freilich selbst gesagt habe!), kann wieder nur behaupten, wer die alttestamentliche Bundestheologie nicht kennt. Wer beispielsweise wie der »fromme« Jude dreimal täglich den Psalm 145 betet (so oft kommt der Psalm in der Liturgie jeden Tag vor!), hat ein anderes Bild von der »typisch alttestamentlichen« Gottesherrschaft, deren Kommen Juden erflehen und für deren Anbrechen sie den Sinaibundesgott (der Psalm zitiert wieder Ex 34) lobpreisen:

> »Ich will dich rühmen, mein Gott und mein König,
> und ich will segnen deinen Namen für immer und ewig...
> Gnädig und barmherzig ist JHWH,
> langmütig und groß an Güte.

105 Dazu E. Zenger, Morgenröte (s. Anm. 71) 193–203; vgl. auch Ps 111-112 als »Kommentar« zu Ex 33–34.

106 N. Lohfink, Der niemals gekündigte Bund. Exegetische Gedanken zum christlich-jüdischen Gespräch, Freiburg 1989,74.

Gut ist JHWH zu allem (zur ganzen Schöpfung?),
seine Barmherzigkeit ist über all seinen Geschöpfen...
JHWH stützt alle, die fallen,
er richtet auf alle Niedergekrümmten.
Die Augen aller warten auf dich,
und du gibst ihnen Nahrung zur rechten Zeit.
Du öffnest deine Hand
und du machst satt alles, was lebt, mit deiner Gnade!« (Ps 145,1.8–9.14–16)[107]

Und wie eng »Bund« und »Gottesherrschaft« zusammenhängen, ließe sich durch eine Interpretation der JHWH-König-Psalmen Ps 93–100 im Kontext des 4. Psalmenbuchs Ps 90–106 aufzeigen[108]. Hier müssen drei Hinweise genügen, die christlicher Blindheit vielleicht die Augen öffnen können:

a) Ps 99 besingt an der »Macht« der Königsherrschaft des Gottes Israels gerade dies, daß er »Recht und Gerechtigkeit liebt« – und was dies heißt, wird mit Anspielung auf die Sinaibundestheologie von Ex 34 damit erläutert, daß er »ein vergebender Gott« ist.

b) Ps 100 lädt alle Völker der Erde ein, den »Sinaibundesgott« als ihren Gott anzunehmen – gemeinsam mit Israel![109]

c) Die ganze Komposition Ps 93–100 ist von jener eschatologischen Dynamik der »kommenden« Gottesherr-

[107] Zum Verständnis des »schwierigen« Halbverses 145,20b ist in Kürze wichtig: (1) wie Ps 104; 139 schiebt der Psalm die Realität des Bösen bis zum Schluß »auf die Seite«; (2) während die Aussage über den Schutz aller, die JHWH lieben, im Partizip formuliert (gilt also immer), ist die »Vernichtungsaussage« in V. 20b futurisch (EÜ beachtet dies nicht!) formuliert – steht also unter dem »theologischen« bzw. »eschatologischen« Vorbehalt!

[108] Vgl. dazu E. Zenger, Israel und Kirche im gemeinsamen Gottesbund. Beobachtungen zum theologischen Programm des 4. Psalmenbuchs, in: FS-E. L. Ehrlich (s. Anm. 20)236–254.

[109] Vgl. zu diesem Verständnis von Ps 100: K. H. Miskotte, Wenn die Götter schweigen. Vom Sinn des Alten Testaments, München 1964,373–379; N. Lohfink, Die Universalisierung der ›Bundesformel‹ in Ps 100,3: ThPh 65,1990,172–183; E. Zenger, ebda. (s. Anm. 108) 246–250.

schaft durchwoben, die auch die Predigt Jesu so leidenschaftlich durchwaltet[110].

Nur wer blind ist oder eben nicht kennt, wovon er redet, kann an den Negativ-Klischees über den »alten« Bund, der dem Neuen Bund zurecht weichen muß (»et antiquum documentum novo cedat ritui«, s. o.), festhalten.

Aber auch das Neue Testament selbst zwingt nicht dazu; im Gegenteil betont es in Röm 9–11 – in voller Übereinstimmung mit dem »Alten« Testament –, daß Gottes Bund mit Israel »unwiderruflich« ist, so denn Gott selbst Gott ist:

> »Auch wenn die Berge von ihrem Platz weichen,
> und wenn die Hügel zu wanken beginnen –
> meine Güte wird nie von dir weichen,
> und der Bund meines Schalom wird nie wanken,
> spricht JHWH, der barmherzig ist mit dir« (Jes 54,10).

Als nachgerade klassischer Topos, an dem die Ablehnung des Alten Testaments durch Jesus offenkundig wurde, gelten die *Antithesen der Bergpredigt.* Viele Neutestamentler werden nicht müde, von ihnen her Jesus als den »messianischen Ausleger der Tora Mose und der Propheten, der ... den Rahmen vorgegebener ... Traditionen in radikaler Weise sprengt und Neues bringt, das sich nicht mehr in alte Schläuche fassen läßt«[111], zu profilieren. Mit seinem machtvoll kämpferischen Wort »Ihr habt gehört, daß zu den Alten gesagt ist..., ich aber sage euch« (Mt 5,21f) stelle »Jesus seine Auslegung von Gottes Willen dem Alten Testament selbst gegenüber, nicht der Ausle-

[110] Durch Ps 96,1 und 98,1 werden diese Lieder von der universalen Gottesherrschaft des Sinaibundesgottes ausdrücklich als »neue Lieder«, d. h. als Lieder über das Kommen des erneuernden Gottes, gekennzeichnet; das Nahekommen der Gottesherrschaft ist in eben diesen beiden Psalmen die Klimax (vgl. Ps 96,13; 98,9).

[111] M. Hengel, Jesus und die Thora: Theologische Beiträge 9,1978,171.

gung eines anderen rabbinischen Lehrkollegen«[112]. Daß die gleichen Neutestamentler dann freilich unterstreichen: »Was dann allerdings folgt, steht gerade nicht in inhaltlichem Gegensatz, sondern bedeutet seine Bejahung und Vertiefung von einer neuen Autorität her«[113], macht deutlich, daß es hier – wie immer man die »Antithesen«[114] interpretiert – gerade *nicht* um einen Gegensatz oder gar die Aufhebung der Tora des Mose bzw. der jüdischen Bibel geht. Auch wenn hier keine Fachdiskussion über die Antithesen möglich ist, soll doch auf zwei Gesichtspunkte aufmerksam gemacht werden:

a) Abgesehen von der offenen Frage, ob die Antithesen überhaupt auf den historischen Jesus zurückgehen, kann ihre Redeform keineswegs mit jener beinahe metaphysischen »Würde« befrachtet werden, wie dies meist geschieht. Sie gehört in den Bereich der polemischen Rhetorik, mit der um das rechte Verständnis der Tora und um die dem Sinn der Tora entsprechende Praxis gestritten wird. Daß das Matthäus-Evangelium hier Jesus als autoritativen Tora-Ausleger darstellt, der beansprucht, *die* richtige Auslegung zu geben, ist keine Frage. Aber daß er sich dadurch von der Tora oder vom »Alten Testament« absetzen, gar lossagen will, steht schlechterdings nicht im Text. Im Gegenteil: Matthäus stellt den Antithesen gezielt das Motto 5,17–20 (»Denkt nicht, ich sei gekommen, um die Tora und die Propheten aufzuheben. Ich bin nicht gekommen, um aufzuheben, sondern um zu erfüllen...«) voraus, »um das Mißverständnis von ihnen abzuwehren, sie setzten die Tora außer Kraft. Wohl macht er deutlich, daß der derzeitige Toragehorsam ›der Schriftgelehrten und Pharisäer‹ im Gegensatz zu der in den ›Antithesen‹ vorgetrage-

[112] U. Luz, in: P. Lapide – U. Luz, Der Jude Jesus. Thesen eines Juden, Antworten eines Christen, Zürich 1979,164.

[113] U. Luz, ebda. 164.

[114] Da es sich in der Sache *nach allgemeinem Konsens* um keine »Antithesen« handelt, sollte der belastete Begriff aufgegeben werden!

nen Willensrichtung Jesu von Nazaret (vgl. Mt 5,20 und 23,2-3; 28,15) steht. Keinesfalls aber ist er bereit, seiner Gemeinde die auch von Jesus ›erfüllte‹ (Mt 5,17) Tora zu ersparen. Man muß sogar sagen, daß Mattäus eine Theologie verfolgt, die darauf ausgeht, die Übereinkunft der Ethik Jesu mit der Tora zu erweisen – oder anders formuliert: das Gesetz auf der Seite des Christentums heimisch zu machen«[115]. Der Jesus der synoptischen Evangelien hebt nicht die Tora auf, sondern er lebt sie – mit einer halachischen Interpretationsbreite, die im Judentum seiner Zeit pointiert, aber keineswegs häretisch war.

b) Daß die antithetische Sprachform in den Kontext des frühjüdischen Streits um die Tora-Auslegung gehört, bestätigt nun auch der 1952 in der vierten Höhle von Qumran gefundene Brief, den seine Editoren »Einige Vorschriften der Tora« genannt haben. Der Brief, der der »Qumran-Gemeinde« offensichtlich so wichtig war, daß er in sechs Kopien aufbewahrt wurde, diskutiert in pluralischen Antithesen (»ihr... wir aber...«) mindestens 20 Streitpunkte der Tora-Auslegung. Ob der Brief auf den »Lehrer der Gerechtigkeit« selbst zurückgeht oder möglicherweise sogar früher zu datieren ist, aber auch wie die halachischen Einzelfragen zu beurteilen sind, wird sich zwar erst klären lassen, wenn der Brief endlich wissenschaftlich publiziert ist[116], aber schon jetzt steht fest, daß der Brief die Neutestamentler zur Revision manch liebgewordener Thesen veranlassen wird[117].

[115] K. Müller, Rückbesinnung auf die Zukunft. Von der Notwendigkeit einer jüdisch-christlichen Ökumene, in: FS-Bischof P.-W. Scheele, Würzburg 1988,234.

[116] Vgl. zuletzt L. H. Schiffman, The New Halakhic Letter (4 QMMT) and the Origins of the Dead Sea Sect: Biblical Archaeologist 53,1990,64-73.

[117] Die wieder neu aufzunehmende Diskussion über ein angemesseneres Verständnis des »Gesetzes« im Frühjudentum, insbesondere über das »offene« Verständnis der schriftlichen Tora, muß freilich ebenfalls von den »Alttestamentlern« mitgeführt werden; es sind letztlich die »alttestamentlichen« Klischees, die hier die Weichen falsch gestellt haben. Zu einer wichtigen neuen Weichenstellung vgl. K. Müller, Gesetz und Gesetzeserfüllung im

Auch die angeblich das Alte Testament bzw. den Alten Bund theologisch disqualifizierenden Abschnitte *2 Kor 3,12–18* und *Gal 4,21–31* verkünden weder das Ende des Alten Bundes noch relativieren sie seine Heilsbedeutung. Beide Stellen müssen von der antiken Schulrhetorik her gelesen werden, in der es *auch* üblich war, den Gegner mit emotionalen Argumentationen zu beeindrucken und zu erschüttern. Solche Argumentationsfiguren, die mit Überzeichnungen und Übertreibungen arbeiten, dürfen nicht als dogmatische Aussagen genommen werden. Was aber mindestens ebenso wichtig ist: Beide Stellen setzen sich weder mit dem »Alten Testament« noch mit seiner Auslegung im »nichtchristlichen« Judentum auseinander, sondern mit »judaisierenden« Positionen von Jesus-Anhängern, die den Paulus bekämpfen. Das Tora-Verständnis dieser seiner »christlichen« Rivalen und Opponenten besetzt Paulus mit der Polemik »alter Bund, auf dem die Hülle liegt« (2 Kor 3,14), und mit der despektierlichen Identifikation »Sinai-Testament« = »Sohn der Sklavin Hagar«, den Abraham, der Vater der Verheißung und des Glaubens, zurecht verstoßen habe (Gal 4,21–31). Beide Polemiken haben ihren historisch situativen *und* ihren emotionalen Kontext. Sie eignen sich nicht für antijüdische oder anti-alttestamentliche Aussagen: Sie waren *nie* so gemeint[118] und sollten vor allem »nach Auschwitz« endgültig aus dem Repertoire der christlichen Kritiker des Judentums verschwinden!

Sogar der *Hebräerbrief* intendiert keine Abwertung des

Frühjudentum, in: K. Kertelge (Hrsg.), Das Gesetz im Neuen Testament (QD 108), Freiburg 1986,11–27.

[118] Zur Argumentationsstrategie von 2 Kor 3,12–18 vgl. besonders A. de Oliveira, Die Diakonie der Gerechtigkeit und der Versöhnung in der Apologie des 2. Korintherbriefes (NTA 21), Münster 1990,191-227; zur Struktur von Gal 4,21-31 vgl. O. Betz, Der Galaterbrief, München 1988,410–432. - Zu einem anderen Weg, 2 Kor 3 im Horizont jüdischer Toraüberlieferung angemessener zu verstehen, vgl. E. Stegemann, Der Neue Bund im Alten. Zum Schriftverständnis des Paulus in II Kor 3: ThZ 42,1986,97–114.

Alten Testaments oder des Alten Bundes, auch wenn er – als »Spätling« – durchaus das Christentum gegenüber dem Judentum polemisch profilieren will. Auf den ersten Blick scheint der Verfasser des Hebräerbriefs im 8. Kapitel eine Exegese der jeremianischen Verheißung vom »Neuen Bund« Jer 31,31–34 (vgl. dazu unseren nächsten Abschnitt) zu geben, die in der Tat den »Alten Bund« zu einem »alten Bund« macht:

> »Indem er [d. i. »der Herr«: vgl. Hebr 8,8] von einem *neuen Bund* spricht, hat er den ersten für veraltet erklärt. Was aber veraltet und überlebt ist, das ist dem Untergang nahe« (Hebr 8,13).

Achtet man freilich auf den gesamten Argumentationszusammenhang, wird klar, daß der Hebräerbrief hier – in gut rabbinischer Manier – das Jeremia-Zitat einsetzt, um seine These zu untermauern, wonach der »Hohepriester« Jesus Christus mit seinem Todesopfer die, die an ihn glauben, ein für allemal mit Gott versöhnt habe, so daß der ganze Opferkult des ersten Bundes für sie überflüssig geworden ist, wie er am Ende seines diesbezüglichen »Beweises« mit einem abermaligen Zitat aus Jer 31,31–34 zusammenfaßt:

> Denn durch ein einziges Opfer hat er die, die geheiligt werden, für immer zur Vollendung geführt. Das bezeugt uns auch der Heilige Geist; denn zuerst sagt er:
> *Das wird der Bund sein, den ich nach diesen Tagen*
> *mit ihnen schließe –*
> *spricht der Herr:*
> *Ich lege meine Gesetze in ihr Herz*
> *und schreibe sie in ihr Inneres;*
> dann aber:
> *An ihre Sünden und Übertretungen denke ich nicht mehr.*
> Wo aber die Sünden vergeben sind, da gibt es keine Sündopfer mehr« (Hebr 10,14–18).

Gerade diese Schlußfolgerung liegt voll im Horizont der Verheißung von Jer 31,31–34, in der von kultischen

Opfern als »Sakramenten« des Bundes der Sündenvergebung überhaupt (und gezielt!) nicht die Rede ist. Nicht der »Alte Bund« ist durch Jesus »alt« geworden, sondern der Tempelkult[119] – eine nach 70 n. Chr. ohnedies wenig verwunderliche theologische Position. Auch das rabbinische Judentum hat im übrigen nicht mehr den Opferkult als Aktualisierung des Bundes verstanden oder gefordert. Daß andererseits wir Christen durch Jesus Christus in den ewigen Bund Gottes hineingenommen sind, ist die fundamentale Aussage, die wahr ist, ohne daß wir nun die Juden aus dem Alten Gottesbund verdrängen müßten – der von seinem tiefsten Wesen her immer schon der »neue« Bund war und ist.

3. Der Alte Bund ist von seiner Mitte her immer schon ein »neuer« Bund

Auch wenn die Rede vom »neuen Bund« nach Meinung vieler Alttestamentler keine zentrale alttestamentliche Kategorie ist und auch im Neuen Testament nicht zu einer solchen wurde, spielt der Begriff dennoch eine wichtige Rolle, wenn die Kirche gegenüber dem Judentum profiliert und wenn sie insbesondere als »Erfüllung« des im Alten Testament verheißenen »neuen« Bundes dargestellt werden soll. Daß dabei im übrigen Jer 31,31–34 gegenüber dem breiten Strom alttestamentlicher Texte, die mit ähnlicher oder anderer Begrifflichkeit die Botschaft vom täglich seine Schöpfung und sein Volk aus Liebe erneuernden

[119] Dies ist freilich keine Aussage über das Verhältnis des historischen Jesus und der Jerusalemer Urgemeinde zum Tempel bzw. zum Tempelkult: gegen die üblichen Klischees über Jesu radikale Ablehnung des Tempels, insbesondere der mit dem Tempel verbundenen Sühneliturgie, vgl. nun P. Fiedler, »Beim Herrn ist die Huld, bei ihm die Erlösung in Fülle«, in: FS-E. L. Ehrlich (s. Anm. 20) 189 f.

Bundesgott bezeugen[120], isoliert wird, kann hier nur beklagt werden. Immerhin soll im folgenden wenigstens angedeutet werden, daß die – recht verstandene – Botschaft vom »neuen« Bund ein Essential des Alten Testaments/der jüdischen Bibel ist.

Wie »vorprogrammiert« Christen die in Jer 31,31–34 ergehende Verheißung des neuen Bundes hören und sie so auf die Kirche beziehen, daß sie den Juden buchstäblich weggenommen wird, obwohl der Text seinem Wortlaut nach unmißverständlich *ihnen* den Bund zuspricht (s. u.), ließe sich durch eine Skizze der christlichen Rezeption dieses Textes eindrucksvoll (und abschreckend zugleich!) illustrieren. Das ist hier nicht möglich. Zwei Beispiele, die beinahe 2000 Jahre auseinanderliegen, sollen genügen.

Das erste Beispiel ist m. E. deshalb so typisch, weil dem Alttestamentler *Wilhelm Rudolph* (meinem 1987 verstorbenen Münsteraner Fachkollegen), der sonst ein eher nüchterner und theologisch zurückhaltender Kommentator ist, hier die christlichen Klischees sozusagen »von selbst« in die Feder fließen, wenn er in seinem 1947 in 1. Auflage und 1967 in 3. Auflage erschienenen Jeremia-Kommentar schreibt:

»Man hat mit Recht darauf hingewiesen..., daß die Verheißung ganz auf dem Boden des AT bleibt: es handelt sich nach wie vor um die Erfüllung des alten mosaischen Gesetzes..., der Bund wird nur mit Israel geschlossen..., und der einzelne wird der wahren Gotteserkenntnis nicht als ›religiöse Persönlichkeit‹ teilhaftig, sondern als Glied des Bundesvolkes innerhalb der völkischen und religiösen Gemeinschaftsordnung... Trotzdem sollte man nicht leugnen, daß die Verheißung vom neuen Bund darauf angelegt ist, die Schranken des AT zu sprengen..., auf dessen Boden ihm keine Erfüllung beschieden war: wessen ganze Herzensrichtung mit dem Willen Got-

[120] Vgl. die diesbezüglich eindrucksvolle Skizze von J. Marböck, Der Gott des Neuen und das neue Lied, in: FS-N. Füglister (s. Anm. 70) 205–221.

tes im Einklang ist, für den ist die Erfüllung eines bestimmten formulierten Gesetzes oder die Zugehörigkeit zu einem bestimmten Volk nicht mehr ausschlaggebend. Kein Wunder, daß Jesus bei der Stiftung des Abendmahls... an unsere Worte unmittelbar anknüpft... und sich damit als Erfüller der at.lichen Verheißung bekennt«[121].

Was hier in distanzierter, aber klarer Sprache den Juden weggenommen wird, klingt am Anfang der Christentumsgeschichte, wo die junge Kirche erst noch um ihre Identität (und gegen den Eindruck, sie sei nur eine jüdische Sekte) kämpft, (un)verständlicherweise viel emotionaler. Daß die christlichen »Kämpfer« dabei bis in die schriftwidrige »Häresie« absinken, läßt sich an dem um 130 n. Chr. (vermutlich in Kleinasien) entstandenen *Barnabasbrief* ablesen, der es beinahe geschafft hätte, als kanonische Schrift in das Neue Testament aufgenommen zu werden[122]. Um den Graben zwischen Christen und Juden möglichst tief aufzureißen, schreibt der Verfasser dieses Briefs über das Alte Testament und den Alten Bund u. a. folgendes:

»Auch das noch bitte ich euch als einer euresgleichen, der euch einzeln und alle zusammen mehr als sich selbst liebt, auf euch achtzugeben und euch nicht gewissen Leuten gleichzumachen, indem ihr ihren Sünden weitere hinzufügt und sagt: Das Testament jener [d. i. der Juden: E. Z.] ist auch das unsrige. Das unsrige freilich; aber jene haben es auf folgende Weise für immer eingebüßt, obwohl Mose es schon empfangen hatte. Denn es sagt die Schrift: Und Mose fastete auf dem Berg vierzig Tage und vierzig Nächte; und er empfing das Testament vom Herrn, steinerne Tafeln, beschrieben mit dem Finger der Hand des Herrn. Aber weil sie sich zu den Götzen

[121] W. Rudolph, Jeremia (HAT I 12), Tübingen 1968,203; obwohl Jer 31,32 klar sagt, daß »sie meinen Bund *brachen*« (= nicht danach handelten), schlägt bei Rudolph ebda. 201 f das Klischee durch: »Der alte Bund... ist *zerbrochen* [Hervorhebung: E. Z.], nicht durch Jahwes Schuld, sondern durch die des Volkes...«

[122] Vgl. K. Wengst, Didache (Apostellehre), Barnabasbrief, Zweiter Klemensbrief, Schrift an Diognet, Darmstadt 1984,106f.

hinwandten, verloren sie es. So spricht nämlich der Herr: Mose, Mose, steige schnell hinab, denn dein Volk hat gesetzwidrig gehandelt, das du aus dem Land Ägypten herausgeführt hast. Und Mose verstand; und er warf die zwei Tafeln aus seinen Händen. Und ihr Testament zerbrach, damit das des Geliebten, Jesu, in unser Herz eingesiegelt werde durch die Hoffnung, die der Glaube an ihn gibt« (Barn 4,6–8)[123].

Daß eben diese »Schrift« dann in Ex 34 davon erzählt, daß JHWH dem Mose genau die gleichen Tafeln, die er zerbrochen hat, nochmals anfertigen läßt, um zum Zeichen der »Bunderneuerung« darauf genau die Worte zu schreiben, »die auf den ersten Tafeln standen« (Ex 34,1), und daß JHWH diese Bundeserneuerung vollzieht, weil er ein »gütiger und barmherziger und sündenvergebender Gott« (Ex 34,6f) ist und mit seiner feierlichen Bundesproklamation »Siehe hiermit schließe ich (erneut) einen Bund« (Ex 34,10) auf die von Mose JHWH vorgetragene Bitte »Vergib uns unsere Schuld« (Ex 34,9) antwortet, weiß der Verfasser des Barnabasbriefs nicht – oder er verschweigt es einfach! Und wenn er die (ja richtige!) Auffassung »gewisser Leute«, die Juden lebten (noch) im ungekündigten Gottesbund und dieser Bund sei Juden und Christen *gemeinsam* gegeben, gar als »Sünde« qualifiziert, macht er damit auch den Paulus (vgl. Röm 9–11), dessen Begleiter er nach der Tradition war[124], zum »Sünder«...

Daß die Juden, wenn sie mit derartigen theologischen Verurteilungen durch christliche Theologen und durch die Kirche konfrontiert wurden, ihrerseits den Christen nachwiesen, wieso die Kirche gewiß nicht die Erfüllung von Jer 31,31–34 sein könne, verwundert nicht.

In den ältesten rabbinischen Zeugnissen zu Jer 31,31–34[125] fehlt freilich jegliche Polemik gegen die Chri-

[123] Übersetzung nach K. Wengst, ebda. 145.147.

[124] Dazu K. Wengst, ebda. 118 f.

[125] Vgl. R. S. Sarason, The Interpretation of Jeremiah 31:31-34 in Judaism, in:

sten und ihre Usurpation von Jer 31; sie stellen vor allem heraus, daß die Verheißung der messianischen Zeit gilt, in der man die Tora – weil sie ins Herz gelegt ist – nicht mehr vergißt und nicht mehr, wie »jetzt« in der vor-messianischen Zeit, mühsam und immer wieder neu erlernen muß:

»R. Jehuda sagte: In der Stunde, als die Israeliten die Worte Ex. 20,2 hörten: ›Ich bin der Ewige, dein Gott‹, war die Lehre des Gesetzes in ihr Herz gesenkt, welche sie lernten und nicht wieder vergaßen. Sie kamen zu Mose und sprachen: Unser Lehrer! sei du der Dolmetscher zwischen ihm und uns, ›sprich du mit uns, wir wollen gehorchen‹ s. Ex. 20,19, warum sollen wir nun sterben s. Ex. 20,20? Welchen Nutzen gewährt unser Untergang? Sie lernten nunmehr, aber sie vergaßen es wieder. Da dachten sie: Sowie Mose Fleisch und Blut ist, so ist auch sein Unterricht vergänglich. Sie kamen daher wieder zu Mose und sprachen: O möchte doch unser Lehrer Mose uns die Lehre nochmals mittheilen, möchte er uns mit den Küssen seines Mundes küssen, möchte die Lehre des Gesetzes doch wieder Wurzel in unserem Herzen schlagen, wie ehemals‹. Das wird jetzt nicht der Fall sein, antwortete er, wohl aber einst s. Jer 31,33«[126].

Im Mittelalter wird Jer 31,31–34 dann ausdrücklich gegen die christliche Usurpation als eine den *Juden* gegebene Verheißung verteidigt. Die Argumente und die Interpretationen sind eindrucksvoll[127]:

a) Jeremia verheißt (für die messianische Zeit) keine neue, andere Tora; die Tora des Mose wird nie aufgehoben!

b) Was »neu« ist an dem »neuen« Bund, muß aus Jer 31,32–34 herausgelesen werden: Der Bund wird in der mes-

J. J. Petuchowski (Hrsg.), When Jews and Christians Meet, New York 1988,101–103.

126 Midrasch Schir Ha-Schirim (Hoheslied) zu Hld 1,2, zitiert nach: A. Wünsche, Bibliotheca Rabbinica, Hildesheim 1967,15.

127 Vgl. R. S. Sarason, ebda. 103–109.

sianischen Zeit nicht mehr gebrochen; man wird die Tora nicht mehr vergessen, sondern tora-gemäß leben, weil sie dann ins Herz gegeben wird.

c) Wenn die Christen sagen, Jesus habe eine neue Tora gegeben, widersprechen sie Mt 5,17–19.

d) Das in Jer 31,34 für die Zeit des »neuen Bundes« genannte Kennzeichen, daß *alle* Gott (an)erkennen und entsprechend leben, ist noch nirgends erfüllt – schon gar nicht in der Kirche!

Beide skizzierten Auslegungstraditionen stimmen darin überein, daß die Verheißung des »Neuen« Bundes sich in der messianischen Zeit erfüllt. Wenn Christen in Jesus den Messias der alttestamentlichen Verheißungen sehen, ist es von diesem Verständnis her naheliegend, ihn auch als Mittler dieses »neuen Bundes« zu verstehen. Und wenn Juden angesichts der Unerlöstheit der Welt schlechterdings nicht daran glauben können, daß die messianische Zeit schon angebrochen ist, müssen sie dem widersprechen – und erst noch auf die Erfüllung von Jer 31,31–34 warten.

Das Jeremiabuch selbst und die alttestamentliche Botschaft vom neuen Bund sieht dies alles freilich anders. Was die Bibel selbst dazu sagt, ist heute, wo es um die Erneuerung des Verhältnisses von Christen und Juden geht, besonders wichtig. Was also meint dieses wunderschöne prophetisch vermittelte Gotteswort?

> »Siehe, schon brechen die Tage an – Spruch JHWHs –, da ich mit dem Haus Israel und mit dem Haus Juda einen neuen Bund schließe. Nicht wird es sein wie bei dem Bund, den ich mit ihren Vätern schloß, als ich sie bei der Hand nahm, um sie herauszuführen aus dem Land Ägypten. Diesen Bund haben sie gebrochen, ich aber blieb gleichwohl ihr Herr (?) – Spruch JHWHs. Ja, das ist der Bund, den ich schließe mit dem Haus Israel, wenn diese Tage vorbei sind – Spruch JHWHs:
> Ich lege meine Tora in ihr Inneres und auf ihr Herz schreibe ich sie. Ich bin ihr Gott und sie sind mein Volk. Keiner belehrt mehr den anderen und keiner sagt mehr zum anderen:

Erkennt JHWH!, denn alle erkennen mich, vom Kleinsten bis zum Größten – Spruch JHWHs.
Ja, ich vergebe ihre Schuld und ihrer Sünde gedenke ich nicht mehr« (Jer 31,31–34).

Daß dieses prophetische Wort, das vermutlich erstmals zum Ende der Exilszeit, also zwischen 520 und 500 v. Chr. verkündet wurde (von einem »Schüler« des Jeremia), nicht eine (ferne) messianische Zeit im Blick hat, sondern unter der Devise steht: »Siehe, ich wirke Neues: Schon sproßt es, erkennt ihr es denn nicht?« (Jes 43,19), zeigt der Kontext an, in dem es überliefert ist. Es muß im Kontext der sogenannten Trostschrift Jer 30,1–31,40 gelesen werden, in der die einleitende Zeitangabe »siehe, die Tage sind am Kommen« mehrfach verwendet wird (30,3; 31,27.31.38) und in der keineswegs, nimmt man die durch sie eingeleiteten Ankündigungen zusammen, in eine »ferne« Zukunft geschaut wird; die Trostschrift ist als Hoffnungsbotschaft für ihre zeitgenössischen Adressaten gemeint. Dies hat *Hans-Joachim Kraus* gegenüber allen christlichen Versuchen, die Verheißung des Neuen Bundes für eine Erfüllung erst durch Jesus offen zu halten, zu Recht herausgestellt:

»Die prophetische Verheißung versteht Zukunft als das *Auf-Israel-zu-Kommen* konkreter Zeiteinheiten: ›Tage‹. Hier handelt es sich also nicht um ›ferne Zeiten‹, um eine ›dunkle (zu enthüllende) Zukunft‹. Es empfiehlt sich, auch den Begriff der ›Eschatologie‹ zurückzustellen, denn das Ultimum erscheint unter geschichtstheologischen Prämissen zumeist entweder als ›das radikal Andere‹ oder wirklich als das ›absolut Letzte‹, jedenfalls nicht in dem alttestamentlich-prophetischer Verheißung eigentümlichen *Andringen* und Herankommen der Tage des Heils«[128].

Was mit der prophetischen Rede vom »neuen« Bund intendiert ist, läßt sich in aller Kürze zusammenfassen:

[128] H. J. Kraus, Das Telos der Tora, in: Jahrbuch für Biblische Theologie 3,1988,67.

(1) Von der alttestamentlichen Semantik her bedeutet das Adjektiv neu »›unverbraucht‹, wie Jahwes Erbarmen an jedem Morgen (Klgl 3,23)... ›Neu‹ heißt ›frisch‹, wie die Früchte von diesem Jahr (Lev 23,16; 26,10; Num 28,26; Hld 7,14). ›Neu‹ heißt ›vor kurzem gebaut, gefertigt‹, wie ein Haus, ein Weinschlauch, ein Strick, ein Wagen, ein Mantel, eine Schale, ein Dreschwagen, ein Tor, ein Lied... ›Neu machen‹ heißt ›herstellen‹, ›das Verbrauchte, Zerstörte erneuern‹, nicht aber ›Neues erfinden‹«[129]. »Neuer Bund« meint von daher einen Bund von *unverbrauchter* Lebenskraft und Frische: ein Bund, der immer »neu« = »frisch« bleiben wird (vgl. Jes 65,17ff). Die Qualifizierung dieses Bundes als »neu« darf also nicht in Opposition zu »alt = veraltet«, »abgeschafft« begriffen werden (die Kategorie »alt« kommt in Jer 31,31–34 überhaupt nicht vor), sondern ist der *erneuerte* Bund. »Neu« ist hier keine apokalyptische, sondern eine eschatologische Kategorie.

(2) Von der zeitgeschichtlichen Situation her, in der die theologische Sehnsucht nach »Neuem« in Israel aufbricht, geht es nicht um einen Abschied von der bisherigen Geschichte Gottes mit Israel, sondern im Gegenteil um deren Erneuerung, Aktualisierung und Fortführung: »Es kann gar nicht anders gewesen sein, als daß diese an Verlusterfahrungen reiche Epoche auf Erneuerung im Sinne der Wiederherstellung des Gewesenen gerichtet war. ›Erneuere unsere Tage wie vordem‹ (Klgl 5,21), lautet das Motto der Zeit... man muß sich von neutestamentlichen Vorurteilen frei machen: Der neue Bund in Jer 31,31 ist kein qualitativ neuer, sondern ein erneuerter Bund«[130].

(3) Vom Textzusammenhang her wird deutlich, daß und warum es einen »neuen« Bund braucht: weil der

[129] Ch. Levin, Die Verheißung des neuen Bundes in ihrem theologiegeschichtlichen Zusammenhang ausgelegt (FRLANT 137), Göttingen 1985,140.

[130] Ch. Levin, ebda. 140 f.

Bund »gebrochen« war. »Die Eigenschaft des gebrochenen Bundes ist nach eindeutiger Aussage des Textes nicht, daß er alt oder anders ist, sondern daß er gebrochen wurde. Deshalb und nur deshalb ist der Schluß eines neuen Bundes erforderlich«[131]. »Neuer« Bund meint also den wiederhergestellten Alten Bund.

(4) Dies bestätigt sich auch, wenn wir den Inhalt und das Ziel des erneuerten Bundes betrachten, wie dies in V. 32 f expliziert wird. Es ist genau das gleiche, was die klassische deuteronomische Bundestheologie über den »ersten« Bund vom Sinai sagt. Sein Ziel ist mit der »Bundesformel« (»Ich will euer Gott werden und ihr wollt mein Volk werden«: vgl. Dtn 26,16–19) zusammengefaßt, und sein Inhalt ist die Tora als Weg-Weisung für das Leben[132].

(5) Die in V. 34 als Fundament des Bundes formulierte Sündenvergebung ist in diachroner Hinsicht gewiß eine Neuinterpretation der deuteronomischen Sinaibundestheologie. Doch daß der erneuerte Bund eine Gabe der schuldvergebenden Barmherzigkeit des Sinaigottes ist, sagt die deuteronomistische Theologie auch schon in der Sinaierzählung selbst. Die drei Phasen des in Ex 19–34 erzählten Bundesgeschehens Bundesschluß (Ex 19–24*) – Bundesbruch (Ex 32) – Bundeserneuerung (Ex 34) werden in Ex 34,9f genau auf die Dialektik von Sündenvergebung (V. 9) und daraus entspringender Bundeserneuerung (V. 10) enggeführt. Auch wenn in Ex 34 der Begriff »neuer Bund« nicht verwendet wird, ist die Geschichte Israels, die sich auf diesen Sinaibund gründet, nur als eine Ge-

[131] Ch. Levin, ebda. 141.

[132] Zur Tora als Mitte des Bundes vgl. auch die beiden Studien von A. Schenker »Die Tafel des Herzens« und »Unwiderrufliche Umkehr und neuer Bund. Vergleich zwischen der Wiederherstellung Israels in Dtn 4,25–31; 30,1-14 und dem neuen Bund in Jer 31,31-34«, in: ders., Text und Sinn im Alten Testament. Textgeschichtliche und bibeltheologische Studien (OBO 103), Freiburg Schweiz - Göttingen 1991,68–96; zur Tora als Weg-Weisung siehe auch unten VII.2.

schichte im Horizont des »erneuerten Sinaibundes« begreifbar. Auf die Gnade *dieses* Sinaibundes, der von seiner Mitte her ein »neuer« Bund ist, hoffen die Beter der Psalmen 51, 103 und 130, wenn sie den barmherzigen Gott um Vergebung bitten – und der barmherzige Gott schenkt ihnen seine Gnade, nicht im »Vorgriff« auf das Neue Testament, sondern aus der Mitte seines Gott-Seins her, das er Israel geoffenbart hat[133].

In der theologischen Rede vom »neuen Bund« ist demnach jene Dialektik festgehalten, die konstitutiv ist für das Selbstverständnis des biblischen und des nachbiblischen Judentums, wie es der 1897 in Berlin geborene und 1982 als Professor für Jüdische Mystik an der Hebräischen Universität von Jerusalem verstorbene Gershom Scholem beschrieben hat[134]. Er versteht das Judentum als spannungsvolle Einheit eines restaurativen und eines utopischen Momentes, nämlich als bedingungsloses Festhalten an der Tradition einerseits und als Ausschauhalten nach dem Hereinbrechen des nie Dagewesenen: Israel weiß sich ein für allemal gegründet in dem Bund, den Gott in der Vergangenheit geschlossen hat – und es weiß zugleich, daß diese Vergangenheit immer neu und anders aktualisiert wird. So ist der Bund, dem Israel seine Existenz verdankt, »alt« und »neu« zugleich.

Die im Alten Testament vielfach erzählte und reflektierte Bundestheologie ist deshalb zutiefst die Botschaft vom barmherzigen Gott, der aus Treue zu sich selbst und dem einmal geschlossenen Bund mit Israel immer wieder neue Wege sucht und geht, um sich als Leben spendender Gott zu erweisen. Insofern Israel Gottes Bundesvolk ist, ist es immer schon – unabhängig vom Neuen Testament – Volk des Neuen Bundes.

[133] Vgl. dazu E. Zenger, Morgenröte (s. Anm. 71) 172–203.

[134] G. Scholem, Über einige Grundbegriffe des Judentums (edition suhrkamp 414), Frankfurt 1970,121-125.

Der »neue Bund« aus der Gnade der Sündenvergebung ist also eine durch und durch alttestamentliche Kategorie, in deren Spannungsgefüge von Verheißung und Erfüllung jenes alttestamentliche Israel lebte, in dem auch der Jude Jesus von Nazaret als Mitglied des jüdischen Bundesvolkes geboren wurde.

Wenn wir Christen mit dem Zeugnis des Neuen Testaments bekennen, daß uns durch den Tod und die Auferweckung Jesu dieser erneuerte Gottesbund geöffnet wurde, so daß auch wir in seiner Gnade leben, so ist dies kein weiterer Bund, der an die Stelle des erneuerten Sinaibundes treten würde. Es ist ein und derselbe Gnadenbund[135], an dem das jüdische Volk und die Völker der Kirche freilich auf unterschiedliche Weise Anteil haben. Mit Israel ist der Bund zuallererst geschlossen, die Kirche aber ist »durch Jesus Christus in den Bund Gottes mit seinem

[135] Deshalb sind alle »Spielarten« von Selbstdefinition und Selbstprofilierung der Kirche auf Kosten oder gar gegen das jüdische Volk verwehrt. Daß man im übrigen *nach* dem Zweiten Vatikanum, das davon spricht, daß die Kirche »durch ein Band (*vinculum* ist Begriff des Eherechts!) mit dem Stamm Abrahams geistlich verbunden ist«, immer noch christliche Artikel und Bücher über die Kirche (Ekklesiologien) schreiben kann, ohne über das Verhältnis Kirche – *heutiges* Judentum nachzudenken, ist mir schlechterdings unbegreiflich. Ein diesbezüglich besonders deprimierendes Beispiel ist das unkritische »Nachbeten« der irrigen Thesen Josef Ratzingers durch (den frühen) Leonardo Boff in seiner Ekklesiologie »Die Neuentdeckung der Kirche«, Mainz [3]1980. Daß die Kirche aus dem Geist der griechischen Polis entstanden sei (so vereinfacht J. Ratzinger in LThK 6,173-183), liest sich dann bei Boff so: »Das erwählte Volk lehnte Jesus ab und scheiterte somit heilsgeschichtlich als Volk ... Der Tatsache, daß die Kirche wesentlich eine Kirche aus Heiden ist, kommt große hermeneutische Bedeutung zu. Denn so mußte sie ihre ursprünglich semitische Sprache und Mentalität aufgeben, in der bisher biblische Offenbarung sich vollzogen hatte. Die Botschaft Christi wird nun legitimerweise in eine andere, in die griechisch-römische Verstehensweise übersetzt ... Die Kirche verzichtet also darauf, daß die Heiden zunächst Juden werden und durch die Pädagogik des Alten Testaments gehen müssen« (ebda. 92 f). Da ist nur noch zu fragen: Warum verzichtet die Kirche dann nicht überhaupt auf den Juden Jesus, auf die jüdischen Apostel, auf die jüdischen Evangelien (an deren »semitischen Mentalität« ist nicht zu zweifeln, und ebensowenig daran, daß die Kirche das Alte Testament eben doch festgehalten hat ...).

Volk hineingenommen«[136]. Jüdisches Volk und Kirche leben als zwei Größen mit je eigener Identität und in nicht aufzuhebender Trennung[137] im Horizont des ihnen gemeinsamen Bundes, dessen Gabe in der jüdischen Bibel, also im sogenannten Alten Testament, bezeugt wird. Nicht das Neue, sondern das Alte Testament begründet damit zuallererst die Existenz auch der Kirche. Wenn die Kirche deshalb die Botschaft des Alten Testamentes aufgäbe, würde sie sich selbst als Kirche des Neuen Bundes aufgeben.

[136] Formulierung der Erklärung der Rheinischen Synode von 1980: vgl. R. Rendtorff - H. H. Henrix, Kirchen und Judentum (s. Anm. 7) 594.

[137] Auf die je eigene Identität von Judentum und Kirche hat Johannes Paul II. mehrfach hingewiesen (vgl. R. Rendtorff - H. H. Henrix, Kirchen und Judentum [s. Anm. 7] 64.78.109): die positiv gemeinte Betonung der »nicht aufzuhebenden Trennung«, die jede Form von »Judenmission« ausschließt, stammt aus den »Hinweisen« der Vatikanischen Kommission für die religiösen Beziehungen zum Judentum (vgl. Rendtorff - Henrix, ebda. 100).

V. Ist das Alte Testament nur »Vorgeschichte« und »Vorbereitung« des Neuen Testaments?

1. Ein verdrängtes Problem der überlieferten Lehre

Von vielen Christen, die das Alte Testament lieben, erhält es gleichwohl seit Jahrhunderten »Beurteilungen«, die weder seinem eigenen Selbstzeugnis entsprechen noch m. E. vom Neuen Testament her gefordert sind. Es handelt sich dabei um ein Verständnis, das die Geschichte Gottes mit den Menschen in einem naiven heilsgeschichtlichen Evolutionismus denkt, also als ein Fortschreiten vom »Primitiven« zum »Vollkommenen«, vom »Niedrigeren« zum »Höheren«.

Das Alte Testament wird in einem solchen Denken dann zur »Vorgeschichte« oder zur »Vorhalle« des Neuen Testaments. Seine Funktion war »Voranzeige«, »Ankündigung« und »Vorbereitung« des Evangeliums Jesu Christi. Es ist »Prolog«, »Prooemium«, »Vorwort« zum Neuen Testament.

Dies ist weithin die Sicht der christlichen Theologie bis heute. Auch das Zweite Vatikanum hat sich davon nicht lösen können, wenn es in der Offenbarungskonstitution »Dei Verbum« in dem Kapitel »Das Alte Testament« sagt (Hervorhebungen durch mich!):

> »Der liebende Gott, der um das Heil des ganzen Menschengeschlechtes besorgt war, *bereitete es vor,* indem er sich nach seinem besonderen Plan ein Volk erwählte, um ihm *Verheißungen* anzuvertrauen... Dann hat er sich dem Volk... so geoffenbart, daß Israel Gottes Wege mit den Menschen an sich erfuhr, daß es sie durch Gottes Wort aus der Propheten Mund *allmählich voller und klarer* erkannte...
> Gottes Geschichtsplan im Alten Bund zielte vor allem darauf,

das Kommen Christi... *vorzubereiten*, prophetisch anzukündigen... und in verschiedenen Vorbildern anzuzeigen... Obgleich diese Bücher auch *Unvollkommenes und Zeitbedingtes enthalten, zeigen sie doch eine wahre göttliche Erziehungskunst*...
Gott, der *die Bücher beider Bünde* inspiriert hat und ihr Urheber ist, wollte in Weisheit, daß *der Neue im Alten verborgen und der Alte im Neuen erschlossen* sei. Denn wenn auch Christus in seinem Blut einen Neuen Bund gestiftet hat..., erhalten und offenbaren die Bücher des Alten Bundes, die als Ganzes in die Verkündigung des Evangeliums aufgenommen wurden, *erst im Neuen Bund ihren vollen Sinn*..., wie sie diesen wiederum beleuchten und deuten«[138].

Über das Alte Testament wurde übrigens bei der insgesamt lebhaften Diskussion über die Offenbarungskonstitution kaum gestritten. Bei den Abstimmungen in der Konzilsaula erhielt dieses Kapitel immer die wenigsten Neinstimmen und die wenigsten Änderungswünsche (»Modi«). Man wird den Konzilsvätern nicht zu nahe treten, wenn man dies so deutet, daß sie das theologische Problem des Alten Testaments als Teil der christlichen Bibel nicht gerade bewegte. Wer soll sich auch noch lange um die »Vorgeschichte« oder um die »Vorhalle« kümmern, wenn er selbst mitten in der eigentlichen »Geschichte« oder im »Hauptsalon« lebt? Daß das Problem eine jüdisch-christliche Dimension hat, kam – soweit ich sehe – in der Konzilsaula überhaupt nicht zur Sprache; angesichts der Diskussion um die »Judenerklärung« ist das schon (oder nicht?) verwunderlich!

Immerhin: Die als Folge der Erklärung »Nostra aeta-

[138] Eine differenzierte, kritische Wertung der Aussagen des Zweiten Vatikanums bietet N. Füglister, Das Alte Testament – Wort Gottes an uns. Die Konzilskonstitution »Dei Verbum« und das Alte Testament, in: FS-K. Berg, Thaur 1989,139-160; vgl. auch J. Scharbert, Das Zweite Vatikanische Konzil und das Alte Testament: BiKi 45,1990,179-186 (ebda. 182 f: »Die Aussagen über das AT sind allerdings recht dürftig. Von einer selbständigen Bedeutung des AT für den Glauben und das Leben des Christen ... ist nicht die Rede.«).

te« des Zweiten Vatikanums eingerichtete »Kommission für die religiösen Beziehungen zum Judentum« hat sich in ihren beiden einschlägigen Veröffentlichungen von 1974 und 1985[139] um eine angemessenere Würdigung des Alten Testaments bzw. der jüdischen Bibel bemüht; darauf werden wir noch zurückkommen (siehe unten VI und VII). Trotzdem bleiben die überlieferten Klischees erhalten, auch wenn zugleich das Unbehagen darüber bis in den Wortlaut hinein erkennbar ist:

> »Aus der Einheit des göttlichen Planes ergibt sich das Problem der Beziehungen zwischen dem Alten und dem Neuen Testament. Schon zur Zeit der Apostel (vgl. 1 Kor 10,11; Hebr 10,1) und dann beständig in der Tradition hat die Kirche dieses Problem vor allem mit Hilfe der Typologie gelöst; damit wird die grundlegende Bedeutung unterstrichen, welche das Alte Testament in christlicher Sicht haben muß. Allerdings erweckt die Typologie bei vielen Unbehagen; das ist vielleicht ein Zeichen dafür, daß das Problem nicht gelöst ist...
> Es ist...wichtig zu unterstreichen, daß die typologische Interpretation darin besteht, das Alte Testament als Vorbereitung und *in gewisser Hinsicht* als Skizze und Voranzeige des Neuen zu lesen (vgl. z. B. Hebr 5,5–10 usw.)«[140].

An diesen Formulierungen wird sichtbar, daß hier einerseits ein verdrängtes Problem liegt *und* daß andererseits ein Umdenken einsetzt, ja gefordert ist. Das sollen auch die beiden folgenden Abschnitte (2. und 3.) erläutern und begründen.

[139] Das Dokument von 1985 ist *insgesamt* in zahlreichen Aussagen unausgewogen, ja sogar widersprüchlich, was einerseits sicher mit dem *begrifflich* noch ungeklärten Verhältnis Kirche - Israel zu tun hat, aber andererseits auch die in der römischen »Zentrale« miteinander rivalisierenden Positionen widerspiegelt (das Dokument eignet sich deshalb geradezu für »literarkritische« Übungen!).

[140] Vgl. R. Rendtorff - H. H. Henrix, Kirchen und Judentum (s. Anm. 7) 96.

2. *Altes Testament und Neues Testament verhalten sich nicht zueinander wie Verheißung und Erfüllung*

Daß sich die beiden Testamente zueinander wie Verheißung und Erfüllung verhalten, wird den Christen beinahe Sonntag für Sonntag in der Liturgie »eingeflößt«, weil die alttestamentliche Lesung oft so ausgewählt ist, daß sie als »Vorausdarstellung« oder als »Verheißung« des danach verkündigten Evangeliums erscheinen muß[141].

Wer das Verhältnis der beiden Testamente als den Zusammenhang von Verheißung und Erfüllung bestimmt, kann sich – so scheint es – auf das Neue Testament selbst berufen. Wenn Paulus in 1 Kor 15 Tod und Auferweckung Jesu als ein Geschehen »gemäß der Schrift« bezeugt, so bringt er seine Theologie auf den Punkt, wonach sich das in den Schriften des Alten Testaments verheißene Heilshandeln Gottes an und in Jesus erfüllt hat. Und ebenso ist für das Markus- und für das Matthäus-Evangelium die Perspektive grundlegend, daß Jesus der vom Alten Testament geweissagte Christus ist; im Matthäusevangelium wird dies besonders durch die zahlreichen Reflexions- oder Erfüllungszitate immer wieder in Erinnerung gebracht.

Abgesehen vom Hebräer-Brief schert nur das Johannes-Evangelium aus der Verheißung-Erfüllung-Perspektive aus, insofern es in zeitgeschichtlich erklärbarer und für

[141] Um diese »Funktion« der alttestamentlichen Lesungen zu erreichen, wird häufig ein übler »Textverschnitt« geboten. Das gilt mindestens von der Hälfte (!) aller Lesungen. Nur *ein* zufälliges Beispiel: Um auf das Evangelium von der Stillung des Sturms auf dem See (Mk 4,35–41) »einzustimmen«, wird am 12. Sonntag im Jahreskreis aus der eindrucksvollen Gottesrede Ijob 38,1–39,30 die »passende« Frage 38,8–11 herausgeschnitten und so präsentiert, daß das Evangelium dann die »Antwort« ist (die zu verlesende Perikope müßte mindestens 38,1–21 umfassen: durch die Korrelation *dieser* Perikope mit Mk 4,35–41 ließe sich übrigens gut predigen!). Ob hier irgendwann eine Reform möglich ist? Das wäre ein dringenderes Problem als die Diskussion über Ministrantinnen und dergleichen.

uns heute nicht mehr akzeptabler antijüdischer Polemik seine antithetische Verhältnisbestimmung vornimmt. Während beispielsweise im Mt-Evangelium Jesus als eine neue Mosegestalt gezeichnet wird (Bergpredigt!), sieht das Joh-Evangelium einen harten Gegensatz zwischen Mose und Christus (vgl. Joh 1,17f: »Denn das Gesetz wurde durch Mose gegeben, die Gnade und die Wahrheit aber kamen durch Jesus Christus. Niemand hat Gott je gesehen [Polemik gegen Mose!]. Der Einzige, der Gott ist und am Herzen des Vaters ruht, er hat Kunde gebracht.«). Und historisch und theologisch sehr bedenklich läßt Joh 14,34 das Liebesgebot als ein »neues Gebot«, mit dem er sich von den Juden absetzen will, verkünden. Und auf dieser auch das Alte Testament herabsetzenden Linie liegt dann die in Joh 8,30–47 Jesus in den Mund gelegte These, daß »die Juden« den Teufel zum Vater hätten.

Ehe ich die These, Altes Testament und Neues Testament verhielten sich wie Verheißung und Erfüllung zueinander, an einigen Texten überprüfe, möchte ich zunächst vier allgemeinere Erwägungen anstellen:

(1) Aus der Tatsache, daß die neutestamentlichen Autoren ihr Christusbekenntnis immer wieder mit dem Rückgriff auf alttestamentliche Texte formulieren und legitimieren, folgt keineswegs, daß sie damit das Alte Testament als überholt ausweisen. Im Gegenteil ist zu sagen: »Weil der tote Jesus, seine Botschaft und seine Geschichte umstritten und seine Auferweckung als beweiskräftige Legitimationshandlung nicht verfügbar waren, hat die Jesus-Botschaft ihre Legitimation in der unbestritten als Offenbarungs-Dokument geltenden Hebräischen Bibel gesucht. Weil die neutestamentlichen Autoren Jesus als den Messias, als den Sohn Gottes gewissermaßen in der Erbfolge des Volkes Israel, verstehen und verständlich zu machen sich bemühen, sind sie genötigt, *Jesus aus dem Alten Testament zu legitimieren.* Das Alte Testament ist ihnen ganz unbestritten das Dokument der Offenbarung Gottes; nicht

einer unter vielen, sondern der exklusiven Offenbarung Gottes in Israel. Weil sie in der Geschichte Jesu die geradlinige Fortsetzung dieser Offenbarung erkennen, müssen sie diesen von ihnen gemeinten Zusammenhang an und mit den biblischen Texten verdeutlichen«[142].

(2) Die Globalzuordnung von Altem Testament – Neuem Testament als Verheißung – Erfüllung, Typos – Antitypos u. ä. nimmt die Vielschichtigkeit und Vielgestaltigkeit des Alten Testaments nicht ernst. Was der Hebräerbrief gleich an seinem Anfang sagt, muß festgehalten werden: »Viele Male und auf vielerlei Weise hat Gott einst zu den Vätern gesprochen durch die Propheten; in dieser Endzeit aber hat er zu uns gesprochen durch den Sohn...« Diese »vielerlei Weise« darf nicht nivelliert werden, sondern ist uns als kostbarer Schatz gegeben. Das Nebeneinander von Altem Testament und Neuem Testament kann gerade in der Komplexität und Fülle sprechen, mit denen sie einzelne Lebenssituationen in die Gegenwart Gottes stellen. Wer beispielsweise die unterschiedliche Art und Weise, in der das Ijob-Buch, das Buch Kohelet und die neutestamentliche Passionsgeschichte über das Leid und den Tod reden, aus einem theologischen oder christologischen Systemzwang heraus nivelliert, verweigert den leidenden und sterbenden Menschen die ihnen biblisch angebotene Möglichkeit, ihre so unterschiedlichen Ängste und Erfahrungen vor Gott auszusprechen und anzunehmen. Und vor allem unterstellt solche Verhältnisbestimmung nur zu schnell, es sei nur christlich, wenn man *wie* Christus redet, leidet und stirbt – wobei übersehen wird, daß die Differenz zwischen dem Christus und dem Christen sonst als traditionelles Theologumenon immer wieder eingeschärft wird.

(3) Die einfache Gleichung Altes Testament = Verhei-

142 J. Seim, Notizen zur Deutbarkeit des Holocaust: EvTh 48, 1988,461 (Satzfolge von mir geändert).

ßung und Neues Testament = Erfüllung scheitert auch und besonders, wenn sie christologisch eng geführt wird. Weder haben sich alle alttestamentlichen Verheißungen in Jesus erfüllt noch lassen sich umgekehrt alle neutestamentlichen Aussagen über Jesus alttestamentlich untermauern. Beide haben, gerade unter den Kategorien Verheißung – Erfüllung, einen Überschuß, der nicht nivelliert werden darf. »Wer von Verheißung – Erfüllung redet, weiß von Verhüllung und notvollem Warten, er weiß von Gehen und nicht nur von Stehen, weiß von Ruf und nicht nur von Schau. Die Geschichte bekommt ein Gefälle auf noch Ausstehendes hin. Aber ein Gefälle, das nicht durch dumpf treibende Kräfte bestimmt ist, sondern unter klarem Worte steht«[143].

(4) Was mit der biblischen Kategorie »Erfüllung« gemeint ist, läßt sich gut am alttestamentlichen Sprachgebrauch ablesen:

1 Kön 1,14: Natan verspricht der Batseba, er werde zu David gehen und ihre Worte »erfüllen«, d. h. bekräftigen und bestätigen, daß sie wahr und gültig sind (die Einheitsübersetzung übersetzt deshalb das Verbum »erfüllen« hier sogar mit »bestätigen«!).
1 Kön 2,27: Salomo setzt Abjatar als Priester am Jerusalemer Tempel ab und »erfüllt« so das Gotteswort, das in 1 Sam 2,30–36 über das Haus Eli ergangen war. Gerade der Vergleich von 1 Kön 2,27 mit 1 Sam 2,30–36 aber macht deutlich, daß sich »Verheißung« und »Erfüllung« nicht decken müssen; in 1 Kön 2,27 bedeutet die Tat Salomos vielmehr »Erfüllung« in dem Sinn, daß die Verheißung von 1 Sam 2,30–36 immer noch gültig bleibt, auch auf Zukunft hin[144].

Vom biblischen Sprachgebrauch her meint »Erfüllung« also Bestätigung, Bekräftigung und Besiegelung. Wenn wir Christen auf der Grundlage des Neuen Testaments dem-

[143] W. Zimmerli, Verheißung und Erfüllung, in: C. Westermann, Probleme alttestamentlicher Hermeneutik. Aufsätze zum Verstehen des Alten Testaments (ThB 11), München 1963,77.
[144] Vgl. auch 1 Kön 3,24; 2 Chr 36,21.

nach sagen: In Jesus Christus hat sich die Verheißung erfüllt, so heißt das nicht: »Die Verheißung ist suspendiert, und an ihre Stelle tritt nun in der Gestalt von ›Erfüllung‹ das Verheißene selbst, sondern die Verheißung wird in Jesus als dem Christus, mit dem ›Ja und Amen‹ Gottes bekräftigt, besiegelt, nahegebracht und wirksam zugesprochen. So bringt also das Neue Testament keineswegs die erfüllte Gegenwart einer sichtbaren oder auch unsichtbaren ›besseren, gewandelten Welt‹, sondern das mit der Erscheinung Jesu Christi dringend gewordene Warten und Hoffen auf die Erlösung und Vollendung der Welt, auf die neue Schöpfung (2 Petr 3,13)«[145].

Nach diesen vier allgemeineren Erwägungen möchte ich nun an vier neutestamentlichen Texten konkretisieren, in welchem Sinn allein Altes Testament und Neues Testament sich wie »Verheißung« und »Erfüllung« zueinander verhalten.

Der *erste Text* ist die Erzählung von den Emmausjüngern *(Lk 24,13–35)*, in der der Auferstandene den verzweifelten Jüngern sagt: »Wie schwer fällt es euch, alles zu glauben, was die Propheten gesagt haben. Mußte nicht der Messias all das erleiden, um so in seine Herrlichkeit zu gelangen? Und er legte ihnen dar, ausgehend von Mose und allen Propheten, was in der gesamten Schrift über ihn geschrieben steht.« Zwei Aussagen sind hier wichtig: (1) Der auferweckte Christus sagt nicht, daß nun der neue Äon angebrochen sei, der den Blick auf die Schriften des Alten Testaments überflüssig mache. Angesichts des fundamentalen Gotteszweifels der Emmausjünger sucht er vielmehr diese zur Hoffnung zu bewegen, »daß Gottes Bund auch durch den Tod nicht zerbrochen wird«[146]. (2) Der Text sagt nicht, daß die gesamte Schrift sich in Jesus erfüllt ha-

[145] H. J. Kraus, Perspektiven eines messianischen Christusglaubens, in: J. J. Petuchowski – W. Strolz (Hrsg.), Offenbarung im jüdischen und christlichen Verständnis (QD 92), Freiburg 1981,260.

[146] H. J. Kraus, ebda. 260.

be, sondern daß er ihnen darlegt, »*was* über ihn geschrieben steht«. Er legt ihnen nicht das Alte Testament aus, sondern er legt sich selbst aus – im Horizont des Alten Testaments. Ohne die Rückbindung an das Alte Testament ist Jesus nicht zu begreifen.

Der *zweite* Text, der ebenfalls aus der lukanischen Theologie stammt, ist die Erzählung von der Taufe des Kämmerers aus dem Morgenland, der eine Pilgerreise nach Jerusalem gemacht hatte und auf seiner Heimreise im Jesajabuch las (*Apg 8,26–40*). Als Philippus auf Weisung eines Engels des Herrn neben dem Wagen des Kämmerers dahinwanderte und, als dieser gerade Jes 53,7f laut deklamierte, ihn mit der Frage unterbrach: »Verstehst du eigentlich, was du da liest?«, da bittet ihn der Kämmerer, auf dem Wagen neben ihm Platz zu nehmen. »Und der Kämmerer« – so erzählt der Text – »wandte sich an Philippus und sagte: Ich bitte dich, von wem sagt der Prophet das? Von sich selbst oder von einem anderen? Da begann Philippus zu reden, und ausgehend von diesem Schriftwort verkündete er ihm das Evangelium von Jesus« (Apg 8,34f). Auch hier sind wieder zwei Akzente hervorzuheben: (1) Philippus sagt nicht einfach: »Dieses Wort ist in Jesus erfüllt!«, sondern er nimmt den Jesajatext zum Ausgangspunkt seiner Predigt, die ihn zugleich über Jesaja hinausführt. Seine Predigt von Jesus, dem Christus, ist sozusagen eine Fortsetzung des Jesajabuchs. (2) Philippus nimmt hier eine ähnliche Aufgabe wahr wie Jesus in der Emmausjünger-Erzählung. Ziel dieser Exegese des Philippus ist dabei aber nicht das Verständnis des Jesajatextes, sondern mit Hilfe des alttestamentlichen Textes will Philippus den Kämmerer zum tieferen Verständnis Jesu Christi hinführen.

Der *dritte Text* ist ein sogenanntes Reflexionszitat aus dem Mt-Evangelium. Der Abschnitt der Kindheitsgeschichte über die Flucht nach Ägypten *(Mt 2,13–15)* wird so abgeschlossen: »Denn es sollte sich erfüllen, was der

Herr durch den Propheten gesagt hat: Aus Ägypten habe ich meinen Sohn gerufen«. Die mit Zitat von Hos 11,1 gedeutete Flucht und Rückkehr Jesu aus Ägypten – ein im übrigen sicherlich nicht historisches Ereignis – wird hier keineswegs als Erfüllung einer alttestamentlichen Verheißung gekennzeichnet, sondern es wird eine Art Strukturanalogie im Handeln Gottes am Volk Israel beim ersten Exodus und an Jesus hergestellt: Es ist ein und derselbe Gott, der Israel vor der Vernichtung durch Pharao und der Jesus vor der Ermordung durch Herodes gerettet hat, der wie Pharao als Repräsentant der bösen politischen Macht stilisiert ist. Daß JHWH Israel aus Ägypten befreit hat, ist die in Jesus erneut eingelöste und bekräftigte Offenbarung, daß der Gott Israels auf der Seite der Verfolgten und Armen steht. Geradezu widersinnig aber wäre es zu sagen, Hos 11,1 könne nur von Mt 2,15 her verstanden werden.

Gleiches gilt von unserem *vierten Text*, dem Erfüllungszitat in *Mt 8,16–17*, wo in einem sogenannten Summarium auf das vierte Gottesknechtlied (Jes 52,13–53,12) zurückgegriffen wird: »Am Abend brachte man viele Besessene zu ihm. Er trieb mit seinem Wort die Geister aus und heilte alle Kranken. Dadurch sollte sich erfüllen, was durch den Propheten Jesaja gesagt worden ist: Er hat unsere Leiden auf sich genommen und unsere Krankheiten getragen« (vgl. Jes 53,4). Was im vierten Gottesknechtlied zur Deutung des Leids Israels im Exil gesagt wurde, nämlich daß Israel stellvertretend und sühnend das Leid und die Krankheiten nehmen und tragen soll, wird hier von Jesus, dem Knecht Gottes, mit ähnlicher, aber doch anderer Zielsetzung gesagt: Indem er die Kranken heilt, nimmt er die Krankheiten und Leiden der von ihm geheilten Menschen im wahrsten Sinn des Wortes weg. Das ist nicht der ursprüngliche Sinn von Jes 53,4, aber das Wirken Jesu läßt sich durchaus als Handeln nach der Vorgabe von Jes 53,4 deuten und verkünden, es setzt die in Jes 53,4 ausgezogene

Linie fort und führt sie vertieft weiter. Insofern ist es eine Erfüllung von Jes 53,4, aber es ist weder eine exklusive noch eine abschließende Erfüllung. Es ist vielmehr die Bestätigung, daß in Jesus der von Jesaja bezeugte Gott am Werk ist.

Die skizzierten Beispiele machen vor allem deutlich: Eine naive Rede von der Erfüllung gar des *ganzen* Alten Testaments durch und in Jesus wird weder der theologischen Botschaft des Alten Testaments noch der im Neuen Testament bezeugten Sendung Jesu gerecht. »Die Verheißungen des AT haben über Jesus hinaus einen bleibenden Überschuß«[147]. Die Sendung Jesu läßt sich nicht darauf reduzieren, daß das von ihm angekündigte Gottesreich durch ihn und seit ihm schon »da sei«; er ist vielmehr für die Christen der unüberholbare Zeuge und Garant dafür, daß dieses Gottesreich, allen bösen Mächten zum Trotz, kommen wird – so wie sein Tod sich in der Auferweckung vollendet hat. Gerade die für unser christliches Selbstverständnis so zentrale Hoffnung, daß Gott kommt, um unser Leben und insbesondere die Geschichte zu vollenden, hat ihre unaufgebbare Grundlage in den Gottesverheißungen des Alten Testaments, auf die Jesus zurückgreift und die Gott an der Kirche »neu« handelnd »erfüllt«. Das im Alten Testament bezeugte und verheißene Handeln Gottes an seinem Bundesvolk Israel aktualisiert sich nach dem Zeugnis des Neuen Testaments für uns Christen erneut und auf neue Weise in Jesus Christus und in der Kirche. In den Schriften des Neuen Testaments wird dabei allerdings, wie bereits gesagt wurde, der Zusammenhang nicht im Sinn einer geradlinigen »Fortschrittsgeschichte« vom Alten Testament zum Neuen Testament hin gezogen, so daß die alttestamentlichen Texte ihren Sinn und ihre Wahrheit erst vom Neuen Testament her erhielten. Viel-

[147] So H. Vorgrimler in der »10. völlig neubearbeiteten Auflage« des »Kleinen Theologischen Wörterbuchs«, Freiburg 1976,16.

mehr gilt umgekehrt: Die besondere und neue Weise, in der der Gott Abrahams sich in Jesus offenbart, geht nur auf, wenn dieses Heilshandeln Gottes im Horizont der Geschichte seines Handelns an seinem Volk Israel geschaut und geglaubt wird. Als solches ist es nicht einfach exakte Erfüllung und Einlösung vorher ergangener Weissagungen oder Verheißungen, sondern (auch) in Jesus und in der Kirche führt der Gott Israels die Erlösungsgeschichte weiter. Daß er dies nur in Jesus tut, wird nirgends gesagt.

Daß die Dynamik des Alten Testaments nur in das Neue Testament drängt, läßt sich weder vom Neuen Testament her begründen, noch ist es alttestamentlich aufweisbar. Schon inneralttestamentlich ist das Spannungsgefüge Verheißung – Erfüllung so, daß die beiden Pole nie voll deckungsgleich sind. Die Erfüllung wird vielmehr so erzählt und erfahren, daß sie selbst wieder zu einer neuen Verheißung wird. Das gilt auch von Jesus, insofern er im Horizont des alttestamentlichen Gotteshandelns geschaut und geglaubt wird: Gerade insofern in ihm der Gott Israels am Wirken war, dem es um die universale, eschatologische Gottesherrschaft geht, ist Jesus nicht nur Erfüllung alttestamentlicher Hoffnungen, sondern eine neue, weitere Verheißung in der langen Verheißungsgeschichte des Gottes Abrahams, wie dies der lukanische Petrus in der Apostelgeschichte predigt: »Kehrt um und bekehrt euch, damit eure Sünden getilgt werden, bis Zeiten der Erquickung vom Antlitz des Herrn herkommen, und er den für euch bestimmten Messias senden wird, nämlich Jesus, den (einstweilen) der Himmel aufnehmen muß bis zu den Zeiten der Wiederherstellung von allem, wie Gott verkündigt hat durch den Mund seiner heiligen Propheten von jeher« (Apg 3,19f). Jesus ist also der Messias – und er ist es doch nicht voll, weil er erst noch kommen muß, um das Reich des umfassenden Schalom zu bringen, das die Propheten als Gabe Gottes verheißen haben. In der Kette dieser Verheißungsgeschichte ist Jesus für uns Christen das entscheidende Glied der Kette, das uns mit dem schalom-gebenden Gott verbindet – und er ist zugleich eine weitere, neue Verheißung.

3. Altes Testament und Neues Testament bilden keine organische Einheit

Eine Weiterführung der »Verheißungs-Erfüllungs-Theologie« zur Deutung des Verhältnisses der beiden Testamente hat der Tübinger Alttestamentler *Hartmut Gese* in einem programmatischen Artikel »Erwägungen zur Einheit der biblischen Theologie«[148] vorgelegt und in zahlreichen Einzelstudien konkretisiert. Gegenüber jenen Positionen, die die Diskontinuität zwischen den beiden Testamenten betonen und die spätalttestamentliche Zeit gerne in ein möglichst dunkles Licht tauchen (und deshalb auch vom »Spätjudentum«[149] reden), aber auch in unübersehbarem Kontrast zu jenen Positionen, die gar eine »zwischentestamentliche« Zeit erfinden[150], betont Gese die Kontinuität und die geradezu ontologische Einheit der beiden Testamente. Überblickt man den vielschichtigen Überlieferungsprozeß, der in der Entstehung und sukzessiven Kanonisierung der einzelnen Schriften des Alten und des Neuen Testaments für den Historiker (!) erkennbar ist, ergibt sich nach Gese die offenkundige Erkenntnis: »Die Tradition ist ein ungebrochener Zusammenhang, ein organischer Wachstumsprozeß von dem alttestamentlichen Samen bis zur neutestamentlichen Blüte als dem Telos der

[148] Erstmals veröffentlicht in: ZThK 69,1970,417–436 = ders., Vom Sinai zum Zion. Alttestamentliche Beiträge zur biblischen Theologie (BevTh 64), München 1974,11-30.

[149] Zur fundamentalen Unangemessenheit dieses vereinzelt immer noch verwendeten Begriffs vgl. K. Müller, Das Judentum in der religionsgeschichtlichen Arbeit am Neuen Testament, Frankfurt 1983,102ff.

[150] Der Begriff paßt weder zeitlich noch gar theologisch: Er sollte aufgegeben werden!

Entwicklung«[151]. Der im Alten Testament erkennbare Prozeß der Selektion und der Transformation der Überlieferungsthemen, der sich in Anknüpfung und Widerspruch, in Umwandlung und kreativer Neuschöpfung vollzieht, ist am »Ende« der alttestamentlichen Zeit keineswegs abgeschlossen, sondern unfertig und offen – und wartet geradezu auf seinen Abschluß, der – historisch erkennbar – *gerade* und *nur* im Neuen Testament vorliegt:

> »Die neutestamentliche Traditionsbildung greift also in eine noch lebendige Traditionsbildung ein, d. h. wir haben es eben nur mit *einer*, der biblischen Traditionsbildung zu tun. Entscheidend aber ist, daß dadurch, daß das neutestamentliche Geschehen der gesamten alttestamentlichen Offenbarung entgegentrat, die alttestamentliche Traditionsbildung abgeschlossen wurde... Wir kommen zu der These: das Alte Testament entsteht durch das Neue Testament; das Neue Testament bildet den Abschluß des Traditionsprozesses, der wesentlich eine Einheit, ein Kontinuum ist«[152].

Der christliche Kanon der Bibel, also auch der des Alten Testaments, ist nach Gese älter als der jüdische Kanon; dieser ist sogar erst in Abgrenzung und Polemik gegen das christliche Alte Testament entstanden. Daraus ergibt sich für Gese:

> »Ein christlicher Theologe darf den masoretischen Kanon niemals gutheißen; denn der Kontinuität zum Neuen Testament wird hier in besonderem Maße Abbruch getan«[153].

Das ist eine Absage an die These von der *veritas hebraica* als der den beiden Testamenten gemeinsamen Grundlage, auf die noch *Gerhard von Rad* in seiner »Theologie des Alten Testaments« so eindringlich hingewiesen hatte:

[151] So faßt M. Oeming, Gesamtbiblische Theologien der Gegenwart. Das Verhältnis von AT und NT in der hermeneutischen Diskussion seit Gerhard von Rad, Stuttgart 1985,104, Geses Position zusammen.

[152] H. Gese, Vom Sinai (s. Anm. 148) 14.

[153] H. Gese, ebda. 16 f.

»Sollte man die Frage nach dem, was Neues und Altes Testament verbindet, nicht vielmehr unter dem Gesichtspunkt ihrer *Sprache* zu beantworten suchen, wobei ›Sprache‹ in dem weiteren Sinne des Wortes zu nehmen wäre, d. h. als jenes menschliche Vermögen, die Wirklichkeiten des Lebens zu benennen und zu bezeichnen... Und nun ist es einfach eine Tatsache, daß die urchristliche Gemeinde in der Sprache des Alten Testaments fortzufahren, an sie anzuknüpfen und sich dieses sprachlichen Werkzeugs zu bedienen vermochte. Das ist ein theologisches Phänomen von großer Bedeutung.
Gewiß, man wird der Tatsache, daß die Sprache des Neuen Testaments die griechische und nicht die hebräische ist, auf alle Fälle eine große Bedeutung zuerkennen. Trotzdem, ja gerade in Anbetracht dieser Verschiedenheit drängt sich die Wahrnehmung auf, daß die Sprache des Alten wie des Neuen Testaments in einem höheren Sinne doch eine einheitliche ist«[154].

Bei Gese wird das Verhältnis umgekehrt: Nicht die hebräische Sprache und nicht das in ihr sich vollziehende Benennen der Wirklichkeiten des Lebens ist die christlich relevante offenbarungsgeschichtliche Vorgabe, sondern letztlich ist die *veritas graeca* die normative Denkstruktur der biblischen Offenbarung. Was beispielsweise in Gen 1 »eigentlich« gemeint ist, erschließt sich erst von Joh 1 her. Und wie die vielfältigen, miteinander konkurrierenden messianischen Vorstellungen der hebräischen Bibel als »Offenbarung« zu verstehen sind, ist an ihrer im griechischen Neuen Testament vollzogenen Synthese abzulesen.

In der Konsequenz dieses Ansatzes fordert Gese die reformatorischen Kirchen auf, zum griechischen Kanon des Alten Testaments zurückzukehren und die sogenannten apokryphen bzw. deuterokanonischen Bücher, die in der katholischen Kirche zum Kanon gehören (Tobit, Judit, 1–2 Makkabäer, Weisheit Salomos, Jesus Sirach, Baruch) als biblische Bücher im Vollsinn anzuerkennen.

[154] G. von Rad, Theologie des Alten Testaments II, München [2]1961,365f.

Diese These von der organischen, ja geradezu ontologischen Einheit des im Alten und Neuen Testament bezeugten Offenbarungsgeschehens stellt mit seltener Nachdrücklichkeit heraus, daß das Alte Testament unverzichtbares Element der christlichen Wahrheit ist – freilich nur, insofern es die »organische« Vorstufe bzw. Vorgeschichte des Neuen Testaments ist. Eigentlich relevant ist nur, was – um es salopp zu sagen – im Neuen Testament »übrig« bleibt und dort zu Ehren kommt. Gewiß, das Neue Testament gäbe es nicht ohne das Alte Testament, aber letzteres hat keinen Eigenwert, sondern dient letztlich doch nur als praeparatio evangelii.

Vor allem aber muß – um der jüdisch-christlichen Wahrheit willen – unmißverständlich klar ausgesprochen werden: Bei solcher Art des Umgangs mit dem Alten Testament wird dieses christlich so *an*geeignet, daß die Juden dabei *ent*eignet werden. Das gilt übrigens auch für die vom Dogmatiker *Medard Kehl* in jüngster Zeit mehrfach vorgelegte These, das Alte Testament sei im Neuen Testament »aufgehoben«:

> »Für uns Christen liegt der reale Wahrheitsgrund unserer Hoffnung vor allem in der Person und in der Geschichte des Jesus von Nazareth. Aber diese Gestalt ist kein einsamer Meteor, der irgendwann völlig beziehungslos vom Himmel gefallen ist. Vielmehr erscheint in ihm der Höhepunkt und der Neuanfang einer Hoffnungsgeschichte, die in Israel ihren Anfang genommen hat. Die Hoffnungen Israels gehören jedoch nicht nur im rein historischen Sinn zur ›Vor-Geschichte‹ der christlichen Hoffnung, sondern mehr noch im theologischen Sinn: d. h. sie werden von uns als gültige Hoffnung aufgegriffen und *›aufgehoben‹*.
>
> Wir greifen hier auf die berühmte ›Denkfigur‹ der Hegelschen Philosophie zurück, da sie ein Beziehungsgefüge gut verständlich machen kann, in dem eine bestimmte Entwicklung von *einem* geschichtlichen Zustand zum *anderen, neuen* stattgefunden hat. Im Hegelschen Verständnis enthält dieses ›Aufheben‹ drei wesentliche Momente, die gerade in ihrer Gegensätzlichkeit notwendig zusammengehören und so die Einheit

und Unterschiedenheit zwischen alt- und neutestamentlicher Hoffnung manifestieren.
Aufheben bedeutet (1) ›bewahren‹: Die mit dem Christusgeschehen zu vereinbarenden Hoffnungs-*Inhalte* Israels werden in unserer Hoffnung bewahrt...
... bedeutet ›aufheben‹ aber auch (2) ›*wegnehmen*‹, ›außerkraftsetzen‹. Denn alles das, was mit dem im Christusgeschehen enthaltenen Versprechen nicht mehr vereinbar ist, verliert für uns seine Gültigkeit...
›Aufheben‹ besagt schließlich und entscheidend (3) ›auf eine höhere Ebene emporheben‹, in eine neue, end-gültige Gestalt hineinnehmen;... dies rechtfertigt es, daß wir die Hoffnungsgeschichte Israels als ›*altes Testament*‹ dem ›neuen Testament‹ unserer Hoffnung voran- und gegenüberstellen«[155].

Gegen diese von Gese und Kehl projektierte und realisierte Weise des Umgangs mit dem Alten Testament sind vor allem drei *grundlegende Bedenken* anzumelden:

(1) Den alttestamentlichen Texten wird hier eine quasi notwendige Dynamik in das Neue Testament unterstellt, die sie selbst nirgends erkennen lassen und die ihnen weder vom historischen Jesus noch von den neutestamentlichen Autoren, nicht einmal in den sogenannten Reflexions- und Erfüllungszitaten zugewiesen wird.

(2) Der alttestamentliche Traditionsstrom ist keineswegs jener uniforme, kontinuierliche Prozeß, der in diesen Denkmodellen unterstellt wird. Die theologisch so unterschiedlichen Einzelentwürfe, die kulturell, lokal und zeitlich oft weit auseinanderliegen, sind keineswegs alle im gezielten Gespräch miteinander entstanden. Auch im nachhinein darf man sie nicht in ein christologisches Prokrustesbett zwingen. Die Lebendigkeit und Vielgestaltigkeit des Redens von Gott und Mensch ist der spezifische Reichtum des Alten Testaments, den man ihm nicht nehmen darf. Schon gar nicht passen latente oder offenkundige Fortschrittskategorien auf die Bibel, weder auf das Alte

[155] M. Kehl, Eschatologie, Würzburg 1986,91-94.

noch auf das Neue Testament: Wer wollte ernsthaft behaupten, der Hebräerbrief sei ein »Offenbarungsfortschritt« gegenüber dem Markusevangelium oder die Priesterschrift sei ein »Offenbarungsfortschritt« gegenüber dem vorpriesterschriftlichen Erzählwerk? Und was heißt das eigentlich: Diese Erzählwerke seien im Neuen Testament »aufgehoben«?

Das ist entweder eine derart abstrahierende Formel, daß sie *immer* richtig, weil letztlich nichts-sagend und an den Texten selbst nicht überprüfbar ist, oder dies verdeckt nur, was eigentlich gemeint ist: daß das Alte Testament für uns Christen nur eine Vorhalle ist, die wir wie ein Museum über das Leben unserer Ahnen »besuchen« können – und dabei zugleich unsere Augen davor verschließen, daß in diesem angeblichen Museum wirkliche Menschen leben: nämlich die Juden. Sie kommen weder bei Gese noch bei Kehl vor!

(3) Historisch und theologisch ist – das ist vor allem gegenüber Gese festzuhalten – die Kontinuität zwischen dem »Alten Testament« und der »mündlichen Tora« des nachbiblischen Judentums, wie sie im Talmud vorliegt, enger und konsequenter als die zwischen Altem und Neuem Testament. Wenn es eine »organische« Einheit gibt und wenn die Tora irgendwohin »aufgehoben« ist, dann in der jüdischen Überlieferung!

(4) Schließlich ist Geses These, der jüdische Kanon sei erst als Reaktion auf den christlichen Kanon entstanden, historisch wenig wahrscheinlich; die These ist eher auszuschließen. Das »Alte Testament« ist als jüdische Bibel entstanden – und als solche im Christentum zum »Alten Testament« geworden[156].

[156] Zum komplexen Problem der Entstehung des jüdischen und des christlichen Kanons des Tenach/des Alten Testaments vgl. J. D. Kaestli – O. Wermelinger (Hrsg.), Le canon de l'Ancien Testament. Sa formation et son histoire, Genf 1984; die Beiträge von JBTh 3,1988 (»Zum Problem des bibli-

Gegen alle christlichen Vereinnahmungsversuche, aber auch gegen alle Abwertungsurteile ist mit dem Würzburger Alttestamentler *Josef Schreiner* das unmißverständliche *Fazit* zu ziehen:

> »Vom Alten Testament her besteht kein zwingender Grund, die neutestamentlichen Schriften als seine Fortsetzung anzusehen. Das Alte Testament kann in sich bestehen«[157].

Das Alte Testament ist *in sich* und *aus sich* Wort Gottes, weder vorläufiges noch vorlaufendes, sondern vollgültiges Wort, das meint, *was* es sagt, und *dieses* gilt es zu hören. Es will nicht beurteilt werden nach dem, was es *nicht* sagt, sondern es will konfrontieren mit dem, was es sagt – in seinen vielfältigen Wörtern und Bildern, Fragen und Aufforderungen...

Darin ruft es zur Entscheidung: *für* den Gott, der Leben gibt!

Als solches ist es weder »vor-christlich«, noch »unter-christlich«, noch »un-christlich«, noch »nicht-christlich«. Ein »alttestamentliches« Wort ist schlichtweg »christlich«, wenn es von Christen als Teil ihrer Bibel gehört wird – ohne daß es aufhört, zugleich, nein: von seinem Ursprung her, »jüdisch« zu sein. Ein »alttestamentlicher« Text muß sich weder gegenüber dem Neuen Testament

schen Kanons«): R. T. Beckwith, Formation of the Hebrew Bible, in: M. J. Mulder (Hrsg.), Mikra. Text, Translation, Reading and Interpretation of the Hebrew Bible in Ancient Judaism and Early Christianity, Assen - Maastricht 1988,39–86; O. H. Steck, Der Kanon des hebräischen Alten Testaments. Historische Materialien für eine ökumenische Perspektive, in: FS-W. Pannenberg, Göttingen 1988,231-252. - Auch Gese selbst sieht inzwischen die Frage differenzierter: vgl. ders., Die dreifache Gestaltwerdung des Alten Testaments, in: Mitte der Schrift? Ein jüdisch-christliches Gespräch, Bern 1987,299-328.

157 J. Schreiner, Segen für die Völker. Gesammelte Schriften zur Entstehung und Theologie des Alten Testaments, Würzburg 1987,393.

»rechtfertigen«, noch muß er erst christlich »getauft« werden, damit er »Wort Gottes« für Christen werden kann[158].

[158] Daß gerade im Bereich reformatorischer Theologie die These vertreten wird, daß es »Sache theologischer Wertung auf der Basis historischer Rekonstruktion und Interpretation« sei, darüber zu urteilen (!), welcher alttestamentliche Text nun christlich akzeptabel oder nicht akzeptabel sei, ist schon merkwürdig. Wird hier der Einzelexeget zum »Lehramt«, das über »die Schrift« entscheidet? So jedenfalls kann ich nur verstehen (aber nie und nimmer akzeptieren!), was z. B. A. H. J. Gunneweg in seiner, was die Darstellung der unterschiedlichen Positionen betrifft, höchst verdienstvollen und kompetenten Hermeneutik des »Alten Testaments« schreibt: »Vielmehr ist der historisch-kritische Ausleger darin *Theologe*, daß er den Text am Maßstab des Christlichen zu messen gelernt hat und imstande ist ... Daß das Alte Testament Teil des christlichen Kanons ist, ist eine Tatsachenfeststellung ... Ob und inwiefern dieser Kanon heute kanonische Geltung beanspruchen kann, ist also Sache theologischer Wertung auf der Basis historischer Rekonstruktion und Interpretation. Fällt vom Neuen Testament her das Urteil über Geltung oder Nichtgeltung alttestamentlicher Texte im christlichen Bereich, ist also das Neue Testament Maßstab für die Kanonizität des Alten und kann dieses Urteil nun je und je in Hinsicht auf konkrete Texte und ihre exegetisch zu erhebenden Aussagen gefällt werden, so ist damit zugleich gesagt, daß eine allgemeine und für alle Teile gleichermaßen gültige Entscheidung über die christliche Kanonizität des alttestamentlichen Kanonteiles nicht getroffen werden kann. Allein eine differenzierende Sicht, die nur von Fall zu Fall ein Urteil fällt und auch noch mit der Möglichkeit der Revision im Falle besserer historischer Einsicht und tieferen theologischen Verständnisses rechnen muß, entspricht der Uneinheitlichkeit, der Vielgestaltigkeit, dem Reichtum sowohl als auch der mehrdeutigen Ambivalenz der im Alten Testament gesammelten Schriften« (Vom Verstehen des Alten Testaments. Eine Hermeneutik, ATD.E 5, Göttingen ²1988,186f). Da kann man mit R. Murphy, Old Testament/*Tanakh* – Canon and Interpretation, in: R. Brooks – J. J. Collins (Hrsg.), Hebrew Bible or Old Testament. Studying the Bible in Judaism and Christianity, Notre Dame 1990,22 nur feststellen: »This is to confuse interpretation with canonicity.«

VI. Altes Testament oder Erstes Testament?

1. Das »Alte« Testament ist offen für seine zwei »Fortführungen« im jüdischen Talmud und im christlichen Neuen Testament

Gegenüber der naiven Selbstverständlichkeit, mit der bis heute von den meisten christlichen Theologen und insbesondere von den »einfachen« Christen das Neue Testament und die Schriften der Kirchenväter als *die* legitime Weiterführung der Schriften und der Überlieferungen des biblischen Israel angesehen wird, konstatiert der Systematiker *Dietrich Ritschl* einen allmählich sich vollziehenden Paradigmenwechsel:

> »Stärker als früher kommt heute durch den endlich anlaufenden jüdisch-christlichen Dialog die Tatsache ins Bewußtsein, daß die hebräische Bibel *eine* ›Fortsetzung‹ im Neuen Testament, die *andere* im Talmud gefunden hat«[159].

In der Tat: Das »Alte« Testament hat ein »Janus-Gesicht«. Es ist einerseits ein in sich geschlossenes Buch, das gewissermaßen aus sich selbst den Schlußpunkt setzt und in der so abgeschlossenen »Endgestalt« gelesen werden will (vgl. dazu das folgende Kapitel VII!). Andererseits ist es zugleich ein »offenes« Buch. Es sagt nirgends, daß die Offenbarung JHWHs mit ihm zu Ende sei. In seiner theologischen Dynamik und in seiner literarischen Struktur ist es offen für Fortsetzung und »Fortschreibung« – durch jenen Gott, der *immer* für »eine Überraschung gut ist«!

[159] D. Ritschl, »Wahre«, »reine« oder »neue« Biblische Theologie? Einige Anfragen zur neueren Diskussion um »Biblische Theologie«, in: JBTh 1,1986,144.

Faktisch halten die Juden ihre mündliche Tora bzw. den Talmud für eine solche »Fortführung« – und die Christen halten ihr Neues Testament ebenso für die ihnen gegebene Fortführung. Beides ist legitim – und es wird Zeit, daß Juden und Christen beides einander zugestehen!

Daß sich die christliche Theologie und die kirchenamtliche Lehre schwer tut, diese jahrhundertelang verdrängte biblische Wahrheit wieder zuzulassen, ist zwar verstehbar, wenn man an die Verunglimpfungen denkt, mit denen der Talmud und die jüdische Schriftauslegung überhaupt christlicherseits überschüttet wurden, aber der Prozeß des Umdenkens hat begonnen.

Statt einer langen Auflistung der christlichen Fehlurteile über Mischna und Talmud zitiere ich noch einmal aus der bereits oben angeführten Adventspredigt von *Kardinal Michael Faulhaber.* Das Zitat soll abermals nicht den Kardinal bloßstellen, sondern kann illustrieren, wie tief die Klischees saßen (und vermutlich immer noch sitzen):

> »Die Talmudschriften sind Menschenwerk, nicht vom Geiste Gottes eingegeben. Die Kirche des Neuen Bundes hat nur die Heiligen Schriften des vorchristlichen Israel, nicht aber den Talmud als Erbschaft übernommen«[160].

Derartige Aussagen gehören hoffentlich endgültig der Vergangenheit an, zumal die lehramtlichen Äußerungen nun andere Töne anschlagen. Zwar können die 1985 von der Vatikanischen Kommission für die religiösen Beziehungen zum Judentum veröffentlichten »Hinweise für eine richtige Darstellung von Juden und Judentum in der Predigt und in der Katechese der katholischen Kirche« sich offensichtlich (noch?) nicht dazu bereit finden, Mischna und Talmud ausdrücklich theologisch »aufzuwerten«. Immerhin finden sich nun (erstmals?) in einem römischen Dokument Ausführungen, die mit dem »teaching of

[160] M. Faulhaber, Das Alte Testament (s. Anm. 98) 5.

contempt«[161] endgültig Schluß machen wollen, wenn sie die Religionslehrer und Prediger folgendermaßen anleiten:

»Der Fortbestand Israels (wo doch so viele Völker des Altertums spurlos verschwunden sind) ist eine historische Tatsache und ein Zeichen im Plan Gottes, das Deutung erheischt. Auf jeden Fall muß man sich von der traditionellen [!] Auffassung frei machen, wonach Israel ein bestraftes Volk ist, aufgespart als lebendes Argument für die christliche Apologetik. Es bleibt das auserwählte Volk, der gute Ölbaum, in den die Heiden als wilde Schößlinge eingepfropft sind (*Johannes Paul II., am 6. März 1982*, unter Anspielung auf Röm 11,17–24). Man wird in Erinnerung rufen, wie negativ die Bilanz der Beziehungen zwischen Juden und Christen während zwei Jahrtausenden gewesen ist. Man wird herausstellen, *von wie großer ununterbrochener geistiger Schöpferkraft* [Hervorhebung: E. Z.] diese Fortdauer Israels begleitet ist – in der rabbinischen Epoche, im Mittelalter und in der Neuzeit –, ausgehend von einem Erbe, das wir lange Zeit gemeinsam hatten, und zwar so sehr gemeinsam, daß ›der Glaube und das religiöse Leben des jüdischen Volkes, wie sie noch jetzt bekannt und gelebt werden..., dazu beitragen (können), bestimmte Aspekte des Lebens der Kirche besser zu verstehen‹ (*Johannes Paul II., am 6. März 1982)*«[162].

Da ist die Generalsynode der Reformierten Kirchen in den Niederlanden schon »mutiger«, wenn sie in ihrer 1983 verabschiedeten Handreichung »Kirche und Israel gehören zusammen/zu Einem« erklärt:

»So sind allmählich zwei Traditionen – ja sogar zwei ›Glaubensweisen‹ – entstanden: die christliche aus dem Alten Testament und dem Neuen Testament und die jüdische aus Tenach und Talmud...
Es ist begreiflich, daß durch diese Entwicklung Juden und Christen auf ganz verschiedene Weise mit demselben Buch (= Altes Testament/Tenach) umgingen. War es tatsächlich noch dasselbe Buch? In jedem Fall sind die Unterschiede in

[161] Vgl. oben Anm. 97.
[162] R. Rendtorff – H. H. Henrix, Kirchen und Judentum (s. Anm. 7) 102.

der Terminologie (Altes Testament – Tenach) ›enthüllend‹ und können illustrieren, daß sich allmählich die Verbundenheit in Fremdheit und sogar in Feindschaft verwandelte... Christen werden auch lernen müssen, daß ihre Weise des Umgangs mit dem Alten Testament nicht das Alleinrecht haben kann und daß es sogar möglich sein muß, traditionelle Standpunkte im Licht der jüdisch-christlichen Begegnung zu korrigieren...
Wir werden erkennen müssen, daß die christliche Exegese keine Garantie für die einzig richtige Auslegung des Alten Testaments bietet«[163].

Hier ist in der Tat die entscheidende »Revision« vollzogen: Insofern das »Alte Testament« in und aus sich selbst zum Abschluß gelangt ist, kann es auf unterschiedliche Weise als Lebensquelle des Judentums und des Christentums weiterfließen. Und umgekehrt gilt, daß der Rück-Blick auf diese Lebensquelle je nach dem Standort Unterschiedliches wahr- und annehmen wird: Juden und Christen blicken zwar auf das gleiche Buch, aber sie sehen es anders – ja sie sehen sogar ein anderes Buch!

Es ist also durchaus legitim, wenn die Christen die jüdische Bibel als ihr »Altes Testament« lesen *und* wenn sie das Neue Testament als dessen Fortsetzung, ja Vollendung begreifen. Aber es ist theologisch falsch und vereinnahmend, wenn sie dem zunächst einmal Israel gegebenen Alten Testament unterstellen, es sei sein eigentlicher und einziger Sinn, Jesus Christus zu verheißen und das Neue Testament vorzubereiten.

Andererseits muß ebenso anerkannt werden, daß alttestamentliche Texte schon zur Zeit ihrer Erstverkündigung und ihrer Überlieferung in Israel, also vor und außerhalb des Christentums, verstehbares und gültiges Zeugnis vom Handeln Gottes an seinem Volk waren und bis heute sind. Die christliche Kirche muß anerkennen, daß die aus dem Alten Testament herausgewachsene jüdische Überliefe-

[163] R. Rendtorff – H. H. Henrix, Kirchen und Judentum (s. Anm. 7) 516.519.

rung der Rabbinen, die sich ebenfalls als Fortsetzung bzw. Fortschreibung des Alten Testaments begreift, eine theologische Würde hat, die gleichrangig und qualitativ gleichwertig ist – eben für die Juden ein Wort zum Leben auf dem Weg zur Gottesherrschaft. »Denn wer wollte bezweifeln, daß die Juden 3000 Jahre lang aus ihrem ungebrochenen Glauben an denselben Gott eine geradezu ungeheuerliche Kraft zum Überleben gewannen?«[164].

Mit diesen »Rahmendaten« bahnt sich fürwahr eine *neue* christliche Sicht und Wertung des »Alten Testaments« an. Um diese neue Sicht bewußt zu machen, ist vorgeschlagen worden, die traditionelle Bezeichnung »Altes Testament« durch eine geeignetere zu ersetzen.

2. Auf der Suche nach einer neuen Bezeichnung für das »Alte Testament«

Daß die traditionelle Bezeichnung »Altes Testament« bei den Christen viele Mißverständnisse mittransportiert und für Juden diskriminierend klingt, wird allenthalben gespürt, zumindest von Christen, die im jüdisch-christlichen Dialog engagiert sind. Das Problem wird auch in kirchenamtlichen Dokumenten angesprochen, wie die nachstehenden drei Zitate aufzeigen.

In den von der *Landessynode der Evangelischen Kirche im Rheinland* 1980 angenommenen »Thesen zur Erneuerung des Verhältnisses von Christen und Juden« heißt es dazu:

> »Für Juden und Christen gibt es ein gemeinsames Buch, das für beide ›Schrift‹ oder Bibel ist.
> Als die Sammlung urchristlicher Schriften zusammengefaßt und mit kanonischer Geltung vorlag, wurde in der Kirche die

[164] K. Müller, Biblische Begriffe in jüdischer Sicht: Christ in der Gegenwart 36,1984,407.

für Juden und Christen gemeinsame ›Schrift‹... das Alte Testament, die Sammlung der urchristlichen Schriften das Neue Testament genannt, das will sagen, Urkunde des Alten und Neuen Bundes.
Für das Empfinden der Juden und unbestreitbar auch nach der Ansicht vieler Christen bedeutet diese Kennzeichnung der gemeinsamen ›Schrift‹ als ›alt‹ eine Abwertung. Weil diese ›Schrift‹ aber Bestandteil der christlichen Bibel ist, darf die Bezeichnung ›Neues Testament‹ keine Abwertung eines ›Alten Testaments‹ bedeuten, sondern kann allenfalls eine Beschreibung der zeitlichen Abfolge und des Zusammenhangs der beiden Sammlungen im Sinne von fortgehender Verheißung, Erfüllung und neuer Bekräftigung der Verheißung sein...
Da die Bezeichnung ›Bibel‹ jüdisch geläufig ist, empfiehlt sich zur Unterscheidung von der auch das Neue Testament umfassenden christlichen Bibel für das Alte Testament die Bezeichnung ›Hebräische Bibel‹«[165].

In der bereits zitierten »Handreichung« der Reformierten Kirche in den Niederlanden von 1983 wird ebenfalls das Adjektiv »alt« problematisiert und als neuer Begriff »Erstes Bundesbuch« eingeführt:

»Im Gespräch mit dem Judentum werden sich Christen dessen bewußt, daß der Ausdruck ›Altes Testament‹ Mißverständnissen ausgesetzt ist. ›Alt‹ läßt ja gleich an veraltet denken. Im Zusammenhang mit bekannten theologischen Konstruktionen wie ›Gesetz‹ (= AT) und ›Evangelium‹ (= NT) oder ›Erwartung‹ (= AT) und ›Erfüllung‹ (= NT) hat diese Redeweise zur Folge, daß das Alte Testament als ein überholtes Buch betrachtet werden kann. Jedenfalls ist dies in der Kirchengeschichte oft so geschehen.
In unserer Zeit stehen wir als Christen vor der Herausforderung, die Bedeutung des Alten Testaments neu zu durchdenken. Wir werden lernen müssen – von neuem! –, daß es mehr enthält als einzig und allein Worte, die auf Jesus Christus hinweisen. Dieses erste Buch, das von dem Bund berichtet, den Gott mit dem Volk Israel geschlossen hat (daher der Ausdruck

[165] Vgl. E. Brocke – J. Seim (Hrsg.), Gottes Augapfel. Beiträge zur Erneuerung des Verhältnisses von Christen und Juden, Neukirchen 1986,249.

›Erstes Bundesbuch‹), hat die Kirche bei ihrer Entstehung als Geschenk aus jüdischen Händen empfangen dürfen. Im Neuen Testament wird nichts wesentlich anderes gesagt als im ›Ersten Bundesbuch‹: Gott schloß durch Jesus Christus einen neuen Bund mit der ganzen Welt. Aus diesem Grund können wir das Neue Testament als das ›Zweite Bundesbuch‹ charakterisieren«[166].

Auch die »Hinweise« der Vatikanischen Kommission für die religiösen Beziehungen zum Judentum von 1985 problematisieren in einer Fußnote die Bezeichnung:

> »Im Text wird der Ausdruck *›Altes Testament‹* weiterhin verwendet, weil er traditionell ist (vgl. schon 2 Kor 3,14), aber auch, weil ›Alt‹ weder ›verjährt‹ noch ›überholt‹ bedeutet. Auf jeden Fall ist es der *bleibende* Wert des Alten Testamentes als Quelle der christlichen Offenbarung, der hier unterstrichen werden soll«[167].

Für diese römische Position gibt es gewiß gute Gründe. Die Bezeichnung ist in der christlichen Tradition, in der allein sie – wenn überhaupt – sinnvoll ist, seit Jahrhunderten üblich. Sie ist freilich nicht biblisch. Sie kommt erst gegen Ende des 2. Jh. n. Chr. auf. Erstmals spricht der aus Kleinasien stammende Melito von Sardes um 180 n. Chr. von den »Büchern des Alten Bundes« (der alten »diatheke«), womit er die in 2 Kor 3,14 polemisch die Tora des Mose bezeichnende Vokabel[168] auf das ganze »Alte Testa-

[166] R. Rendtorff – H. H. Henrix, Kirchen und Judentum (s. Anm. 7) 518f.

[167] R. Rendtorff – H. H. Henrix, ebda. (s. Anm. 7) 95.

[168] Diatheke hat dabei nicht seine etymologische und im Profangriechischen damals übliche Bedeutung, sondern meint »Bund«, wie das Referenzsystem anzeigt. Dies gilt dann auch von der Übersetzung ins Lateinische, wo testamentum als auf den »Gottesbund« bzw. die Bibel als Zeugnis über den Gottesbund bezogen ebenfalls nicht seine technische Bedeutung (»letztwillige Verfügung«) hat. Man müßte es eigentlich im Deutschen, um Mißverständnisse auszuschließen, mit »Bundesurkunde, Bundesbuch« übersetzen. Die vielen Arbeiten von Ernst Kutsch, so verdienstvoll sie auch sind, haben hier, so habe ich den Eindruck, mehr Probleme geschaffen als gelöst; vgl. vor allem E. Kutsch, Neues Testament – Neuer Bund? Eine Fehlübersetzung wird korrigiert, Neukirchen – Vluyn 1978; zur Schwierigkeit, das he-

ment« ausweitet. Daneben verwendet Melito von Sardes auch die gut jüdische und neutestamentliche Bezeichnung »Gesetz und Propheten«. Auch die meist im Neuen Testament häufig vorkommende Bezeichnung »Die Schrift« bzw. »Die Schriften« (vgl. auch »es steht geschrieben«) entspricht der im Judentum bis heute üblichen Unterscheidung von »schriftlicher Tora« (*Tora sche-bichtav*) und »mündlicher Tora« (*Tora sche-be'al peh*). Das Neue Testament selbst kennt weder ein *»Altes«* Testament noch *»Alte* Schriften« als Sammelbegriff für die jüdische Bibel. Erst die gezielte Absetzung der Kirche vom Judentum hat diesen Begriff geschaffen[169]. Das ist seine Hypothek, die bis heute auf ihm lastet.

Nun läßt sich freilich auch dazu manch Positives sagen. Daß die beiden Teile der christlichen Bibel sich in Kontinuität und Diskontinuität zueinander verhalten und daß das »Neue« Testament das der Kirche in Jesus Christus geschenkte »Neue« bezeugt, wird durch die Bezeichnung »Altes Testament« festgehalten. Und so lange »alt« im Sinne von Anciennität und Ursprung seine positiven Konnotationen behält, kann man die Bezeichnung gewiß recht verstehen. Und wenn man sich bewußt macht, daß dies eine *spezifisch* christliche Bezeichnung ist, die daran erinnert, daß es das Neue Testament nicht ohne das Alte Testament gibt, kann man sie als legitimen Appell an die

bräische (griechische und lateinische) Wort begrifflich zu fassen, vgl. besonders N. Lohfink, Der niemals gekündigte Bund (s. Anm. 106) 29–47.

[169] Voraussetzung für die Frage nach dem Verhältnis der beiden »Testamente« war bzw. ist, daß man sie überhaupt als *zwei* Größen empfand bzw. empfindet. Dafür waren zunächst schon die äußeren Bedingungen nicht gegeben: »Es gab [im frühen Christentum] kein Altes ebensowenig ein Neues Testament als anschauliche Größe. Der ganze Kanon zerfiel für das Auge noch immer in eine Reihe selbständiger Rollen oder Bände« (H. von Campenhausen, Die Entstehung der christlichen Bibel, Tübingen 1968,304); das belegt auch der Sprachgebrauch »Schriften«, »Bücher« (biblia). Die afrikanische Kirche hatte sogar einen *alle* Schriften zusammenfassenden Begriff *»lex«* (»Gesetz«/Tora!). Aber selbst als die beiden Teile der christlichen Bibel gegeneinander profiliert wurden, hielt man an der »höheren Einheit« fest.

fundamentale Wahrheit hören, daß die christliche Bibel aus zwei Teilen besteht, deren Differenz nicht voreilig aufgehoben werden darf. Freilich muß man sich dabei dann zugleich daran erinnern, daß dies eine Bezeichnung ist, die *weder* dem Selbstverständnis des Alten Testaments entspricht *noch* dem jüdischen Verständnis dieser Schriften angemessen ist. Als solche ist sie geradezu anachronistisch und, wie die Geschichte zeigt, der Auslöser permanenter Mißverständnisse. Deshalb müßte sie eigentlich immer in Anführungszeichen gesetzt – oder eben durch eine neue Bezeichnung abgelöst werden.

Die Diskussion über eine neue Bezeichnung ist erst angelaufen. Sie kann nicht zum Ziel haben, eine Bezeichnung zu finden, die das jüdische und christliche Verständnis dieser »Schriften« gleichermaßen wiedergibt. Die legitime Differenz zwischen beiden »Lesarten« soll nicht zugedeckt werden. Aber es soll eine Bezeichnung sein, die einerseits weder dem Selbstverständnis noch den wiederentdeckten jüdisch-christlichen Gemeinsamkeiten widerspricht; die Bezeichnung muß aber andererseits die spezifisch christliche Bedeutung dieser Schriften ausdrücken.

Von diesen Prämissen her ist es wenig hilfreich, die im Judentum üblich gewordenen Bezeichnungen zu verwenden, außer eben, wenn man damit diese Schriften als die jüdische Bibel benennen will. Dann wird man gewiß sinnvoll die Bezeichnung *Tenach* verwenden, jenes »Kunstwort«, das nicht nur einfach die drei Teile der jüdischen Bibel (*Tora* = »Gesetz«, *Newi'im* = »Propheten«, *Ch'tuwim* = »Schriften«) benennt, sondern programmatisch ihre *innere Struktur*, kurz: ihre spezifisch an das jüdische Volk (*Am Jisra'el*) gerichtete »Botschaft« (dazu siehe unten VII.2) zusammenfaßt. Auch der Begriff *Miqra* (das, was, vor allem in der Synagoge, zu lesen bzw. vorzulesen ist) bezeichnet unmißverständlich die jüdische Bibel als jüdische Heilige Schrift. Und wenn Juden unter sich einfach von »Bibel« reden, ist klar, was gemeint ist.

Wie aber sollen Christen diesen Teil ihrer Bibel nennen? Ein erster Versuch, der zunächst viel Zustimmung fand, war die Bezeichnung »Hebräische Bibel«. Damit unterschied man *diesen* Teil der Bibel unmißverständlich von dem in Griechisch vorliegenden Neuen Testament. Aber schon die sich dann aufdrängende Parallelbildung »Griechische Bibel« zur Bezeichnung des Neuen Testaments macht deutlich, daß »Hebräische Bibel« ungeeignet ist; denn die »Griechische Bibel« der Christen meint *auch* die griechische Übersetzung der Hebräischen Bibel *einschließlich* jener biblischen Bücher, die zumindest in der altkirchlichen und in der römisch-katholischen Überlieferung bis heute zur Bibel gehören (dazu siehe unten VII.). Mit der Bezeichnung »Hebräische Bibel« wollte man vor allem daran erinnern, daß die von Hieronymus gegen Augustinus so emphatisch verteidigte *veritas hebraica* (»Gottes Wort gilt in der Sprache, in der er selbst gesprochen hat« – im »Urtext«, und nicht in der »Übersetzung«!) auch für die christliche Theologie konstitutiv ist und gegen alle Versuchungen, den Gott Jerusalems mit den Göttern Athens zu verwechseln oder gar den Juden Jesus zu einem griechischen Götterboten verkommen zu lassen, festgehalten werden muß. Dennoch: Die Bezeichnung ist, wie die in den letzten Jahren geführte Diskussion zeigt, vor allem aus drei Gründen ungeeignet:

(1) Die Bezeichnung ist nicht einmal als bloß technischer Begriff geeignet, weil sie streng genommen die aramäischen Texte (Dan 2,4b–7,28) der jüdischen Bibel nicht miteinschließt.

(2) Unabhängig von der Frage, ob nach christlichem Verständnis auch die griechische Übersetzung des »Alten Testaments« inspiriert und so auch als Heilige Schrift der Kirche gelten kann[170], deckt die Bezeichnung eben auf kei-

[170] Vgl. dazu D. Barthélemy, Études d'histoire du texte de l'Ancien Testament (OBO 21), Freiburg Schweiz – Göttingen 1978,111–137.

nen Fall das *ganze* »Alte Testament« der katholischen *und* der christlich-orthodoxen Kirchen ab. Daß die Frage der sogenannten deuterokanonischen Bücher, die nur in Griechisch überliefert bzw. entstanden[171] sind, kein »Randproblem« ist, sondern längst auf die Tagesordnung der innerchristlichen Diskussion gehört, hat die oben skizzierte Stellungnahme von Hartmut Gese[172] gezeigt. Was es *theologisch* bedeutet – auch für das Verhältnis des Christentums zum Judentum! –, wenn eine Kirche *diese* Bücher als Teil ihrer Heiligen Schrift akzeptiert hat, ist bislang noch kaum erörtert worden. Ich will wenigstens auf drei Gesichtspunkte aufmerksam machen:

a) Gegen die vor allem bei evangelischen Bibelwissenschaftlern beliebte These, daß mit Kohelet als »jüngstem« biblischen Weisheitsbuch die Weisheit Israels an ihr »theologisches Ende« gekommen sei und daß durch dieses »Scheitern der Weisheit... die alttestamentliche Weisheitsliteratur im ganzen an den Rand des Kanons rükke«[173], erheben die zeitlich nach Kohelet und in der kanonischen Abfolge hinter Kohelet stehenden »deuterokanonischen« Bücher Jesus Sirach und Weisheit Salomos ihren theologischen Widerspruch. Beide führen ein explizites (!) Gespräch mit Kohelet. Und gerade auf dieses faszinierende Gespräch muß sich einlassen, wer das »Alte« Testament als Teil der christlichen Bibel hören will: Wie hier um die Erkennbarkeit Gottes, um die Ambivalenz des Todes und um das rechte Verständnis von »Gottesfurcht« gerungen wird, wie hier aber auch vor der Illusion gewarnt wird, der Mensch könne das Glücken seines Lebens selbst

[171] Während der Originaltext von Jesus Sirach in Hebräisch war, dürften die übrigen sechs »deuterokanonischen« Bücher ein »griechisches Original gehabt haben« (das gilt m. E. auch für Judit und Tobit; zu Judit vgl. meinen Artikel in TRE 17, s. Anm. 61).

[172] Vgl. oben V. 3.

[173] H. D. Preuß, Weisheitsliteratur (s. Anm. 41) 192.

machen – das ist kein Randproblem, sondern ist ein Essential der biblischen Botschaft![174].

b) Gerade die Aufnahme der Bücher Sirach und Baruch bilden den »kanonischen« Bezugspunkt jener neutestamentlichen, insbesondere lukanischen Deutung Jesu, die ihn als die personifizierte »Weisheit« Gottes verkündet, die aus dem Bereich Gottes herabsteigt, sich als »Lebensretterin« von den Armen finden läßt (vgl. Lk 1–2!) und sich als nährende Speise mitteilt (vgl. Lk 24!). Die Tiefendimension dieser Christologie erschließt sich gerade von Sir 24 und Bar 3,9–14 her; die kanonische Korrelation dieser Christologie mit Sir und Bar bewahrt auch davor, Jesus Christus in einen unsachgemäßen Gegensatz zur jüdischen Tora zu stellen, nach der er selbst *gelebt* hat.

c) Daß sich unter den »deuterokanonischen« Büchern *der christlichen Bibel so durch und durch »jüdische«* Bücher wie Tobit, Judit und die Makkabäerbücher befinden, ist vor allem dann theologisch hoch bedeutsam, wenn man den Kanon nicht für eine historisch »zufällige Abgrenzung«[175] hält, sondern als eine Lebensäußerung der Kirche begreift, die dabei unter der Führung des Gottesgeistes stand. Gewiß, die Kirche hat diese Bücher im Lauf ihrer Geschichte immer wieder anders gelesen, vor allem typologisch, allegorisch und als moralische Katechese, aber sie hat sie *auch* als Erzählungen über die Geschichte Gottes mit *Israel* gelesen. Gewissermaßen unreflex, beinahe »instinkthaft« hat sie gespürt, daß sie in diesen Büchern etwas davon erfährt, was der Hebräerbrief an seinem Beginn sagt: »Viele Male und auf vielerlei Weise hat Gott einst zu den Vätern gesprochen...« (Hebr 1,1). Was er »zu den Vätern« und zu den Müttern gesagt hat und wie er an ihnen gehandelt hat, war der Kirche wichtig: Nicht nur, um das

[174] Vgl. zu dieser »kanonischen« Funktion der »deuterokanonischen« Bücher R. Murphy, Old Testament (s. Anm. 158) 14–16.

[175] W. Marxsen, Einleitung in das Neue Testament, Gütersloh 1963,235.

Wort eben dieses Gottes durch seinen Sohn Jesus (Hebr 1,2) besser zu verstehen, sondern um den *Vater* zu verstehen.

(3) Die Bezeichnung »Hebräische Bibel« ist aber vor allem deshalb ungeeignet, weil sie die Unterschiede zwischen der jüdischen Bibel und dem »Alten Testament« verwischt, die in ihrer jeweiligen kanonischen Programmatik gegeben und intendiert sind. Daß, wie gerne gesagt wird, der Tenach bzw. das »Alte Testament« eigentlich eine »Bibliothek« ist, also eine Sammlung inhaltlich sehr unterschiedlicher und in sehr verschiedenem zeitgeschichtlichen Kontext entstandener Einzelbücher, ist einerseits richtig; aber als biblische Bücher bilden sie ein Ganzes. Und als Ganzes sind sie kanonisiert – und wollen sie als jüdische und christliche Bibel gehört werden. Gerade als Ganzes aber unterscheiden sie sich in ihrem Aufbau und in ihrer inneren theologischen Dynamik (vgl. dazu unten VII.2 und VII.3). Diese Differenz muß auch in der unterschiedlichen Bezeichnung erhalten bleiben. Als solche bietet sich (derzeit) am ehesten an: *Erstes Testament*[176].

Diese Bezeichnung ist mindestens ebenso gut biblisch wie »Altes Testament«, ja biblischer! Sie kommt nicht nur im (diesbezüglich nicht unproblematischen) Hebräerbrief vor (vgl. Hebr 8,7.13; 9,1.15.18), sie wird auch in der griechischen Übersetzung (Septuaginta) von Lev 26,45 verwendet, wo sie – anders als im Hebr – uneingeschränkt positiv den »ersten« Bund am Sinai als »Bund zur Vergebung der Sünden« (vgl. Lev 26,39–45) im Sinne des gründenden und weiterwirkenden Anfangs meint. Genau *die-*

[176] Der Vorschlag wurde 1987 programmatisch von J. A. Sanders in dem von ihm mitherausgegebenen Biblical Theology Bulletin (BThB) »eingeführt«: vgl. ders., First Testament and Second: BThB 17,1987,47–49; statt »First Testament« gibt es im Englischen/US-Amerikanischen auch die Variante »Prime Testament«. P. M. van Buren schlägt vor, die überlieferte Abkürzung »OT« als »Original Testament« zu lesen: vgl. ders., On Reading Someone Else's Mail: The Church and Israel's Scriptures, in: FS-R. Rendtorff, Neukirchen 1990,604.

sen Aspekt kann die Bezeichnung herausstellen: Dieser erste Teil der christlichen Bibel ist das *grundlegende Fundament*, das zuerst gelegt wurde und auf dem das im »Zweiten Testament« bezeugte Handeln Gottes an und durch Jesus und an denen, die Jesus nachfolgen, so aufruht, daß es dessen erneute und erneuernde Aktualisierung ist.

Die Bezeichnung hat mehrere positive Implikationen:

(1) Sie vermeidet die traditionelle Abwertung, die sich assoziativ und faktisch mit der Bezeichnung »Altes Testament« verbunden hat.

(2) Sie gibt zunächst den historischen Sachverhalt korrekt wieder: Es ist gegenüber dem »Neuen« (Zweiten) Testament in der Tat als »erstes« entstanden.

(3) Sie formuliert theologisch richtig: Es bezeugt jenen »ewigen« Bund, den Gott mit Israel als seinem »Erstgeborenen« Sohn (vgl. Ex 4,22; Hos 11,1) geschlossen hat, als »Anfang« jener großen »Bundesbewegung«, in die der Gott Israels auch die Völkerwelt hineinnehmen will.

(4) Als »Erstes« Testament weist es hin auf das »Zweite Testament«. So wie letzteres nicht ohne ersteres sein kann, erinnert auch die christliche Bezeichnung »Erstes Testament«, daß es in sich keine vollständige christliche Bibel ist.

Gewiß, auch diese Bezeichnung ist nicht ohne mögliche Mißverständnisse. Da viele beim Wort »Testament« in der Zusammensetzung »Erstes Testament« die technische Bedeutung »letztwillige Verfügung« assoziieren, werden sie fragen: »Hebt nicht ein Zweites Testament das Erste Testament auf?« Das *kann, muß* aber nicht sein. Es kann ja auch sein, daß das Zweite Testament *das Erste Testament bestätigt* – und den Kreis der »Nutznießer« des Ersten Testaments *erweitert.* Und genau das ist beim »Neuen Testament« als Zweitem Testament der Fall!

Aber »Testament« hat – ob man nun »Altes« oder »Erstes« sagt –, wie wir bereits ausgeführt haben (vgl.

Anm. 168), von der Tradition her *nicht* die juristische oder umgangssprachliche Bedeutung »Vermächtnis«, sondern meint »Bundesdokument, Bundesbuch« (im weiten Sinn). Konsequent wäre es deshalb, mit der Reformierten Kirche der Niederlande vom »Ersten« und vom »Zweiten Bundesbuch« (siehe oben) zu sprechen. Freilich ist »Testament« international verwendbar; deshalb ziehe ich es vor[177].

[177] Die »Fachwissenschaft« vom »Ersten« und »Zweiten Testament« (Bundesbuch) könnte man einfach »Bibelwissenschaft« nennen.

VII. Vom (relationalen) Eigenwert des Tenach und des Ersten Testaments

1. Auf sich beziehen, ohne für sich zu vereinnahmen

Juden und Christen lesen die gleichen biblischen Schriften als »Heilige Schrift«. Die Juden lesen sie als ihren Tenach, die Christen lesen sie als ihr »Erstes Testament«. Beide tun das im Horizont ihrer je spezifischen Tradition, auf dem Boden der »mündlichen Tora« (Mischna und Talmud) bzw. auf dem Boden des Zweiten (Neuen) Testaments. Juden und Christen lesen diese »Heiligen Schriften« nicht aus historischem, sondern aus kanonischem Interesse, d. h. um aus ihnen *in ihrer Gegenwart* Gottes berufende und rettende Anrede zu hören – für ein Leben im Dienst der in dieser ihrer gemeinsamen Welt anbrechenden Gottesherrschaft. Beide hören die Anrede jeweils anders. Und es kommt darauf an, die verschiedene Lesart nicht in Gegnerschaft, sondern in Partnerschaft zu respektieren.

Es wird Zeit, daß Christen (und Juden) voneinander und miteinander erleben, daß diese verschiedenen Lesarten sie zwar unterscheiden, aber nicht trennen. Gerade die je spezifische Bindung von Juden und Christen an gemeinsame »Heilige Schriften«, die zur gelebten »Nächstenliebe« als »Gottesliebe« einladen (vgl. Lev 19 als »Halacha« zu Dtn 6,4–9), ist die sie bindende Einladung, nach der langen »Vergegnungsgeschichte« nun endlich eine neue Epoche ihrer gottgewollten »Begegnungsgeschichte« zu beginnen.

Worauf es für uns Christen dabei ankommt, hat der Bonner Dogmatiker *Wilhelm Breuning* geradezu klassisch so formuliert:

»Vielen erscheint die Möglichkeit, das Christusgeschehen im christlichen Sinn des absoluten Heilsbringers zu deuten und zugleich eine gegenwärtig gültige Heilsstellung Israels im offenen Sinn einzubringen, wie die Quadratur des Kreises. Ich möchte die Neueinstellung, die mit dem Zweiten Vatikanum ihren Durchbruch gewonnen hat, als eine Möglichkeit verstehen lernen, die mit der inneren Eigenart der Offenbarung Gottes... zusammenhängt. Dabei geht es nicht um die lediglich gedankliche Bewältigung eines Problems. Wenn man aber Gegensätzliches und Unterschiede auch nicht auf Biegen und Brechen in eine menschlich erdachte Synthese hinein auflöst, so gibt es möglicherweise doch eine Kohärenz, die aus dem wahrgenommenen Willen Gottes entspringt. Ist es von daher möglich, daß die Kirche alles, was der offenbarende Gott in der Heilsgeschichte gewirkt hat, *zwar auf sich bezieht..., aber nicht für sich vereinnahmt*? Es gilt, dem offenbarenden Gott die Antwort zu geben auf das hin, was *er* in der Geschichte getan hat. Das ist die menschliche Seite des Ereignisses, wie die Herrschaft Gottes im Kommen ist: Antwort geben, nicht vereinnahmen«[178].

Daß Gott an Israel gehandelt hat und daß er in Treue zu seinem »ewigen« Bund mit Israel steht, bis ans Ende der Geschichte, *auch* darauf muß die Kirche ihre Antwort geben. Die Kirche kann nicht aus der Hand des Juden Jesus die jüdische Bibel entgegennehmen und übersehen wollen, daß buchstäblich jede Seite zuallererst Israel anredet!

»Die Gemeinsamkeit der für Juden und Christen gleichermaßen gültigen ›alttestamentlichen‹ Bibel erlaubt nicht, dies als religionsgeschichtliches Faktum so stehen zu lassen. Je tiefer Christen das – wie wir es nennen – Alte Testament als die auch für sie maßgebende Gottesoffenbarung erfassen, umso mehr bedarf es eines theologisch gerechtfertigten Verhältnisses zum Judentum – und zwar nicht einmal primär um einer logischen Kohärenz willen, sondern als Begegnung von Men-

[178] W. Breuning, Mit dem Stamm Abrahams geistlich verbunden, in: FS-E. L. Ehrlich (s. Anm. 20) 29.

schen, die von dem einen Wort Gottes angesprochen sind und ihm antworten wollen«[179].

Daß Gott die gleichen Worte zu Juden und Christen sagt, mit der Absicht, daß sie daraus unterschiedliche Konsequenzen ziehen sollen, kann man auch als Zeichen der besonderen Lebenskraft dieses Gotteswortes zu begreifen suchen. Daß Gott »nur« mit den Juden oder »nur« mit den Christen reden darf, ist ohnedies eine geradezu absurde Idee.

Es wird höchste Zeit, daß Juden und Christen das sie Unterscheidende als Chance einer lebendigen Gemeinsamkeit begreifen und akzeptieren. Beide können von und an der jeweils anderen »Lesart« der Heiligen Schriften *lernen*, ohne daß einer den anderen schulmeisterlich und besserwisserisch belehrt (vgl. auch Jer 31,33). Daß dies eine auch Juden mögliche Sicht ist, bestätigt *Edna Brocke*, die seit Jahren unermüdlich für eine Erneuerung des jüdisch-christlichen Verhältnisses arbeitet:

> »Womöglich kann das Ziel der Annäherung von Christen und Juden im theologischen Bereich gerade darin liegen, die unterscheidenden Elemente klar, deutlich und allgemein sichtbar herauszustellen, diese Unterschiede dann auch zu bejahen und trotz (oder gerade wegen) der Unterschiede die Kommunikation zu suchen und zu pflegen.
> Womöglich ist mit diesem Ansatz ein Weg begehbar, der die... Unterschiede markiert, sie nicht als unbedingt (oder jedenfalls nicht ausschließlich) trennend wahrnimmt, und nach konstruktiven Wegen sucht, die Grenzen und Abgrenzungen mit positivem Sinn zu füllen, mit einem Ja zueinander trotz der Unterschiede – eingedenk der Tatsache, daß vor etwa zwei Jahrtausenden ein gemeinsamer Ausgangspunkt vorhanden war«[180].

[179] W. Breuning, ebda. 30.

[180] E. Brocke, Von den »Schriften« zum »Alten Testament« - und zurück? Jüdische Fragen zur christlichen Suche einer »Mitte der Schrift«, in: FS-R. Rendtorff (s. Anm. 35) 594.

Dies alles setzt voraus, daß dem Tenach und dem Ersten Testament ein bleibender »Eigenwert« zuerkannt wird und daß dieser sich zugleich in der jüdischen und in der christlichen Auslegung jeweils unterschiedlich entfalten kann. Diese »Heiligen Schriften« haben so gewissermaßen einen *relationalen Eigenwert*, insofern sie *sowohl* auf die rabbinische *wie* auf die christliche Tradition bezogen werden können, ohne daß die eine Relation die andere Relation aufhebt – und ohne daß diese Relationen ihrerseits diesen bleibenden Eigenwert je *voll* ausschöpfen können. Im Gegenteil: Der Tenach und das Erste Testament sind der »Kanon«, dem beide Gemeinschaften, Judentum und Christentum, verpflichtet bleiben und an dessen Wortlaut sich beide Gemeinschaften durch den (prozessualen) Akt der Kanonisierung so gebunden haben, daß sie nicht nur *den Text*, sondern vor allem den im Text eingegrenzten *Sinn* weiterüberliefern und unter veränderten gesellschaftlichen und geschichtlichen Bedingungen je neu aktualisieren wollen. Das Prinzip »Kanon« fordert eine intensive Text- und Sinnpflege, wenn der Kanon nicht zum fundamentalistischen Gefängnis oder gar zum unverständlichen Abracadabra verkommen soll[181].

Sowohl Mischna und Talmud wie das Zweite (Neue) Testament und die lehramtliche Tradition der Kirchen sind in *literarischer* Hinsicht sinnpflegende und aktualisierende »Kommentare« zum Kanon des Tenach bzw. des Ersten Testaments. Als Kommentare erfüllen sie eine zweifache Funktion: Sie dienen einerseits der Umsetzung des kanonischen Textes in Leben angesichts eines sich verändernden Erfahrungshorizonts, *und* sie dienen andererseits der Legitimation von Neuerungen, die sich in Gemeinschaften mit kanonischen Texten immer vor dem

[181] Zu der hier skizzierten Bedeutung von »Kanon« vgl. den sehr instruktiven Beitrag von Aleida und Jan Assmann, Kanon und Zensur als kultursoziologische Kategorien, in: dies. (Hrsg.), Kanon und Zensur. Beiträge zur Archäologie der literarischen Kommunikation II, München 1987,7–27.

»Kanon« rechtfertigen müssen. »Kanon« und interpretierender bzw. legitimierender Kommentar bilden eine produktive, lebendige Einheit!

Welche »Bandbreite« der kommentierenden Interpretation dabei möglich ist, muß jede Gemeinschaft für sich selbst jeweils neu erstreiten und entscheiden. Daß diese Bandbreite im Judentum faktisch viel größer als im Christentum und außerdem durch einen quasi-demokratischen Mehrheitsbildungsprozeß entschieden wird, sei hier nur angemerkt, um dem dümmlichen Klischee zu widersprechen, daß das Judentum die Religion des toten Buchstabens und das Christentum demgegenüber die Religion des lebendigen Geistes sei.

Was die These vom relationalen Eigenwert des Tenach und des Ersten Testaments für die christliche Theologie bedeuten kann und muß, wird sich erst noch herauskristallisieren. Daß auch hierüber der Denkprozeß begonnen hat, können (beispielhaft) die nachfolgenden Positionen sichtbar machen.

So stellen die »Hinweise« von 1985 der *Vatikanischen Kommission für die religiösen Beziehungen zum Judentum* unmißverständlich fest:

> »Diese [scil. typologische] Leseweise darf nicht vergessen lassen, daß das Alte Testament seinen Eigenwert als Offenbarung behält, die das Neue Testament oft nur wieder aufnimmt (vgl. Mk 12,29–31). Übrigens will das Neue Testament selber auch im Lichte des Alten gelesen werden«[182].

Die Generalsynode der *Reformierten Kirchen in den Niederlanden* geht in ihrer 1983 verabschiedeten Handreichung »Kirche und Israel gehören zusammen/zu Einem« noch viel weiter, wobei sie ausdrücklich die Position des

[182] R. Rendtorff - H. H. Henrix, Kirchen und Judentum (s. Anm. 7) 97: diese Feststellung ist gegenüber der Offenbarungskonstitution »Dei Verbum« des Zweiten Vatikanums, aber auch gegenüber den »Richtlinien« von 1974 der gleichen Kommission ein erfreulicher »Fortschritt«!

insbesondere mit seinem 1964 in deutscher Übersetzung erschienenen Buch »Wenn die Götter schweigen. Vom Sinn des Alten Testaments« für ein »Vorrecht« des Alten Testaments im Christentum kämpfenden (Holländers) *Kornelis Heiko Miskotte* aufnimmt:

»Miskotte hat es immer wieder betont: ›Die Einheit des Alten Testaments und des Neuen Testaments liegt auch in der für viele ärgerlichen Tatsache, daß Jesus nichts Neues sagt, es sei denn das eine, daß die alte Welt erfüllt ist, ›erfüllt‹ in aller damit verbundenen Zweideutigkeit. Nichts in der Auslegung des Neuen Testaments darf mit der Grundstruktur des Alten Testaments in Konflikt kommen.‹ Er betonte - getreu der reformatorischen Tradition - die Kontinuität zwischen Altem und Neuem Testament: Mit der Autorität Christi übernimmt der Christ auch die Autorität des Alten Testaments (einschließlich des ›Überschusses des Alten Testaments‹, wie er von Miskotte her ausgearbeitet worden ist) und kann deshalb nicht mehr leben und glauben ohne die jüdische Tradition, die auch im Alten Testament (ihrem Tenach) wurzelt...
Christen werden auch lernen müssen, daß ihre Weise des Umgangs mit dem Alten Testament nicht das Alleinrecht haben kann und daß es sogar möglich sein muß, traditionelle Standpunkte im Licht der jüdisch-christlichen Begegnung zu korrigieren«[183].

Daß damit insgesamt die Diskussion um einen neuen Wahrheitsbegriff und um den sogenannten Absolutheitsanspruch auf eine sehr konkrete Weise eröffnet werden muß, ist offenkundig. Welche Konsequenzen sich dabei ergeben (müssen!) – um der Wahrheit Gottes willen! –, formuliert der Berliner Systematiker *Friedrich-Wilhelm Marquardt* so:

»a. Die Begegnung mit Israel hat die Kirche gelehrt, ihr theologisches Wahrheitsverständnis zu ändern. Sie vermag nicht weiterhin ihre Wahrheitsverkündigung gleichzusetzen mit der Wahrheit Gottes selbst. Was sie etwa in der Theologie K. Barths schon lange hat lernen können: daß das Wort der

[183] R. Rendtorff - H. H. Henrix, Kirchen und Judentum (s. Anm. 7) 513 f.519.

Kirche höchstens als eine ›dritte Gestalt‹ des Wortes Gottes – nachgeordnet dem Wort der Heiligen Schrift – und doppelt nachgeordnet dem Wort, das Jesus Christus ist – in Frage kommt, – daß es aber in Wahrheit gar keine sakramentale Seinsgestalt des Wortes Gottes, sondern nur ein weit über sich hinausweisendes menschliches Zeugnis für die von ihm verschiedene Wahrheit Gottes ist: das hat die Kirche jetzt in der Begegnung mit dem Judentum gelernt... An der fides obstinata: dem jüdischen Glauben, der Gott folgt, aber der christologischen Auslegung Gottes hartnäckig widersteht, hat die Kirche die größere Gottesfreiheit entdecken gelernt und muß lernen, ihren Glauben auf die ihm überlegene Freiheit seines ›Gegenstandes‹ zu relativieren.
*b.*Diese Relativierung auf die größere Gottesfreiheit relativiert die Kirche in ihrer irdisch-geschichtlichen Existenzform gleich zweimal: auf das Judentum und eben damit auf die Völker der Menschheit hin. In der Begegnung mit dem Judentum hat die Kirche gelernt, daß nicht sie das Ziel aller Wege Gottes ist, sondern daß sie ihr Ziel darin findet, mit Israel als Licht der Heiden zu leuchten und sich zugleich für Israel unter den Völkern in die Bresche zu schlagen«[184].

So wird die Kirche und werden die Christen lernen (müssen), ihr ambivalentes Verhältnis zu ihrem »Alten Testament«, das zwischen Verwerfung und Vereinnahmung wild hin- und herschlägt, von Grund auf zu erneuern: indem sie dem jüdischen Tenach und dem christlichen Ersten Testament ihren relationalen Eigenwert zugestehen – und zunächst einmal deren jeweils unterschiedliche programmatische Endgestalt wahrnehmen und gelten lassen. Wie diese aussieht und worin ihre innere Dynamik besteht, soll deshalb in den beiden nächsten Abschnitten – in aller Kürze! – skizziert werden.

Dabei dürfen die Unterschiede der beiden Kanongestalten freilich nicht derart übergewichtet werden, daß sie als *zwei* »Kanons« verstanden werden. Das wäre sowohl historisch problematisch wie theologisch dem konterkarie-

[184] F.-W. Marquardt, Vom Elend (s. Anm. 1) 427 f.

rend, was hier dargestellt werden soll, nämlich, daß beide Gemeinschaften in unterschiedlicher Weise das gleiche Wort Gottes hören.

Es ist hier leider auch nicht möglich, den theologisch bedeutsamen Prozeß der Entstehung des Kanons im Judentum *und* den bis heute komplexen Umgang der einzelnen christlichen Kirchen mit dem Kanon des Ersten Testaments darzustellen. Es muß genügen, die jeweils rezipierte Endgestalt so zu beschreiben, daß die sich darin ausdrükkenden unterschiedlichen »Sinn-Richtungen« als zwei legitime unterschiedliche Lesarten und Glaubensweisen, die dennoch aufeinander bezogen sind, aufscheinen.

2. Die Sinn-Richtung der kanonischen Endgestalt des Tenach

Das Kunstwort Tenach zeigt programmatisch die *drei* Teile (T = Tora = »Gesetz«, Weisung; N = Newi'im = »Propheten«; Ch = Ch'tuwim = »Schriften«) an, aus denen die jüdische Bibel besteht und die als »Blöcke« zueinander in einem aussagekräftigen Verhältnis stehen. Die einzelnen »Bücher« (nach heutiger Zählung 39, nach einer theologischen Systematik bei Flavius Josephus 22 und im 4. Esrabuch 24 »Bücher«[185]) sind dabei nach folgendem System aufgeteilt:

TORA (»Gesetz«)

Genesis (jüdische Bezeichnung: Bereschit »Im Anfang«)
Exodus (jüdische Bezeichnung: Schemot »Namen«)

[185] Die Zählung 24 Bücher kommt dadurch zustande, daß 1 2 Sam, 1 2 Kön, 1 2 Chr, Esr-Neh, die 12 Propheten als je *ein* Buch gerechnet werden; die Reduktion auf 22 nimmt dann nochmals Ri und Rut, Jer und Klgl (vgl. den christlichen Kanon!) als je ein Buch zusammen. Beide Zählungen intendieren eine Symbolik: 22 ist die Anzahl der Buchstaben des hebräischen Alphabets; 24 ist 2 mal 12. Beide Zahlen betonen die Idee der Vollständigkeit und der Vollkommenheit.

Levitikus (jüdische Bezeichnung: Wajjiqra »Er rief«)
Numeri (jüdische Bezeichnung: Bamidbar »In der Wüste«)
Deuteronomium (jüdische Bezeichnung: Debarim »Worte«)

NEWI'IM (»Propheten«)

[Vordere/Frühere Newi'im]

Josua
Richter
1 Samuel
2 Samuel
1 Könige
2 Könige

[Hintere/Spätere Newi'im]

Jesaja
Jeremia
Ezechiel
Hosea [Hosea – Maleachi = »Zwölfprophetenbuch«
Joel (»kanonisch« unterteilt in zweimal sechs
Amos Bücher; parallelisiert mit dem Jesajabuch.)]
Obadja
Jona
Micha
Nahum
Habakuk
Zefanja
Haggai
Sacharja
Maleachi

CH'TUWIM (»Schriften«)

Psalmen
Ijob
Sprichwörter
Rut [Rut – Ester = Megillot »Festrollen«]
Hoheslied
Kohelet (Prediger)
Klagelieder
Ester
Daniel

Esra
Nehemia
1 Chronik
2 Chronik

Diese Abfolge der drei Blöcke entspricht ihrer sukzessiven Kanonisierung. Innerhalb des zweiten und dritten Blocks ist – sehr vergröbernd gesprochen – ebenfalls die wirkliche oder angenommene Entstehungszeit der einzelnen Bücher die Maßgabe ihrer Einordnung (das »prophetische« Buch Daniel, das erst um 165 v. Chr. abgeschlossen ist, wird deshalb erst in den dritten Block eingereiht; vgl. demgegenüber unten zum christlichen Kanon!), wenngleich dabei auch systematisierende Gesichtspunkte eine Rolle spielten, vor allem was die Psalmen als Anfangsbuch und die Chronik als Schlußbuch der Ch'tuwim angeht.

Die gestufte Abfolge der drei Teile entspricht auch ihrem unterschiedlichen kanonischen Gewicht und ihrer unterschiedlichen Verwendung in der synagogalen Liturgie bis heute. Die Tora ist das Fundament, auf das die anderen beiden Teile bezogen sind. Die Tora wird auch in der Liturgie im Rahmen einer *lectio continua*, also als fortlaufende Lesung beim Sabbatgottesdienst, vorgetragen[186]. Die »Propheten« gelten als Kommentare zur Tora (s. u.); für die liturgische Verlesung wurden gezielt solche Abschnitte aus den Prophetenbüchern ausgewählt, die diesen Kommentar-Charakter besonders unterstreichen (Propheten-Haftarot). Die »Schriften« spielen keine vergleichbar fundamentale Rolle in der synagogalen Liturgie, wenngleich

[186] Die ältere, palästinische Perikopenordnung las die Tora in einem Dreijahreszyklus und teilte die Tora in 452 *Sedarim* (»Ordnungen«) ein; die jüngere, babylonische Perikopenordnung, die sich schließlich allgemein durchsetzte, las die Tora in einem Einjahreszyklus und teilte in 54 bzw. 53 *Paraschim* (Wochenabschnitte) ein; diese Einteilung wurde bzw. wird in den Handschriften und jüdischen Buchdrucken im Text selbst angezeigt.

sie natürlich – insbesondere die sogenannten Megillot[187] und die Psalmen[188] – auch liturgische Bedeutung haben.

Die programmatische Dreiteilung ist sogar älter als der abgeschlossene Kanon selbst, dessen definitiver Umfang um 100 n. Chr. festgelegen haben dürfte, wobei sich die Diskussionen bzw. die Abweichungen nach 200 v. Chr. nur noch im Bereich der »Schriften« abspielten, während Tora und Propheten damals als kanonische Größen bereits akzeptiert waren[189]. Die grundsätzliche Dreiteilung der Heiligen Schriften liegt bereits im 2. Jh. v. Chr. vor, wenn der Enkel des Jesus Sirach im Jahr 132 v. Chr. in seiner Einleitung zur griechischen Übersetzung des von seinem Großvater um 190 v. Chr. auf Hebräisch verfaßten (und nach ihm so benannten) Buches schreibt:

> »Vieles und Großes ist uns durch *das Gesetz, die Propheten und die anderen Schriften, die ihnen folgen*, geschenkt worden. Dafür ist Israel zu loben wegen seiner Bildung und Weisheit. Doch soll jeder, der sie zu lesen versteht, nicht nur sich selbst daran bilden, sondern die Gelehrten sollen auch imstande sein, andere durch Wort und Schrift zu fördern.
> So befaßte sich mein Großvater Jesus sorgfältig *mit dem Gesetz, mit den Propheten* und *mit den anderen* von den Vätern überkommenen *Schriften.* Er verschaffte sich eine gründliche

[187] Die Megillot sind als »Festrollen« den einzelnen Hauptfesten wie folgt zugeordnet: Rut = Wochenfest; Hoheslied = Pessach; Kohelet = Laubhüttenfest; Klagelieder = Gedenktag der Zerstörung des Tempels; Ester = Purimfest.

[188] Das biblische Psalmenbuch ist nie das »Gesangbuch« des nachexilischen Tempels gewesen, wie man immer wieder lesen kann. Es war als »Gebet - und Meditationsbuch« besonders in »Gebetsbruderschaften« sehr beliebt. Die Rabbinen haben auch lange versucht, die »Psalmen« aus der synagogalen Liturgie fernzuhalten. Einzelne Psalmen bzw. Psalmengruppen (z. B. das Oster-Hallel Ps 113-118 und die »Wallfahrtspsalmen« Ps 120-134) hatten allerdings einen festen Platz auch in der Liturgie.

[189] Zur Fiktion der »Synode von Jannia«, die immer noch durch die Literatur als gesichertes historisches Faktum geistert, vgl. G. Stemberger, Jabne und der Kanon: JBTh 3,1988,163–174 (Lit.); wichtige Beobachtungen dafür, daß nicht nur die »Tora«, sondern auch die »Propheten« schon um 200 v. Chr. als kanonische Größe galten, finden sich bei O. H. Steck, Der Kanon (s. Anm. 156).

Kenntnis von ihnen und fühlte sich dann gedrängt, auch selbst etwas zu schreiben, um dadurch Bildung und Weisheit zu fördern. Wer es sich mit Liebe aneignet, wird es in einem gesetzestreuen Leben noch vermehren.«

Ja, sogar das Sirachbuch selbst setzt diese *prinzipielle* Dreiteilung der Heiligen Schriften Israels bereits voraus, wenn es das »Berufsprofil« des »Weisheitslehrers« (besser: des Tora-Lehrers) so beschreibt:

»Anders ist es mit dem, der seine Seele hingibt,
und nachsinnt im *Gesetz des Höchsten,*
der der *Weisheit* aller Altvorderen nachforscht
und mit den *Propheten* ganz beschäftigt ist« (Sir 38,34b-39,1)[190].

Den christlichen Bibelleser, der von seinem Vorverständnis herkommt, wird zunächst am meisten überraschen, daß die Bücher Josua – 2 Könige zu den »Propheten« gezählt werden. So werden sie übrigens schon im Sirachbuch beurteilt, wo im sogenannten »Lob der Väter« (Sir 44–50) Josua und Samuel ausdrücklich als Propheten bezeichnet werden (vgl. Sir 46,1.13.15), wo der Prophet Natan *vor* David genannt wird (vgl. Sir 47,1) und wo Elija und Elischa als die großen Propheten des Nordreichs als die eigentlich entscheidenden Gestalten des Nordreichs gepriesen werden (vgl. Sir 48,1–16). In der Tat kann man die beiden Königsbücher als zutiefst »prophetische Bücher« lesen, insofern in ihnen Propheten (Natan: 1 Kön 1; Ahija aus Schilo: 1 Kön 11,29–39; 14,12–18; 15,29; der Gottesmann aus Juda: 1 Kön 13; Micha ben Jimla: 1 Kön 22; Elija und Elischa [passim]; Jesaja: 2 Kön 19–20; die Prophetin Hulda: 2 Kön 22,14–20; vgl. auch schon die Prophetin Debora im Richterbuch: Ri 4!) die weichenstel-

[190] Übersetzung nach H. Gese, Die dreifache Gestaltwerdung (s. Anm. 156) 317, der dies so kommentiert: »... ist auch hier schon eine Dreiteilung von Gesetz, Propheten und weisheitlichem Schrifttum vorausgesetzt, wobei – nach dem Steigerungsprinzip des *parallelismus membrorum* zu schließen – die Propheten dem weisheitlichen Schrifttum vorgeordnet werden.«

lenden »Motoren« der Geschichte sind. Daß sie dabei häufig den in der Tora entfalteten Gotteswillen zum Maßstab ihrer Interventionen machen – zumindest auf der Endtextebene –, bringt sie mit dem »Propheten Mose« (vgl. Dtn 18,18; 34,10), dem Mittler der Tora, in Verbindung und macht noch einmal verstehbar, wieso die Bücher Jos – 2 Kön, in denen sie die Hauptakteurinnen und -akteure sind, von der jüdischen Überlieferung als »Prophetenbücher« gelesen werden.

Um das kanonische Programm des dreigeteilten Tenach als hermeneutische Vorgabe wenigstens ansatzhaft zu erfassen, sind drei Beobachtungen wichtig:

(1) Was die Tora als Fundament und Zentrum jüdischer Existenz bedeutet, ist vor allem an der Kompositionsstruktur der Bücher Genesis bis Deuteronomium ablesbar.

(2) Daß und wie die beiden anderen Teile des Tenach im Dienst der Tora stehen, ist durch ein subtiles Verweissystem angezeigt, das die »Ränder« dieser beiden Teile eng an die Tora anbindet.

(3) Der Tenach hat in 2 Chr 36 einen programmatischen Schluß, der für das Judentum außerordentlich wichtig ist.

Wir wollen die drei Gesichtspunkte kurz erläutern:

(1) Die Kompositionsstruktur der (fünfteiligen) TORA

Schon von der Bedeutung und von der Verwendung des Wortes *tora* her ließe sich aufzeigen[191], daß TORA auf keinen Fall »Gesetz« mit all jenen negativen Konnotationen ist, die ihm insbesondere durch die paulinische »Gesetzeskritik« und durch die reformatorische Antithetik »Gesetz (lex) – Evangelium« angeheftet wurde. Das Wort meint ursprünglich die einzelne autoritative Weisung der Mutter (z. B. Spr 1,8), des Vaters (z. B. Spr 4,1 f), des Weisen (z. B.

[191] Zur Bedeutung des Tora-Begriffs für das Verstehen des Kanons vgl. besonders F. Crüsemann, Das »portative Vaterland«. Struktur und Genese des alttestamentlichen Kanons, in: A. und J. Assmann, Kanon (s. Anm. 181) 65–71.

Spr 7,2), des Propheten (z. B. Jes 8,20), des Priesters (z. B. Jer 18,18), des Juristen (z. B. Dtn 17,11) u. a. Immer geht es um eine »Lehre« oder einen »Bescheid«, mit deren Hilfe das Leben gemeistert, Konflikte bewältigt und Gefahren vermieden werden sollen. Eine einzelne Tora ist in solchem Sinn immer eine »Lebenshilfe« und eine »Lebensweisung«. Dieser für »Einzel-Torot« (Plural von Tora) gültige Sinn ist von der deuteronomischen Theologie (ab dem 7. Jh. v. Chr.) auf die im Deuteronomium und schließlich im »Pentateuch« insgesamt (Gen 1,1–Dtn 34,9) gesammelten rechtlichen, kultischen und erzählerischen Überlieferungen übertragen worden: In diesen Büchern insgesamt hat sich »*die* TORA«, d. h. die grundlegende »Weisung Gottes für das Leben Israels«, niedergeschlagen. Es ist *eine* Weisung in *vielen* Geschichten und Geboten; sie ist kanonisch gesammelt in fünf Büchern der Tora, die in ihrem erzählerischen Spannungsbogen einerseits die Abfolge »Geschichte – Gesetz – Geschichte« und andererseits die Grundbewegung »Israel auf dem Weg in das Land der Verheißung« entwerfen und darin die TORA als im Handeln Gottes begründete und von ihm umfangene Wegweisung nahebringen wollen.

Im Zentrum der Komposition aber steht mit Lev 16 (die Gabe des Versöhnungsfestes!) die große Botschaft von dem versöhnungswilligen Gott[192]. Die konzentrische Komposition der fünfteiligen TORA ergibt sich durch die jeweilige Parallelisierung der sich um das Buch Levitikus als

[192] Zur Theologie von Lev 16 vgl. u. a. A. Schenker, Versöhnung und Sühne. Wege gewaltfreier Konfliktlösung im Alten Testament. Mit einem Ausblick auf das Neue Testament, Freiburg Schweiz 1981,111–116: M. A. Signer, Fleisch und Geist. Opfer und Versöhnung in den exegetischen Traditionen von Judentum und Christentum, in: H. Heinz – K. Kienzler – J. J. Petuchowski, Versöhnung in der jüdischen und christlichen Liturgie (QD 124), Freiburg 1990,197–219; zur Sühneliturgie als Gabe JHWHs vgl. B. Janowski, Sühne als Heilsgeschehen. Studien zur Sühnetheologie der Priesterschrift und zur Wurzel KPR im Alten Orient und im Alten Testament (WMANT 55), Neukirchen 1982,242–249.

Mitte legenden Bücher Gen und Dtn (äußere Rahmung) sowie Ex und Num (innere Rahmung), wie die folgende Skizze erkennen läßt:

Genesis	----------	Deuteronomium
Schöpfung der Erde und Verheißung des Landes als »Lebenshaus« Gen 49–50 (Schluß) Segen Jakobs über die 12 Söhne Tod Jakobs Begräbnis Jakobs im Lande		Weisungen für das Leben im verheißenen Lande Dtn 33–34 (Schluß) Segen des Mose über die 12 Stämme Tod des Mose Begräbnis des Mose

Exodus	----------	Numeri
1–16: Von Ägypten zum Sinai 12: Pessach 16: Manna + Wachteln 17: Wasser aus dem Felsen 18: Amtseinsetzung 32: Götzendienst (»Baal«) 1-15.17: Bedrohung durch Feinde (Pharao und Amalekiter)		Von Sinai nach Moab: 10–36 (an den Grenzen des verheißenen Landes) 9,1–14: Pessach 11: Manna + Wachteln 20: Wasser aus dem Felsen 11: Amtseinsetzung 25: Götzendienst (»Baal«) 21–24.31: Bedrohung durch Feinde (Moabiter und Midianiter)

(Ex 17–40)	+	Levitikus	+	(Num 1,1–10,10)
17-24: Offenbarung der TORA (10 Gebote und Bundesbuch) 25–40: Errichtung des Heiligtums		Theologie des Heiligtums: DER HEILIGE GOTT INMITTEN EINES ZU HEILIGENDEN VOLKES Mitte (16): Die Begegnung mit dem vergebungswilligen Gott (Jom Kippur)		1–10: Israel als »heilige« Lagergemeinschaft

Liest man diese fünfteilige Komposition als Theologie der Tora, wird offenkundig: Die Tora ist eine Gabe Gottes auf dem Weg in die Freiheit. Sie motiviert zu diesem Weg, *und* sie will diesen Weg, der durch vielfältige Gefahren von außen und von innen her bedroht ist (vgl. Ex und Num), schützen. Die Tora ist grundgelegt in der Schöpfung der Erde als »Lebenshaus« – und sie ist der »Reiseführer« hin in das verheißene Land. Über diesem Weg steht der Segen Jakobs (Gen 49) und der Segen des Mose (Dtn 33). Daß der »Stammvater« Jakob, obwohl »in Ägypten« gestorben, dennoch »im Land« beerdigt wird, und daß Mose an der Schwelle zum Land, nachdem er es »geschaut«, sterben mußte, ist die ungeheure Dialektik, unter der der Ruf des Gottes vom Sinai ergeht:

»Den Himmel und die Erde [vgl. Gen 1–11] rufe ich heute als Zeugen gegen euch an. Leben und Tod lege ich dir vor, Segen und Fluch. Wähle also das Leben, damit du lebst, du und deine Nachkommen. Liebe JHWH, deinen Gott, hör auf seine Stimme, und halte dich an ihm fest; denn er ist dein Leben. Er ist die Länge deines Lebens, das du in dem Land verbringen darfst, von dem du weißt: JHWH hat deinen Vätern Abraham, Isaak und Jakob geschworen [vgl. Gen 12–50], es ihnen zu geben« (Dtn 30,19f).

Und selbst wenn Israel »den Fluch« wählt, bleibt das Wort der TORA als Evangelium des aus und in Barmherzigkeit bundeswilligen Gottes (vgl. dazu oben IV.) als »Wegweisung« gültig:

»... er wird sich deiner erbarmen, sich dir zukehren und dich aus allen Völkern zusammenführen, unter die JHWH, dein Gott, dich verstreut hat. Und wenn einige von dir bis ans Ende des Himmels versprengt sind, wird dich JHWH, dein Gott, von dort zusammenführen, von dort wird er dich holen. Und JHWH, dein Gott, wird dich in das Land zurückbringen... JHWH, dein Gott, wird dein Herz und das Herz deiner Nachkommen beschneiden. Dann wirst du JHWH, deinen Gott, mit ganzem Herzen und mit ganzer Seele lieben können, damit du Leben hast« (Dtn 30,3–6)[193].

[193] Vgl. zur Bedeutung dieses Textes: G. Vanoni, Der Geist und der Buchstabe. Überlegungen zum Verhältnis der Testamente und Beobachtungen zu Dtn 30,1-10: BN 14,1981,65–95; G. Braulik, Gesetz als Evangelium. Rechtfertigung und Begnadigung nach der deuteronomischen Tora, in: ders., Studien (s. Anm. 103) 154–160.

Die fünf Bücher der Tora erzählen die Gründungsgeschichte Israels. Sie hält »die Lehre« fest, *warum, wie* und *wozu* es Israel als Bundesvolk Gottes gibt und geben soll. Sie erzählt die für Israel immer geltenden Setzungen Gottes, die Israel durch die Wüste in das Land glückenden Lebens führen wollen: Wenn Israel sich als Hörer und Täter der TORA verwirklicht, gelangt es sozusagen täglich neu in das Land, das den Müttern und Vätern (Sara und Abraham, Rebekka und Isaak, Rahel, Lea und Jakob) verheißen ist.

(2) Die Vernetzung der Newi'im und der Ch'tuwim mit der Tora

Der zweite Teil des Tenach ist durch Stichworttechnik gerahmt und mit der dabei akzentuierten Tora-Thematik bedeutsam auf den ersten Teil des Tenach bezogen[194].

Der Schluß der Newi'im liegt in Mal 3,22–24 vor, einem von der Redaktion gezielt als Schlußwort des ganzen Teils (!) gesetzten Abschnitt:

»Gedenket der TORA des Mose, meines Knechtes,
dem ich geboten habe
am Horeb für ganz Israel
Gesetze und Rechtsvorschriften.
Siehe ich bin dabei, euch zu senden
Elija den Propheten,
bevor der Tag JHWHs kommt,
der große und furchtbare.
Und er wird zuwenden das Herz der Väter zu den Söhnen,
und das Herz der Söhne zu ihren Vätern,
damit ich nicht kommen und schlagen muß
das Land mit dem Bann« (Mal 3,22–24).

[194] Vgl. hierzu auch O. H. Steck, Kanon (s. Anm. 156) 238; F. Crüsemann, Kanon (s. Anm. 191) 71f; J. Schreiner, Zur Stellung von Psalm 22 im Psalter. Folgen für die Auslegung, in: ders. (Hrsg.), Beiträge zur Psalmenforschung (FzB 60), Würzburg 1988,250–252.

Dieser (in 3,22 voll in der Sprache des Dtn gestaltete!)[195] Abschnitt faßt zusammen, worum es nach der kanonischen Programmatik bei der Lektüre der Propheten gehen muß: um »das Gedenken«, d. h um das Verstehen und Halten der dem Mose am Horeb geoffenbarten Tora. Die »Propheten« aktualisieren die Tora, decken die Abirrungen von ihr auf, mahnen zu einem Leben mit der Tora auf den großen Schicksalsfeldern der Geschichte Israels, sie verheißen eine »messianische« Zeit des Toragehorsams und ein geradezu paradiesisches Glück als Folge des Lebens mit der Tora.

Darüber hinaus wird hier mit der in der frühjüdischen Theologie entstandenen Vorstellung (vgl. schon Sir 48,1–11) vom eschatologischen Wiederkommen des Elija (das ist gewissermaßen eine neue Deutung seiner in 2 Kön 2,1–18 erzählten Entrückung: der große »Gottesstreiter« ist nicht gestorben, weil er zur Vollendung der Gottesgeschichte erst noch seine große Stunde hat!) das prophetische Leben auf den Punkt gebracht: Elija wird es gelingen, die Väter und die Söhne zu jener »Tora-Lerngemeinschaft« zu machen[196], von der das Sch^{e}ma Dtn 6,4–9 »träumt« (vgl. Dtn 6,6 f). Das ist die kanonische Aufgabe der »Newi'im« überhaupt: Israel zu einer solidarischen »Lerngemeinschaft« zu machen, wo es keine »Lehrer« und »Schüler« mehr gibt (vgl. Jer 31,33), sondern wo *alle* Schüler der Tora sind – mit Hilfe der »Propheten« als Interpreten der Tora.

[195] Vgl. A. Deissler, Zwölf Propheten III (NEB), Würzburg 1988,337: »Hier haben Dtn/Dtr Pate gestanden: a) ›Denkt‹ erinnert an Dtn 5,15; 7,18; 8,2.18; Jos 1,13; b) Mose als ›Knecht Jahwes‹ begegnet in Dtn 34,5; Jos 1,7; 7,13.15; 1 Kön 8,53.56; c) ›Horeb‹ ist im Dtn durchweg der Name des Gottesberges; d) ›Ganz Israel‹ findet sich in Dtn 1,1; 5,1; e) ›Thora des Mose‹ wird das Dtn genannt in Jos 8,32; 23,6; 1 Kön 2,3; 2 Kön 14,6; 23,25.«

[196] Es geht hier m. E. nicht primär um die Beendigung eines (durch den Hellenismus ausgelösten) Generationenkonflikts, wie die Kommentatoren sagen!

Daß damit »der Weg in's Land des Lebens« gelingt, hält der Anfang der Newi'im in Jos 1 fest, worauf Mal 3,22 anspielend bezogen ist, insbesondere auf Jos 1,7f (vgl. auch Jos 1,2!):

»Nur sei mutig und stark, um darauf zu achten, daß du tust die TORA, die ich Mose, meinem Knecht, geboten habe. Weiche weder nach rechts noch nach links von ihr ab, damit du weise bist überall, wo du gehst. Das Buch der TORA soll nie aus deinem Mund weichen, du sollst über ihr murmelnd nachsinnen bei Tag und bei Nacht, damit du darauf achtest, daß du tust gemäß allem, was in ihm geschrieben steht, und dein Weg wird gelingen und du wirst weise sein« (Jos 1,7f).

Der die TORA meditierende »Prophet« Josua ist das kanonische Leitbild am Anfang des zweiten Teils des Tenach. Zugleich aber wird damit ein struktureller Bogen geschlagen zum Anfang des *dritten Teils* des Tenach, nämlich nach *Psalm 1*, dem programmatischen »Prolog« des Psalmenbuchs, insofern Ps 1,2–3 ein planvoller Rückgriff nach Jos 1,7f ist. Diese »Vernetzung« ist deshalb so bedeutsam, weil Ps 1 wahrscheinlich erst im Hinblick auf die »kanonische« Anbindung des Psalmenbuchs an die Newi'im[197] seine Endfassung erhalten hat:

»Selig der Mann, der nicht...,
sondern dessen Lust ist in der TORA JHWHs
und der über seiner TORA murmelnd nachsinnt bei Tag und bei Nacht...
und dem alles, was er tut, gelingt« (Ps 1,2f).

Das ist das programmatische Leitbild über dem Ch'tuwim: Wer die Ch'tuwim liest und hört und sie zu seinen Worten macht, der kann mit ihnen das Leben mit seinen Höhen und Tiefen, die in diesen Schriften zur Sprache kommen, bestehen: Gehorsam gegenüber der dem Mose gegebenen und von den Newi'im interpretierten und im

[197] Vgl. dazu auch J. Schreiner, Psalm 22 (s. Anm. 194) 252 f.

Studium der Ch'tuwim eingeübten TORA ist der Weg, den JHWH mit seiner Liebe begleitet (vgl. Ps 1,6)[198].

(3) Der programmatische Schluß des Tenach: 2 Chr 36,22f

Daß die jüdische Bibel mit den beiden Chronikbüchern schließt, ist überraschend. Warum hat man sie nicht hinter die Bücher Sam und Kön gestellt, mit denen sie teilweise bis in den Wortlaut hinein übereinstimmen? Und warum vor allem hat man die Chronikbücher *hinter* Esr und Neh gestellt, obwohl dies doch die chronologisch sinnvollere Reihenfolge gewesen wäre (wie dies auch das christliche Erste Testament tut; vgl. den nächsten Abschnitt!)?

Für die Schlußstellung der Chr lassen sich zwei Gründe anführen:

a) Daß die Chr nicht mehr zu den »Vorderen Propheten« gestellt werden konnten, hängt mit ihrer späten Entstehungszeit zusammen; als sie abgeschlossen wurden, war der Block Newi'im bereits »kanonisch«[199].

b) Für die Abfolge Esr-Neh-Chr gab die Absicht, der jüdischen Bibel insgesamt einen programmatischen Schluß zu geben, den Ausschlag. Dieser konnte wohl nur schlecht der Schluß von Neh sein (Neh 13: Mischehenverbot); wohl aber bot sich 2 Chr 36,22f als sowohl zeitgeschichtlich wie kanonisch aussagekräftiger Text an:

> »Im ersten Jahr des Kyrus, des Königs von Persien, sollte sich das Wort JHWHs, das er durch den Mund des Propheten Jeremia geredet hatte, erfüllen: JHWH weckte auf den Geist des Kyrus, des Königs von Persien, und Kyrus ließ in seinem ganzen Königreich mündlich und schriftlich verkünden:
> So hat gesprochen Kyrus, der König von Persien: ›Alle Reiche der Erde hat mir gegeben JHWH, der Gott des Himmels.

[198] Zur »kanonischen« Funktion von Ps 1 und 2 vgl. auch O. H. Steck, Kanon (s. Anm. 156) 242f; F. L. Hossfeld - E. Zenger, Die Psalmen 1-50 (NEB), Würzburg 1992 (im Druck).

[199] Auch das erst um 165 v. Chr. abgeschlossene Danielbuch, das eigentlich zu den »Propheten« gehören müßte (vgl. den christlichen Kanon), wird deshalb unter die Ch'tuwim eingereiht.

Und er hat mich beauftragt, ihm in Jerusalem in Juda ein Haus (einen Tempel) zu bauen. Wer unter euch aus seinem Volk ist, JHWH sein Gott sei mit ihm, und er ziehe hinauf.‹«

Dieser Text ist als kanonischer Schluß der jüdischen Bibel im ausgehenden 1. Jh. n. Chr., als der Tempel zerstört und die Juden aus Jerusalem vertrieben wurden, voller zeitgeschichtlicher Brisanz. Er hält sich daran fest, daß schon einmal die katastrophische Not des Gottesvolks zu Ende ging – weil JHWH selbst sich treu bleibt und sogar die Weltherrscher, die ihn eigentlich nicht als ihren Gott annehmen, dazu bewegen kann, SEINEN Geschichtsplan zu erfüllen. So hält der Text die Hoffnung wach, daß die Geschichte Israels in Jerusalem weitergehen wird – für »alle, die zu SEINEM Volk gehören«. Ihnen verheißt der Schluß mit seinem letzten Wort den »neuen« Exodus aus der Verbannung: »er ziehe hinauf« ist mit bewußtem Rückgriff auf das Exodusverbum »hinaufsteigen« (vom niedrig gelegenen »Ägypten« ins israelitische Bergland!)[200] formuliert.

Der Schluß ist aber vor allem in »kanonischer« Hinsicht programmatisch, weil er diese Hoffnungsbotschaft mit Anspielungen auf die TORA und die NEWI'IM gestaltet und damit noch einmal zum Ausdruck bringt: Daß die Geschichte Gottes mit seinem Volk weitergeht, gründet in SEINEM unwiderruflichen Bund mit den Vätern, dessen Mitte die durch die Propheten gedeutete TORA ist.

Auf die NEWI'IM spielt 2 Chr 36,22f zweimal an: durch den Hinweis auf Jeremia *und* durch den Wunsch des Kyrus »JHWH sei mit ihm«, der ähnlich im Munde JHWHs (Jos 1,5.9) und im Munde der »Ostjordanstämme« (Jos 1,17) Josua gegenüber begegnet – als Segens-

[200] Vgl. Ex 13,18; 33,1; Num 32,11; Ri 11,13.16 u. ö.; das Verbum begegnet dann auch für die als zweiter (»neuer«) Exodus geschilderte Heimkehr aus dem Exil bzw. aus der Zerstreuung: Esr 2,1.59; 7,6.7.28; 8,1 u. ö.

wunsch für den bevorstehenden Weg ins verheißene Land!

Auf die TORA spielt die »Bundesformel« an, mit der Kyrus sein Rückkehredikt begründet: Wer zu *seinem Volk* gehört – *JHWH sein Gott* sei mit ihm. Das ist eine Anspielung auf die Zusage des unwiderrufbaren Bundes von Lev 26,44f:

> »Aber selbst wenn sie im Land ihrer Feinde sind, werde ich sie *nicht* mißachten und sie *nicht* verabscheuen, um ihnen etwa ein Ende zu machen und *meinen Bund mit ihnen zu widerrufen*; denn ich bin JHWH, ihr Gott. Ich werde zu ihren Gunsten gedenken des Bundes mit den Erstlingen (d. i. des ersten Bundes), die ich herausgeführt habe aus dem Land Ägypten vor den Augen der Völker, *um ihr Gott zu sein, ich JHWH*« (Lev 26,44f).

Daß in 2 Chr 36,22f wirklich Lev 26,44f im Hintergrund steht, wird dadurch gestützt, daß unmittelbar vorher in 2 Chr 36,21 unbestreitbar auf Lev 26,34f angespielt ist[201].

Die kanonische Endgestalt der jüdischen Bibel ist ein programmatischer Horizont, der dem Tenach einen relationalen Eigenwert gibt, der ihm unabhängig von jeder christlichen »Einmischung« zusteht. Was der Tenach für Juden bedeutet (und was Christen voller Freude und Respekt zur Kenntnis nehmen sollen, dazu siehe unten VIII.3), hat *Edna Brocke* so zusammengefaßt:

> »Am wichtigsten ist... im TaNaCh der Bericht von der besonderen partnerschaftlichen Beziehung zwischen Am Jisra'el [Volk Israel] und Elohej Jisra'el [Gott Israels]... Der TaNaCh ist einerseits das Geschichtsbuch von Am Jisra'el, andererseits und gleichzeitig ist er auch so etwas wie eine Glaubensurkunde. In dieser Doppelfunktion beschreibt der TaNaCh viele, verschiedene, aber auch unterschiedliche Aspekte des Ergehens, des Lebens und des Tuns von Am Jisra'el. Ein wichtiger Aspekt hierbei scheint mir in der Frage zu liegen, wie diese besondere Beziehung nun die anderen Beziehungen beein-

[201] So auch N. Lohfink, Der Begriff »Bund« (s. Anm. 91) 175.

flußt... Zum einen bedeutet dies eine Reflexion nach innen (über die Beschaffenheit der Partnerschaft zwischen Elohej Jisra'el und Am Jisra'el), zum anderen und gleichzeitig bedeutet es auch Reflexion nach außen (über die Beschaffenheit der Beziehung zu den Völkern)«[202].

3. Die Sinn-Richtung der kanonischen Endgestalt des Ersten Testaments

Mit der Frage nach der Sinn-Richtung des Ersten Testaments sind viele historische und theologische Fragen gestellt, die sich derzeit nicht beantworten lassen, weil die Diskussion darüber erst oder überhaupt noch nicht recht eröffnet ist.

Da ist zum einen die *historische* Frage, wie der gegenüber dem jüdischen Kanon umfangreichere und anders strukturierte altkirchliche Kanon entstanden ist. Das impliziert vor allem die Frage, ob es überhaupt einen besonderen Kanon des hellenistischen Judentums gab, der in der Septuaginta vorgelegen hätte und dann von ihr in die entstehende Kirche »hinübergewandert« wäre. Das ist beim derzeitigen Stand der Forschung nicht mehr so sicher, wie es noch vor zwanzig Jahren schien. Das Gegenteil scheint eher der Fall zu sein, nämlich daß es nie einen besonderen jüdischen »Septuaginta-Kanon« gab, sondern daß dieser erst auf christlichem »Boden« entstand – mit kleinen Schwankungen in der Entscheidung darüber, welche Bücher über den jüdischen Kanon hinaus zusätzlich »kanonisch« seien[203].

Keine Schwankungen gab es dagegen in der grundsätzlichen »neuen« Systematik des christlichen Kanons. Auf sie kommt es uns bei der Frage nach der Sinn-Richtung

202 E. Brocke, Von den »Schriften« (s. Anm. 180) 585f.

203 Vgl. R. T. Beckwith, Formation (s. Anm. 156) 81–84; H.-P. Rüger, Das Werden des christlichen Alten Testaments: JBTh 3,1988,175–189.

vor allem an, wenngleich sich auch hier andere Akzente ergeben, je nachdem ob der christliche Kanon des Ersten Testaments nun mit Mal 3,22–24 schließt (so die kirchliche Tradition in der »Nachfolge« des Hieronymus und seiner »Vorgänger«!) oder ob die Erzählung Dan 14 von der expliziten Bekehrung des Perserkönigs Kyrus zum Gott der Juden (vgl. Dan 14,31), womit nach einer anderen Tradition der Septuaginta-Kanon geendet hat[204], den programmatischen Schluß bildet.

Auch die schwierige *theologische* Frage, welche *Textgestalt* denn nun eigentlich die »christliche« Bibel ist, kann hier nicht diskutiert werden. Diese Frage, die auch zu dem hochinteressanten Briefwechsel zwischen Augustinus, der den Septuaginta-Text »kanonisieren« wollte, und Hieronymus, der bei seiner Übersetzung der »Vulgata« den hebräischen Urtext als »kanonischen« Text zugrunde legte, geführt hat, ist im Grunde bis heute offen. Die Kirchen der Reformation haben sich zwar für die »veritas hebraica« entschieden und dementsprechend für einen Kanon, der im Umfang der jüdischen Bibel entspricht, aber in der *Systematik* der Anordnung der Bücher hielten die Reformatoren an der altkirchlichen Überlieferung fest. *Faktisch* liegt den christlichen Bibelübersetzungen der *hebräische* Urtext zugrunde, wo ein solcher vorliegt. Auch in den Fällen, wo die Septuaginta eine andere »Lesart« bietet, wird in der Regel der hebräische Text bevorzugt. Beim Buch Sirach, das in der katholischen Tradition zum Kanon gehört, führt dies zu der *theologisch* ungeklärten Problematik, daß beispielsweise in der »Einheitsübersetzung« ein »Mischtext« geboten wird: Einerseits wird gemäß der altkirchlichen Tradition der griechische Text zugrunde gelegt, und andererseits werden die hebräischen Textstücke,

[204] Auch von Dan 14 aus ließen sich wichtige »kanonische« Bögen spannen, vor allem nach Gen 1,1 (vgl. Dan 14,5) und zum Sch^{e}ma Dtn 6,4f bzw. Dtn 6,24 (vgl. Dan 14,38.41).

die 1896 in der Genisa von Alt-Kairo und insbesondere die zuletzt in Qumran (Sir 6,20–31; 51,12–20) und in Masada (Sir 39,27–44,17) gefunden wurden, mitberücksichtigt.

Schließlich lassen wir auch die *historische* und die *theologische* Frage offen, wie die im einzelnen unterschiedlichen Kanon-Entscheidungen der christlichen Kirchen zu beurteilen sind. Immerhin gibt es einerseits in der evangelischen Kirche Stimmen, die aus *theologischen* Gründen die »Rückkehr« zum umfangreicheren altkirchlichen Kanon der »griechischen Bibel« fordern[205]. Auf der anderen Seite könnte man sich um der neu erkannten jüdisch-christlichen Gemeinsamkeit willen auch vorstellen, daß die katholische und die orthodoxe Kirche sich für den kleineren Kanon der reformatorischen Tradition entscheiden, um damit das Juden und Christen verbindende, gemeinsame Fundament explizit herauszustellen – freilich eingedenk des oben erläuterten Mottos: »Auf sich beziehen, ohne für sich zu vereinnahmen!«

Alle diese Fragen müssen und können wir hier beiseitelassen, weil es uns um die *Sinn-Richtung* des Ersten Testaments geht, die sich in seinem *Aufbau* erkennen läßt. Dieser Aufbau gibt in der Tat ein vom Tenach abweichendes Sinnprofil an, das den relationalen Eigenwert des Ersten Testaments als *Teil* der christlichen Bibel konstituiert. Die gegenüber dem jüdischen Kanon andere kanonische Programmatik des Ersten Testaments läßt sich vor allem durch zwei Beobachtungen aufzeigen:

(1) Das Erste Testament hat eine geschichtstheologische Struktur.

(2) Das Erste Testament hat in Mal 3,22–24 einen »offenen« programmatischen Schluß.

(1) Die geschichtstheologische Struktur des Ersten Testaments

[205] Vgl. H.-G. Link, Der Kanon in ökumenischer Sicht: JBTh 3,1988,83–96.

Das (katholische und orthodoxe) Erste Testament ist gegenüber dem Tenach nicht nur umfangreicher, sondern reiht die einzelnen Bücher teilweise neu ein und gibt dem ganzen eine *vierteilige Struktur.* Die wichtigsten Abweichungen gegenüber dem Tenach sind die folgenden:

a) Der *Teil Ch'tuwim* wird weitgehend aufgelöst. Ein Teil der »Schriften«, nämlich die Bücher Rut, 1 und 2 Chronik, Esra und Nehemia »wandern« nach vorne und werden »historisch« richtig eingeordnet. Das Buch Rut zwischen »Richter« und »Samuel« (entsprechend der Erzähleröffnung Rut 1,1 »Zu der Zeit, als die Richter regierten...« und dem Schluß des Rutbuchs, wonach der Sohn der Noomi der Großvater Davids ist). Die Bücher 1 und 2 Chr und Esr Neh werden in die historisch »stimmigere« (vgl. oben!) Reihenfolge gebracht und führen 1 und 2 Kön weiter. Ihnen werden die »neuen« Bücher Tobit, Judit, 1 und 2 Makkabäer in der entsprechenden Reihenfolge ihrer vorausgesetzten »historischen« Szenerie angefügt. Das im Tenach ebenfalls zu den »Schriften« gehörende Buch Ester wird zwischen Judit und Makkabäerbücher eingeschoben – ebenfalls im Sinn der Gesamtidee dieses neuen Blocks, der nun von Jos – 2 Makk reicht: Es entsteht eine zusammenhängende Geschichte des Volkes Israel im Lande Israel. Die beiden »Rahmenbücher« Josua und Makk erzählen vom Kampf Israels um das verheißene Land (Jos) sowie vom Kampf um die Tora (1 Makk) und um den Tempel als Ort der Gegenwart JHWHs (2 Makk).

b) Hinter diesen Teil der »Geschichte Israels im Lande« wird nun ein Teil der »Schriften« gestellt, wobei zwei neue »Schriften« hinzukommen: die »Weisheit Salomos« und das Buch »Jesus Sirach«. Außerdem wird die im Tenach gegebene Reihenfolge Psalmen – Ijob umgedreht: Der neue Block »Lebensweisheit« wird nun mit Ijob eröffnet. Dafür könnten zwei Gesichtspunkte maßgebend gewesen sein. Zum einen hielt man das Buch Ijob für älter als die Psalmen; nicht nur sein »Patriarchenmilieu«, das an Genesis erinnert, sondern auch die Tradition, daß Ijob von Mose verfaßt sei, werden hier zur Vorordnung Ijobs vor das »davidische« Psalmenbuch angeregt haben. Zum anderen dürfte ein theologisches Argument mitgewirkt haben: Schon im Psalmenbuch ist eine theologische Dynamik erkennbar, die von der Klage zum Lob Gottes hinführt; das Psalmenbuch beginnt mit dem breiten Block von Klagepsalmen und wandelt sich zunehmend gegen sein Ende hin in eine Zusammenstellung von Hymnen auf die Gottesherrschaft (vgl. besonders Ps 146–150!). Dieser theologischen Dynamik »von der Klage zum Lob« entspricht es, daß das Buch Ijob *vor* das Psalmenbuch gestellt wird.

c) Die »hinteren/späteren« Propheten des Tenach (also die eigentlichen »Schriftpropheten«) werden ans Ende gestellt, wobei auch hier wieder die aus den »Schriften« des Tenach zu den »Propheten« gehörenden Bücher zeitgeschichtlich entsprechend eingeordnet werden: Die »Klagelieder« werden als »Klagelieder« des Jeremia gedeutet und dementsprechend eingeordnet; ebenso das dem Baruch, dem »Sekretär« des Jeremia, zugeschriebene »neue« Buch. Auch das Buch »Daniel« wird nun in den Block »Propheten« aufgenommen und *vor* die zwölf »kleinen« Propheten gestellt – als viertes »großes« Prophetenbuch, aber auch von seiner vorausgesetzten zeitgeschichtlichen Szenerie her (Nebukadnezzar und Kyrus!) stimmig nach Ezechiel.

Alle diese Veränderungen *zusammen* lassen die Grundidee erkennen, die bei einer solchen Neuordnung der einzelnen Bücher leitend war: Am Anfang steht, wie im Tenach, die TORA, d. h. die Erzählung über die »Ur-Offenbarung« Gottes vor Israel am Sinai. Danach folgen die drei Blöcke »Geschichte Israels im Lande« – »Lebensweisheit« – »Prophetien« nach dem Schema »Vergangenheit« – »Gegenwart« – »Zukunft«[206]:

[206] Vgl. auch J. Schreiner, Psalm 22 (s. Anm. 194) 253–255.

I	Gen – Dtn	: Ur-Offenbarung am Sinai (TORA)
II	Jos – 2 Makk	: Geschichte Israels im Lande (Vergangenheit)
III	Ijob – Sir	: Lebensweisheit (Gegenwart)
IV	Jes – Mal	: Prophetie (Zukunft).

Dieses Schema ist für Christen so zu lesen:

Die Bücher Gen – Dtn halten fest, daß die »am Sinai« geoffenbarte TORA mit ihren beiden Brennpunkten »Gebot der Gottesliebe« – »Gebot der Nächstenliebe« (vgl. Mk 12,28–34 par) die in der Schöpfung grundgelegte und über Israel zu allen Völkern kommende Ur-Offenbarung Gottes ist. Daß die »Zehn Gebote« als Verkündigung von »Gottesrecht« und »Menschenrecht« gemäß der in Gen – Dtn gestalteten »Geschichte« in der Wüste Sinai und vor der »Landnahme« gegeben wurden, deutet die jüdische Überlieferung ja selbst so, daß sie nicht nur für Israel, sondern für *alle* Völker das Lebensgesetz sein sollen (vgl. Jalqut Schimoni I 286) – gerade für die Christen, die in der Nachfolge Jesu die TORA »erfüllen« sollen (vgl. Mt 22,34–39 im Horizont von Mt 5,17–20).

Zum Leben mit der »Sinai-Tora« wollen die dann sich anschließenden Teile II–IV hinführen:

Teil II (Jos – 2 Makk) zeigt am Vorbild Israel, wie es einer Gemeinschaft ergeht, die mit dieser Tora lebt, daß und wie dies gelingt, aber auch mißlingt. Dies sollen christliche Bibelleser mit innerer Anteilnahme mit- und nacherleben – als Geschichte ihrer Schwestern und Brüder (und nicht als ihre eigene Geschichte!) und als Geschichte ihres gemeinsamen Gottes!

Teil III (Ijob – Sir) lädt den einzelnen ein, mit diesen Weisheitsschriften die wahre, Leben rettende Weisheit zu suchen, nämlich im betenden und meditierenden Hören auf die TORA, die sich in der Schöpfung und in den Weisungen Israels *allen* mitteilt, die sich ihr öffnen.

Teil IV (Jes – Mal) entwirft schließlich die Vision von einer Vollendung der Welt und der Geschichte, wenn die

Völker zum Zion »wallfahren«, um dort die große »Friedens-Tora« JHWHs zu lernen (Jes 2,1–5: kanonischer Programmtext am Anfang von Teil IV) und um so an jener fundamentalen »Erneuerung« bzw. »Wiederherstellung von allem« teilzuhaben, die in den Prophetenbüchern der ganzen Erde verheißen ist – freilich nicht an Israel vorbei, sondern durch und mit Israel!

(2) Der programmatische Schluß des Ersten Testaments: Mal 3,22–24

Der in Mal 3,22–24 vorliegende Abschluß des Ersten Testaments ist eine gezielt gesetzte christliche »Lesehilfe«, die das Erste Testament auf das Zweite (Neue) Testament hinordnet:

»Gedenket der TORA des Mose, meines Knechtes,
dem ich geboten habe
am Horeb für ganz Israel
Gesetze und Rechtsvorschriften.
Siehe ich bin dabei, euch zu senden
Elija den Propheten,
bevor der Tag JHWHs kommt,
der große und furchtbare.
Und er wird zuwenden das Herz der Väter zu den Söhnen,
und das Herz der Söhne zu ihren Vätern,
damit ich nicht kommen und schlagen muß
das Land mit dem Bann« (Mal 3,22–24).

Dieser »Schlußtext« wird im Neuen Testament mehrfach zitiert (vgl. Mt 17,10–13; Mk 9,11f; Lk 1,17), um Johannes den Täufer als den in Mal 3,23 für die Endzeit verheißenen »Elija« zu deuten.

Durch Johannes als »Elija« von Mal 3,23 (wie immer dies im einzelnen zu interpretieren ist[207]) werden das Neue Testament und seine Botschaft vom Messias Jesus Christus, der das eschatologische Kommen der Gottesherrschaft »beschleunigen« soll, eng mit dem Ersten Testament verzahnt. Und zwar in doppelter Hinsicht: Zum ei-

[207] Vgl. D. Zeller, Elija und Elischa im Frühjudentum: BiKi 41,1986,154–160.

nen wird damit das Neue Testament »kanonisch« legitimiert (vgl. oben den Abschnitt 1 dieses Kapitels!), und zum anderen erhält so das Erste Testament (nicht der Tenach!) die Funktion, in seinem relationalen Eigenwert zur Jesus-Nachfolge hinzuführen, d. h. insbesondere ihn als Paradigma eines Lebens mit der TORA zu sehen – auf dem Weg zu dem in Mal 3,23 verkündeten Tag JHWHs. Gerade der programmatische Schluß des Ersten Testaments gibt diesem seinen Eigenwert und konstituiert jene spannungsvolle Einheit, zu der die beiden Teile der christlichen Bibel durch Jesus und seine in Mal 3,22–24 anvisierte Bindung an Mose und Elija (vgl. die neutestamentliche Erzählung vom Zusammentreffen Jesu mit Mose und Elija auf dem »Gottesberg«: Mk 9,2–10 par) zusammengebunden sind.

Durch eine solche Rückbindung des Neuen Testaments an das Erste Testament, das seinerseits die christliche »Lesart« des Tenach ist, bleibt das Neue Testament an die vom Tenach bezeugte und angestoßene Geschichte Israels inmitten der Völkerwelt gebunden: Es gibt keine Geschichte Jesu und seiner Bewegung, die die Geschichte Gottes mit Israel ersetzt. Gerade der Schluß des Maleachibuchs als »Überleitung« zum Neuen Testament hält die Zukunft Gottes offen: Sie ist durch Jesus Christus nicht »abgetan«, sondern um eine weitere – für uns Christen einzigartige, wenn auch nicht einzige! – Hoffnungsdimension bereichert.

VIII. Die spannungsvolle Einheit der christlichen Bibel

1. »Auf vielerlei Weise hat Gott einst gesprochen...« (Hebr 1,1)

Seit es im Bereich der christlichen Bibelwissenschaft die Versuche gibt, eine »Theologie des Alten Testaments« oder neuerdings verstärkt sogar eine die beiden Testamente umgreifende »Biblische Theologie« zu entwerfen[208], stellt sich die Frage, ob es einen Punkt, einen Zentralbegriff oder eine »Mitte« gibt, wo die so unterschiedlichen Einzelstimmen des biblischen Zeugnisses zusammenstimmen, ob es also ein »Einheitsprinzip« gibt, von dem her der systematisierende Versuch einer Theologie gestaltet werden könnte. Und falls es so etwas wie eine »Mitte« gibt, stellt sich die Frage, wie sie benannt oder beschrieben werden und ob diese Mitte dann eine die beiden Testamente zusammenbindende Klammer darstellen könnte.

Als profiliertester Gegner aller Versuche, eine wie immer geartete »Mitte« des Ersten Testaments zu suchen, kann noch immer *Gerhard von Rad* gelten, dem sich viele angeschlossen haben:

> »Im Gegensatz zur Christusoffenbarung zerlegt sich die alttestamentliche Jahweoffenbarung in eine lange Folge von einzelnen Offenbarungsakten mit sehr verschiedenen Inhalten. Sie scheint einer alles bestimmenden Mitte, von der aus die

[208] Vgl. besonders die beiden Überblicke: H. Graf Reventlow, Hauptprobleme der alttestamentlichen Theologie im 20. Jahrhundert (EdF 173), Darmstadt 1982; ders., Hauptprobleme der Biblischen Theologie im 20. Jahrhundert (EdF 203), Darmstadt 1983, sowie die Beiträge in dem seit 1986 erscheinenden »Jahrbuch für Biblische Theologie«.

vielen Einzelakte ihre Deutung und auch das rechte theologische Verhältnis zueinander bekommen könnten, zu ermangeln. Man kann von der alttestamentlichen Offenbarung nur als von einer Mehrzahl von verschiedenen und verschiedenartigen Offenbarungsakten reden«[209].

Eine gedanklich-diskursive Systematik widerstrebe geradezu dem hebräischen Denken, das seinen Gegenstand immer neu umkreist, auf Grund neuer Erfahrungen in ein neues Licht stellt – und insgesamt eine geschichtlich-narrative Dynamik hat, weshalb eine Theologie des Alten Testaments, wie G. von Rad sie ja auch selbst vorgelegt hat, letztlich »nur« ein Nacherzählen der vielen »Theologien« sein darf, eben ein Spiegel jener Lebendigkeit des sich selbst mitteilenden Gottes und der durch ihn ausgelösten Glaubenszeugnisse, die im Chor der »alttestamentlichen« Stimmen versammelt sind.

Diese Erkenntnis macht *Claus Westermann* zum Ausgangspunkt seiner »Theologie des Alten Testaments«:

> »Eine Theologie des Alten Testaments hat die Aufgabe, zusammenzufassen und zusammenzusehen, was das Alte Testament als ganzes, in allen seinen Teilen von Gott sagt. Die Aufgabe einer Theologie des Alten Testaments ist nicht richtig erkannt, wenn man einen Teil des Alten Testaments als den wichtigsten erklärt und ihn allen anderen vorordnet, oder wenn man dem Ganzen einen Begriff vorordnet, wie Bund oder Erwählung oder Heil, oder wenn man zuvor fragt, was die Mitte des Alten Testaments sei. Das Neue Testament hat eindeutig seine Mitte im Leiden, Sterben und Auferstehen Christi, auf das die Evangelien zugehen und von dem die Briefe herkommen. Mit dieser Struktur aber hat das Alte Testament keinerlei Ähnlichkeit. Es ist daher nicht möglich, die Frage nach der Mitte vom Neuen auf das Alte Testament zu übertragen«[210].

[209] G. von Rad, Theologie des Alten Testaments I, München ⁴1962,168.
[210] C. Westermann, Theologie des Alten Testaments in Grundzügen (ATD.E 6), Göttingen 1978,5.

Um die Vielgestaltigkeit des »alttestamentlichen« Redens von Gott nicht durch eine unangemessene Systematik zu nivellieren, zeichnet Westermann das sich in verbalen Strukturen ausdrückende Handeln Gottes an Israel, an der Schöpfung und an den einzelnen Menschen sowie die Antwort Israels und der einzelnen Menschen im Reden, Handeln und Nachdenken nach. So entsteht die Skizze eines vielschichtigen Geschehens, dessen Spannungsbogen so weit ausgreift, daß darin das Christusgeschehen als *ein,* wenngleich entscheidendes und unüberbietbares, Handeln Gottes »eingebunden« werden kann. So könnte man Westermanns Position verstehen, auch wenn er selbst dies *so* nicht sagt.

Von einer ganz anderen »Ecke« her lehnt *Antonius H. J. Gunneweg* alle christlichen Versuche, eine (inneralttestamentliche) Mitte des »Alten« Testaments zu suchen, ab, weil es das »Alte« Testament für Christen eben immer nur im Horizont des Neuen Testaments gibt. Deshalb fragt er protestierend,

> »ob denn überhaupt das *Alte* Testament für eine *christliche* Theologie eine ›Mitte‹ haben *kann*, wo doch in der *christlichen* Theologie Christus die Mitte und der Grund ist, außer welchem niemand einen anderen Grund legen kann (1 Kor. 3,11)«[211].

Gerade der Verweis Gunnewegs auf 1 Kor 3,11 macht nun aber seinerseits deutlich, daß die Rede von Christus als »Mitte« des Neuen Testaments genau so problematisch ist, ja noch problematischer als die Rede von einer »Mitte« des Ersten Testaments, wie immer sie bestimmt würde. Es sind vor allem zwei Probleme, die hier zu nennen sind:

(1) Der »Grund« ist Jesus Christus nicht aus sich selbst, sondern weil er »gelegt« ist – von jenem Gott, dessen viel-

[211] A. H. J. Gunneweg, Verstehen des Alten Testaments (s. Anm. 10) 79; zur »Mitte« des AT vgl. seine Position auch ebda. 225–227.

gestaltiges Handeln an Israel, an den Völkern, an der Schöpfung und an Jesus der Tenach/das Erste Testament und das Neue Testament bezeugen. Wenn es eine »Mitte« des Ersten und des Zweiten Testaments gibt, dann ist es der in immer neuen »Lebenskontexten« sich als rettender und richtender Gott erweisende JHWH. Auch das Neue Testament ist in seiner Vielgestaltigkeit letztlich nicht »christozentrisch«, sondern »theozentrisch«.

(2) Die beliebte Rede von der »Mitte« des Neuen Testaments ist m. E. ein Postulat, das dem Bemühen (bzw. dem Vorurteil) entstammt, das Neue Testament möglichst scharf vom Alten Testament abzuheben. Mit Recht fragt der Bonner Alttestamentler *Werner H. Schmidt:*

> »Man mag sich fragen, ob selbst das Neue Testament *eine* ›Mitte‹ – nicht vielmehr mit der Botschaft Jesu vom Reich Gottes und der Verkündigung von Kreuz und Auferstehung zwei Schwerpunkte – hat«[212].

Was der Hebräerbrief gleich am Anfang feststellt, ist *wortwörtlich* zu nehmen: »Viele Male und auf vielerlei Weise hat Gott einst zu den Vätern gesprochen durch die Propheten; in dieser Endzeit aber hat er zu uns gesprochen durch den Sohn...« (Hebr 1,1f). Jedes einzelne Wort des langen und nicht immer leichten Gesprächs zwischen Gott, seinem Volk und »uns« ist kostbar.

Wer *ein* Wort aus einer längeren Rede oder einem Gespräch herausgreift und es isoliert, nimmt den Sprecher nicht ernst. Wer in einer Sinfonie nur die Oboenmelodie hört, hört nicht die Sinfonie... Daß das Judentum den vielstimmigen Tenach und die Kirche die vielstimmige,

[212] W. H. Schmidt, Die Frage nach der Einheit des Alten Testaments – im Spannungsfeld von Religionsgeschichte und Theologie: JBTh 2,1987,38 Anm. 13; vgl. auch W. H. Schmidt – W. Thiel – R. Hanhart, Altes Testament (UB 421), Stuttgart 1989,73–77. – Bei der Diskussion hängt natürlich sehr viel davon ab, was man unter »Mitte« versteht und auf welcher Meta-Ebene man sie formalisiert; vgl. dazu E. Zenger, Die Mitte der alttestamentlichen Glaubensgeschichte: KatBl 101,1976,3–18.

aus Erstem und Zweitem Testament bestehende, Bibel kanonisiert hat, bedeutet: Die Pluralität und Pluriformität dieses Kanons spiegelt den herrlichen und dramatischen Reichtum des Handelns Gottes wider. Diese Pluralität weiß um die Vielgestaltigkeit des Lebens und bietet viele Identifikationsfiguren der Hoffnung und der Gott-Suche an. Es gibt Stunden, in denen Ijob oder Kohelet das »gottgegebene« Wort sind, und es gibt Stunden, in denen ein Gleichnis Jesu oder das Zeugnis von seiner Auferweckung rettet – und es gibt Stunden, in denen viele Stimmen zugleich, wie ein mächtiges Orchester, eine ganze Gemeinschaft faszinieren wollen.

Gerade die Vielgestaltigkeit des Gottesworts im Ersten Testament bewahrt uns Christen vor »christologischer« Kurzsichtigkeit und ekklesiologischer Kurzatmigkeit. Es hilft und stärkt in seiner Multiperspektivität, allen vorschnellen Systematisierungen zu mißtrauen: Es gibt keinen Generalschlüssel, der alle Dimensionen des Lebens vor und mit Gott aufschließt, sondern nur die vielen Schlüssel der unterschiedlichen biblischen Zeugnisse, die durch den einigenden Schlüsselring des Kanons zusammengehalten und von der Hand des uns wohlwollenden Gottes angeboten werden[213].

2. Der notwendige Dialog zwischen beiden Teilen der christlichen Bibel

In seiner 1980 in Mainz an den Zentralrat der Juden in Deutschland und die Rabbinerkonferenz der Juden gerichteten Ansprache hat *Johannes Paul II.* das Verhältnis der beiden Testamente als einen »Dialog... zwischen dem ersten und zweiten Teil« der christlichen Bibel bezeich-

[213] Das Bild stammt von K. Stendahl, One Canon is Enough, in: ders., Meanings. The Bible as Document and as Guide, Philadelphia 1984,55–68.

net[214]. In der Tat: Beide stehen in einem gegenseitigen Auslegungsverhältnis. Für Christen gibt es das eine nicht ohne das andere.

Zwar war und ist die Versuchung groß, um der »Einfachheit« willen die Komplexität des in den beiden Testamenten geführten Gesprächs aufzulösen. Daß dies an den Rand, ja mitten in die Häresie führt, ist die traurige Erfahrung der Kirchengeschichte, wie insbesondere das Versagen der Kirche gegenüber dem Judentum, dem »erstgeborenen« Partner dieses von Gott geführten »Gesprächs«, zeigt.

Daß die Kirche des Ersten Testaments bedarf, hat sie zumindest lehramtlich und theoretisch immer wieder gegen alle gegenläufigen Bestrebungen betont. Es wird höchste Zeit, daß sie das mit »Leben« füllt. Warum sie das Erste Testament »braucht«, hat der Tübinger Exeget *Herbert Haag* 1980 in seiner Abschiedsvorlesung so ausgedrückt:

> »Das Festhalten der Kirche am Alten Testament ist nur dann gerechtfertigt, wenn dieses gegenüber dem Neuen Testament ein *Plus* aufweist: wenn es große und unentbehrliche Themen behandelt, die im Neuen Testament fehlen; wenn es dem Menschen eine Lebenshilfe anbietet, die das Neue Testament ihm nicht geben kann. Wir haben wohl insgesamt in unserem Umgang mit der Bibel den Fehler begangen, daß wir sie zu einseitig als Offenbarungsquelle und als religiöses Lehrbuch betrachtet haben, während sie doch zunächst einen Spiegel des Lebens mit seinen Höhen und Tiefen darstellt und dem Menschen in seiner Verlorenheit von Gott her Orientierung und Hilfe sein will. Dann aber benötigt die Kirche neben dem Neuen Testament als dem *Buch von Christus* ebenso dringend das Alte Testament als das *Buch von Gott und Mensch*«[215].

214 Vgl. R. Rendtorff - H. H. Henrix, Kirchen und Judentum (s. Anm. 7) 75.

215 H. Haag, Das Plus des Alten Testaments, in: ders., Das Buch des Bundes. Aufsätze zur Bibel und zu ihrer Welt, Düsseldorf 1980,304f.

Diese Sätze fassen zusammen, warum die beiden Teile der christlichen Bibel für christliches Leben konstitutiv und unverzichtbar sind. Sie bilden einerseits insofern eine »inhaltliche« (nicht nur historisch gewachsene!)[216] Einheit, als sie von dem *einen* fundamentalen Geschehen Zeugnis ablegen, das der Gottesname JHWH, den auch Jesus trägt (Jesus = »In ihm erweist sich JHWH!«), anzeigt: ER allein ist der, der wirklich Leben gebend und vollendend »da« ist und bleibt – als der auf »seine« Schöpfung in Liebe Zu-Kommende. Andererseits ist dieses »eine« Geheimnis so vielschichtig und offen, daß es nie voll aussagbar ist. Deshalb braucht es das permanente »kanonische« Gespräch darüber. Dieses Gespräch ist institutionalisiert – für Juden in der Spannung von schriftlicher und mündlicher Tora, für Christen in der Spannung der beiden Testamente.

Während das Zweite (Neue) Testament in der Gestalt Jesu Christi sozusagen die Idealgestalt erlösten Lebens und Sterbens verkündet, konfrontiert das Erste Testament stärker mit der Realität des »Durchschnittsalltags« und bricht diese von Gott her und auf ihn hin auf. Was der Prophet Natan dem David sagt, als dieser sich von der Parabel über den reichen Mann, der seinem armen Nachbarn dessen einziges Lamm stiehlt, packen läßt, geht einem bei vielen Texten des Ersten Testaments rascher unter die Haut als bei Texten des Zweiten Testaments: »Du selbst bist der Mann/die Frau, um den/die es hier geht!« (vgl. 2 Sam 12,7).

Worin der für Christen *notwendige »Gesprächsbeitrag«* des Ersten Testaments besteht, läßt sich in drei knappen Punkten so andeuten:

[216] So auch W. H. Schmidt, Altes Testament (s. Anm. 212) 82: »Wurde eine christliche Interpretation des AT in der Kirche aber nicht erst darum möglich, weil man von vornherein tiefgehende Gemeinsamkeiten, eine letzte Übereinstimmung erkannte, das AT also auch einen solchen Rückbezug anbot?«

(1) Zeugnis vom lebendigen und die Lebenspraxis verändernden Gott

Daß in den gängigen Handbüchern, die sich »Theologie des Neuen Testaments« nennen, meist nur auf wenigen Seiten von Gott die Rede ist, oder daß man sich gar mit dem Hinweis begnügt, »Jesus habe voraussetzen können, daß jedermann wußte, wer der Gott Israels sei, ›der Schöpfer, Weltregent, Gesetzgeber und Richter‹«[217], macht unbestreitbar deutlich: Ohne die eindrucksvollen Gottesbegegnungserzählungen des Pentateuch und der sogenannten Geschichtsbücher, ohne das leidenschaftliche Beten zu Gott, wie dies in den Psalmen und im Buch Ijob geschieht, ohne die Zweifel an Gott im Stil des Kohelet, aber auch ohne die prophetische Rede von Gott, der nicht neutral bleiben kann, wenn die Lebens- und Freiheitsrechte seines Volkes bedroht sind – kurz: ohne die Theo-Logie des Ersten Testaments wird die neutestamentliche Christo-Logie grund- und geschichtslos. Daß der biblische Gott ein lebendiger Gott ist, der sich im Leben seiner Verehrer erweist, indem diese ihr Leben von ihm prägen lassen, ist das Grundaxiom, mit dessen Konkretheit uns das Erste Testament viel plastischer konfrontiert als das Zweite (Neue) Testament. Und wie sähen eine christliche Schöpfungstheologie und eine kosmische Eschatologie aus, wenn es das Erste Testament nicht gäbe?

Daß der biblische Gottesgedanke ein zutiefst praktischer Gedanke ist, d. h., daß Gott nur erkennt und »schaut«, wer die von IHM gebahnten und geforderten Wege geht, ist eine Leitidee der erzählenden, prophetischen und weisheitlichen Überlieferungen des Ersten Testaments. Sie ist in einer Erzählung der Sinaiüberlieferung auf den Punkt gebracht. Dem Mose, der darum bittet, Got-

[217] H. Haag, Das Plus des Alten Testaments (s. Anm. 215) 304, mit Verweis auf H. Conzelmann, Grundriß der Theologie des Neuen Testaments, München 1967,118.

tes Herrlichkeit zu schauen und *SEINE* Wege zu erkennen, wird die erste Bitte verweigert, aber die zweite erfüllt: »Du kannst mein Angesicht nicht sehen... Aber ich will meine Herrlichkeit an dir vorübergehen lassen... Und ich werde dabei meine Hand (mich verbergend und dich schützend) über dich halten, während ich an dir vorübergehe. Dann ziehe ich meine Hand zurück und du wirst meinen Rücken sehen« (Ex 33,20–23). Diese Antwort schärft gewiß die Dialektik des nahekommenden Gottes ein, der darin zugleich der sich entfernende Gott ist; der sich offenbarende Gott ist in seiner Entbergung immer zugleich der sich Verbergende. In der Antwort schwingt aber noch eine weitere Dimension mit: Den Rücken eines anderen sieht vor allem der, der hinter diesem hergeht – und der ihm nachfolgt, und zwar auf jenen Wegen, die der vorübergehende Gott in Ex 34,6f so beschreibt: »JHWH ist ein barmherziger und gnädiger Gott, langmütig, reich an Güte und Treue. Er bewahrt Güte den Tausenden, er nimmt weg die Schuldverstrickung, die Revolte und die Verirrung. Aber er ist nicht gleichgültig gegenüber der Sünde...« *Das* ist der Weg, auf den er den Mose und sein Volk ruft. Das ist der Weg, auf dem ER Israel begegnen will. Das ist der Weg, den man gehen muß, wenn einem aufgehen soll, was das Geheimnis des biblischen Gottes ist. Wer in Schuldverstrickung und Müdigkeit im Schrei um JHWHs Vergebung die Kraft sucht, den Weg weiterzugehen, wer selbst vergibt wie dieser Gott, wer selbst gütig ist über die Maßen, wie und weil dies der Weg ist, auf dem der biblische Gott vorangeht, der begreift und erfaßt, wer dieser Gott ist. Nicht im Betrachten oder in der Pflege eines noch so schönen Bildes dieses Gottes, auch nicht in der Beschwörung eines noch so richtigen Lehrsatzes geht das Geheimnis dieses Gottes auf, sondern nur indem man den Weg geht, auf den er ruft. Das ist auch die Quintessenz aller prophetischen Interventionen, die sich mit Mi 6,8 so zusammenfassen lassen: »Es ist dir gesagt worden,

Mensch, was gut ist und was JHWH von dir erwartet. Nichts anderes als dies: Recht tun, Güte und Treue lieben, in Ehrfurcht den Weg gehen mit deinem Gott!«

(2) Einspruch gegen privatistische und weltflüchtige »Spielarten« des Christentums

Der erste Teil der christlichen Bibel ist ein heilsamer Stachel gegen die in der Christenheit immer wieder durchschlagende Versuchung, Erlösung und Heil in die individuelle Seele oder ins Jenseits zu verlagern. Das Erste Testament schärft ein Verständnis von Heil ein, das den Zusammenhang mit sichtbaren, erfahrbaren Veränderungen in der geschichtlichen, gesellschaftlichen und politischen Wirklichkeit zur unverzichtbaren Voraussetzung hat. Erlösung ist »alttestamentlich niemals anders denn als ein Geschehen vorstellbar, das zutiefst in die soziale Lebenswelt der menschlichen Gesellschaft eingreift und *dort* in seiner messianischen Qualität überprüfbar bleibt«[218]. Die Botschaft vom Kommen des Gottesreichs läßt sich vom Ersten Testament her weder auf den inneren Seelenfrieden noch auf eine nur im Glauben wahrnehmbare Realität reduzieren. Gegen alle Spielarten des privatistischen, individualistischen und spiritualisierten Christentums protestiert das Erste Testament. Nicht nur an die Sozialkritik der Propheten ist hier zu erinnern, sondern auch an jene Passagen aus den Büchern Exodus, Levitikus, Numeri und Deuteronomium, die uns Christen weniger vertraut sind, die aber in der jüdischen Überlieferung sehr großes Gewicht erhielten. Sieht man nämlich näher zu, so erzählen diese Bücher davon, daß und wie die Erlösung Israels aus den Sklavenlagern des Pharao ein geschichtliches, politisches Ereignis war. Und sie schärfen vor allem die fortdauernde Bedeutsamkeit dieses Geschehens für Israel ein, indem sie die Dimensionen der Verbesserung und Vermenschlichung der sozialen Lebensqualität herausstellen.

[218] K. Müller, Biblische Begriffe (s. Anm. 164) 423.

»Gerade dem Christen, der sich beim Vollzug seiner eigenen Kirchengeschichte angewöhnt hat, sein Heil und seine Erlösung in einem Bereich verborgener Innerlichkeit, abseits des Schauplatzes erfahrbarer Geschichte und jenseits der konkreten menschlichen Gemeinschaft zu denken, mutet die Tora erhebliche Umstellungen zu. Denn ohne Frage besteht der Großteil dieser ›dem Mose am Sinai offenbarten Tora‹ aus Sozialgesetzgebung. Aber das eigentliche und schwergewichtige Interesse der Tora gilt unübersehbar Steuern, sozialer Fürsorge, kommunaler Organisation, dem Erbrecht, den Verbrechen, der Autorität und den Verfahrensweisen vor Gericht. Man stößt auf Verordnungen über Vogelnester, gerechtes Wiegen, Infektionskrankheiten und auf das Verbot, die Bäume des besiegten Feindes zu fällen (Deuteronomium 20,19–20). Mit allem Nachdruck wird der Jude in Hunderten von Tatbeständen aufgerufen, auf dem ihn umgebenden sozialen Felde heilend und verbessernd tätig zu werden«[219].

Weil die Zuwendung Gottes zu seinem Volk politische und gesellschaftliche Veränderung bewirken und bedeuten will, hat Israel dies auch in seinen Gebeten und in seinen liturgischen Zusammenkünften eingeübt. Wenn das Deuteronomium mehrfach einschärft, daß zu den Opfermahlzeiten Fremde, Arme, Witwen und Waisen zugeladen werden sollen, dann ist dies zutiefst theologisch begründet: Liturgische Gemeinschaft mit Gott gibt es eben nur, wo und wenn soziale Gemeinschaft sehr konkret gestiftet und erfahren wird. Was diese Opfermahlzeiten sozialpolitisch bedeutet haben, geht unmittelbar auf, wenn wir den Lebensstandard und die Ernährungssituation bedenken. Selbst für wohlhabende Bauern und Handwerker war Fleisch damals eine Seltenheit. Nur bei besonderen, festlichen Anlässen konnte man sich gebratenes oder gekochtes Fleisch leisten.

[219] K. Müller, ebda. 431.

Ein solcher Anlaß waren die Schlachtopfer am örtlichen Heiligtum oder (später) am Jerusalemer Tempel, wobei ein Teil als Brandopfer galt, der größere Teil aber in der gemeinsamen Opfermahlzeit verzehrt wurde. Indem dazu nun Arme, Fremde und Ausländer, Waisen und Witwen eingeladen werden sollten, bot das Schlachtopfer diesen die Möglichkeit, trotz ihrer Armut auch in den Genuß von Fleisch zu kommen – und dabei sehr konkret zu erleben, daß der biblische Gott ein »Geber« von Fest und Freude sein will. Die »symbolische« Mahlgemeinschaft bei der christlichen Eucharistiefeier wirkt da nur noch als »stilisierter« Nachklang der Botschaft, daß Gott satt machen will: lebenssatt!

»Politisch« wird das Erste Testament vor allem in jenen Passagen, in denen es die Ambivalenz und die strukturelle Gefährlichkeit der politischen Institutionen aufdeckt und bekämpft. Daß die oppositionellen Einzelpropheten (im Unterschied zu den beamteten Hof- und Tempelpropheten, aber auch zu den volkstümlichen »Ordenspropheten«) konstitutiv zur Geschichte Gottes mit seinem Volk gehören, mögen sie nun als Antipoden von Königtum (Staat) und Priesterschaft (Tempel) oder als Kritiker der Oberschicht oder als warnende Prediger vor dem Volk (sozusagen als »Gewissen des Volkes«) auftreten, ist eine theologische Vorgabe Gottes, ohne die eine nur neutestamentlich orientierte Ekklesiologie oder »Soziallehre« eben jene Fehlleistungen produziert, die uns aus der Kirchengeschichte nur allzu bekannt sind.

(3) Wegweisung und Ermutigung im Alltag

Wer in den vielfältigen Situationen des Alltags, in den konkreten Beziehungs- und Erlebnisfeldern, in denen sich Menschsein verwirklicht, Orientierung und Hilfe sucht, der wird zumeist auf den ersten Teil der Bibel ausweichen müssen bzw. können. Dort trifft er auf Menschen, die in Leid und Schuld, in Freude und Todesangst, in Wissensdurst und in Skepsis, in ihrer täglichen Arbeit, in der Freude der sexuellen Liebe, im Feiern üppiger Feste, aber auch unter der Last von Gewalt und Feindschaft, von Zweifel und Versagen ihr Leben von Gott her und auf ihn hin leben wollen. Das Erste Testament weiß um die Höhen und die Tiefen des Zusammenlebens von Eltern und Kindern, von Mann und Frau, von Geschwistern und Verwandten. Es weiß um den Mißbrauch von Macht. Es weiß von den Aggressionen und Begierden des Menschen, aber auch von seinen Träumen und Sehnsüchten.

Schon auf seinen ersten Seiten deckt es in den Urzeit-Erzählungen die Gefährdungen und Versuchungen auf, unter denen die Menschheit leidet – und es entwirft Gegenbilder und Gegenvisionen von Gott her, damit das Leben dennoch gelingen kann. Es verdrängt das Leid und den Tod nicht, sondern weist Wege, wie das Leben trotzdem angenommen und bestanden werden kann.

Und immer wieder variiert es, daß die Schöpfung und daß das Leben von Gott her gut und schön sind. Und es lädt den Menschen ein, sich am Leben zu freuen. Freude am konkreten, irdischen Leben – hier bildet das Erste Testament eine wichtige Ergänzung zum Zweiten Testament. Gewiß redet auch das Zweite Testament öfter von Freude. Aber meist ist dies »eine spiritualisierte Freude, eine Freude, die jenseits der Wirklichkeit dieses Lebens liegt: Freude über den Lohn im Himmel (Mt 5,11f), Freude über die Anwesenheit Jesu bei den Jüngern (Mt 9,15; Joh 15,11), Freude durch die Geistsendung (Joh 16,20), kurzum: Freude im Herrn (Phil 4,4). Wir müssen uns aber fragen, ob man sich immer nur ›im Herrn‹ freuen kann, ob es nicht geradezu unmenschlich ist, sich immer nur ›im Herrn‹ zu freuen. Im AT freut man sich am Leben, man freut sich am Fest, man freut sich bei der Ernte, man freut sich über das Essen, besonders über den Wein, man freut sich an der Natur... und vieles andere mehr«[220].

[220] H. Haag, Das Plus des Alten Testaments (s. Anm. 215) 304.

Daß die christliche Bibel ein »Lebensbuch« ist, verdankt sie vor allem ihrem ersten Teil!

Daß die sich aus dem Judentum lösende Kirche das »Erste Testament« gegen alle in ihr aufkommenden Bestrebungen, diesen »jüdischen« Teil abzustoßen, dennoch fest- und beibehalten hat, muß *theologisch* ernst genommen werden. Darin spricht sich die Überzeugung der Kirche aus, daß sie nur im spannungsreichen Kraftfeld der *beiden* Teile ihrer Bibel *zusammen* im Kraftfeld der Gotteswahrheit lebt. Deshalb sind eigentlich alle Wertungen und Vergleiche, welcher Teil wichtiger und unverzichtbarer ist, obsolet. Ebenso sind alle Diskussionen darüber, ob das Erste Testament für uns Christen eine »ureigene« oder nur eine von seiner Bezogenheit auf das Neue Testament her »abgeleitete« Autorität hat, obsolet[221]. Beide Testamente sind »gleichwertig« und wollen in das von ihnen bezeugte Geschehen hineinnehmen, daß das Gottesreich »im Kommen ist«. Daß das Kommen des Gottesreichs *auch* das Verhältnis der Kirchen zum Judentum gestalten und vitalisieren will, ist die »kanonische« Botschaft der dialogischen Einheit von Erstem und Zweitem Testament.

3. Kanonisiertes Ja zur theologischen Würde des Judentums

Gewiß, die Kirche hat das Erste Testament als Teil »ihrer« Bibel kanonisiert. Er ist ihr »monotheistisches Gewissen«[222]. Er bewahrt sie vor der immer wieder drohenden

[221] Anders H. D. Preuß, Das Alte Testament (s. Anm. 10) 21: »Das AT ist... für den Christen als Teil seiner Bibel durch das NT mitgesetzt. Es hat eine abgeleitete Autorität. Die beiden Teile des christlichen Bibelkanons sind aufeinander bezogen, aber weder gleichartig noch gleichwertig. Sie können und wollen (!) nicht in eins gesetzt werden« (Das Ausrufezeichen stammt von H. D. Preuß: woher weiß er das?).

[222] H. Graß, Christliche Glaubenslehre II, Stuttgart 1974,97.

Häresie des Christomonismus[223], und vor einer hellenisierenden Auflösung der Gotteswirklichkeit in »schöne« Gottesideen[224]. Aber mit welchem Recht lesen wir überhaupt das Erste Testament? Was »geschieht« da eigentlich, wenn in einer christlichen Liturgie als »Gottes Wort« verkündet wird:

> »Und Mose stieg hinauf zu Gott und JHWH rief ihm vom Berg her zu: So sollst du zum *Haus Jakob* sprechen und so sollst du *den Kindern Israel* verkünden: Ihr habt gesehen,... wie ich *euch* auf Adlerflügeln getragen und hierher zu mir gebracht habe... *Ihr* seid mir ein Königreich von Priestern und ein heiliges Volk...« (Ex 19,3–6*).

Was geschieht, wenn in einer christlichen Liturgie der in Num 6,24–26 überlieferte Segen gesprochen wird, wenn es doch im kanonisierten Bibeltext eigentlich heißt:

> »JHWH sprach zu Mose: Rede zu Aaron und seinen Söhnen: So sollt ihr *die Kinder Israel* segnen, indem ihr sprecht: ›JHWH segne *dich* und behüte *dich*...‹ So sollen sie meinen Namen *auf die Kinder Israel* legen und ich werde *sie* segnen« (Num 6,22–27*).

Was geschieht, wenn Christen in der Liturgie die Psalmen beten und singen, so beispielsweise den wunderschönen 80. Psalm:

> »Du Hirte *Israels*, höre doch,
> du, der Josef weidet wie eine Herde!
> Der auf den Keruben thront, erscheine doch
> vor *Efraim, Benjamin und Manasse*!« (Ps 80,2f)

Daß eine christliche Theologie, die die Kirche als das »wahre Israel« begreift, das an die Stelle des »alten ver-

[223] Vgl. zu Neuansätzen einer Christologie die wichtigen Überlegungen von H. Vorgrimler, Zum Gespräch über Jesus, in FS-E. L. Ehrlich (s. Anm. 20) 148–160.

[224] Vgl. dazu J. B. Metz, Kampf um jüdische Traditionen in der christlichen Gottesrede: KuI 2,1987,14–23: ders., Theologie als Theodizee?, in: W. Oelmüller (Hrsg.), Theodizee - Gott vor Gericht?, München 1990,103–118.

worfenen Israel« getreten ist, diese Texte naiv und ungebrochen auf die Kirche beziehen kann und hier kein Problem sieht, braucht nicht weiter erörtert zu werden. Eine solche Position ist schlichtweg unbiblisch und theologisch irrig. Die Frage soll hier auch nicht im Horizont jener Bestimmungen des Verhältnisses Kirche – Israel reflektiert werden, die Israels ureigene und von der Kirche unabhängige theologische Würde bestreiten[225]. Vielmehr soll eine Antwort versucht werden auf dem Boden jener urbiblischen Theologie, die durch das Zweite Vatikanum »wiederentdeckt« wurde, wonach Israel im nie gekündigten Gottesbund steht und *diese* Texte als die ihm *ureigen* zugesprochene Gottesbotschaft hört. Wenn das, woran nicht zu zweifeln ist, der *Ausgangspunkt* unserer Antwort sein muß, kann die Kirche beim Verkündigen und Hören dieser Texte den eigentlichen Adressaten der Texte nicht länger ignorieren. Sie darf diese Texte sich nicht so *aneignen*, daß sie dabei Israel *enteignet*. Sie kann sie aber auch *nicht weglassen*, weil sie ihr vom Juden Jesus, der sie auf seinen Weg der Gottesgemeinschaft ruft, übergeben sind. Wie also soll die Kirche ihr Erstes Testament hören und lesen?

Die *erste Antwort* auf diese Frage ist so einfach wie folgenreich zugleich: Die Kirche muß diese Texte als *Gottesbotschaft an und über das jüdische Volk* hören. Das ist so einfach, weil die Texte es ja selbst so sagen. Dies läuft freilich unseren christlichen Vereinnahmungsgewohnheiten zuwider, in denen wir am liebsten *alles* so auf uns beziehen, daß es »eigentlich« uns gegeben ist. Daß *alles*, was in den Heiligen Schriften des Ersten Testaments geschrieben

[225] Die Spielarten dieser Positionen hat B. Klappert, Israel und die Kirche. Erwägungen zur Israellehre Karl Barths, München 1980,7, kurz so klassifiziert: »Die Kirche ersetzt Israel (Substitutionsmodell), die Kirche integriert Israel (Integrationsmodell), Israel ist lediglich Vorstufe und Vorabbildung der Kirche (Typologiemodell), Israel ist die exemplarische Negativfolie der Kirche (Illustrationsmodell), und Israel ist als Fall... von dem allen Menschen geltenden Allgemeinen ein- und unterzuordnen (Subsumtionsmodell).«

ist, zu unserer Belehrung geschrieben ist (Röm 15,4), heißt ja nicht, daß alles *über uns* geschrieben ist. Nein: Zuallererst müssen wir lernen, diese Heilige Schrift als Gottesbotschaft über die Liebe Gottes zu Israel zu hören – und zuallererst als »Gottesgeschichte«, d. h. als Zeugnis über jenen Gott, der auf *vielerlei Weise* geredet und gehandelt hat. Wer seine Mutter und seinen Vater bewundert und liebt, wird sich nicht nur an dem begeistern, was die Eltern mit ihm und für ihn tun. Er/sie wird sich mindestens, vielleicht sogar mehr faszinieren lassen von allem, was die Eltern sonst noch bzw. überhaupt tun und sind. *So* sollen wir Christen zuallererst die Gottesbotschaft des Ersten Testaments hören: als *judaica veritas*, als Wahrheit über Israel[226]. Wir müssen sie hören nicht nur als Gottes Wort über das »alttestamentliche« Israel, sondern auch über das »nachbiblische« Israel *und* über unser Verhältnis zu diesem Israel. Der Systematiker *Friedrich-Wilhelm Marquardt* hat diese neue Art des Umgangs der Christen mit dem Ersten Testament so auf den Punkt gebracht:

> »Wozu ist christliches Bibellesen gut im christlich-jüdischen Verhältnis, wenn es uns nicht zutreffende Begriffe von diesem Verhältnis schaffen kann? Antwort: Das Alte Testament verschafft den Christen eine erste Auslegung und insofern eine Beziehungsgrundlage ihrer in Jesus Christus gesetzten Beziehung zum jüdischen Volk. Das Alte Testament dient ihnen als Sprachschule – im umfassenden Sinn – für ihre Einbürgerung in die Gemeinschaft der vor ihnen erwählten Heiligen. Das Alte Testament ist für sie der Staatsbürgerkundeunterricht vor ihrer Naturalisierung im Volk Gottes. Im Alten Testament lernen sie die Geschichte kennen, die nicht ihre ist, aber die des Volkes, in dem sie heimisch werden wollen, und die zu der ihren werden soll. Wer das Alte Testament versteht, lernt die neue Welt kennen, in die er einwandert«[227].

[226] Vgl. dazu P. von der Osten-Sacken, Die Erwählung des jüdischen Volkes in ihrer Bedeutung für die Kirche, in: FS-E. L. Ehrlich (s. Anm. 20) 234f.
[227] F.-W. Marquardt, Vom Elend (s. Anm. 1) 434.

Gerade deshalb ist es theologisch konsequent, wenn die Kirche heute den hebräischen (und für Dan 2,4b–7,28 aramäischen) Urtext zugrunde legt. Und es ist wichtig – zumindest für die Theologen –, daß die Kirche nicht nur um die kanonische Sinnrichtung des Tenach weiß, sondern sie als die »ältere« jüdische »Lesart« hochschätzt und endlich aufhört, sie (und sich selbst!) mit den dümmlichen Klischees von »Gesetzlichkeit«, »Werkgerechtigkeit« usw. zu disqualifizieren.

Die *zweite* Antwort auf die Frage, wie und wozu die christliche Kirche das Erste Testament lesen, hören und beten soll, ist weniger einfach. Sie schickt uns Christen auf eine schwierige Gratwanderung. Sie klang oben bereits in dem Zitat von F.-W. Marquardt an. Es ist eine Antwort, die diese Texte nun aber doch – wenn auch erst in abgeleiteter Weise – mit uns, der Kirche und den Christen, in Beziehung setzen will und muß. Die Texte des Ersten Testaments bedeuten als Teil der christlichen Bibel nicht nur das kanonisierte christliche Ja zum Judentum (das die Kirche ihm über Jahrhunderte weithin, ja gänzlich verweigert hat!), sie sind auch Gottes Wort an und über uns, weil und insofern »die Kirche durch Jesus Christus in den Bund Gottes mit seinem Volk hineingenommen ist«[228].

Insofern die Kirche *auch* in der Gnade des »Neuen Gottesbundes« (vgl. dazu oben IV.) lebt, darf sie dessen Gottes-Wahrheit *mit* Israel teilen. Das ist Gottes Zumutung an Christen *und* Juden. Und dies ist auch eine Wurzel jener Haß-Liebe, die das christlich-jüdische Verhältnis so schwierig macht. *Franz Rosenzweig* hat das nüchtern und visionär zugleich so ausgedrückt:

> »Vor Gott sind so die beiden, Jude und Christ, Arbeiter am gleichen Werk. Er kann keinen entbehren. Zwischen beiden

[228] Rheinische Synode von 1980: vgl. R. Rendtorff – H. H. Henrix, Kirchen und Judentum (s. Anm. 7) 594; zur theologischen Reflexion über diese Formulierung vgl. R. Rendtorff, Hat denn Gott sein Volk verstoßen? (s. Anm. 10) 113–116.

hat er in aller Zeit Feindschaft gesetzt und doch hat er sie aufs engste wechselseitig aneinander gebunden. Uns gab er ewiges Leben, indem er uns das Feuer des Sterns seiner Wahrheit in unserm Herzen entzündete. Jene stellte er auf den ewigen Weg, indem er sie den Strahlen jenes Sterns seiner Wahrheit nacheilen machte in alle Zeit bis hin zum ewigen Ende. Wir schauen so in unserm Herzen das treue Gleichnis der Wahrheit, doch wenden wir uns dafür vom zeitlichen Leben ab und das Leben der Zeit sich von uns. Jene hingegen laufen dem Strom der Zeit nach, aber sie haben die Wahrheit nur im Rükken; sie werden wohl von ihr geleitet, denn sie folgen ihren Strahlen, aber sie sehen sie nicht mit Augen. Die Wahrheit, die ganze Wahrheit, gehört so weder ihnen noch uns. Denn auch wir tragen sie zwar in uns, aber wir müssen deswegen auch den Blick erst in unser eigenes Innre versenken, wenn wir sie sehen wollen, únd da sehen wir wohl den Stern, aber nicht – die Strahlen. Und zur ganzen Wahrheit würde gehören, daß man nicht bloß ihr Licht sähe, sondern auch, was von ihr erleuchtet wird. Jene aber sind ohnehin schon in alle Zeit bestimmt, Erleuchtetes zu sehen, nicht das Licht.
Und so haben wir beide an der ganzen Wahrheit nur teil. Wir wissen aber, daß es das Wesen der Wahrheit ist, zu teil zu sein, und daß eine Wahrheit, die niemandes Teil ist, keine Wahrheit wäre; auch die ›ganze‹ Wahrheit ist Wahrheit nur, weil sie Gottes Teil ist. So tut es weder der Wahrheit Abbruch noch auch uns, daß sie uns nur zuteil wird. Unmittelbare Schau der ganzen Wahrheit wird nur dem, der sie in Gott schaut. Das aber ist ein Schauen jenseits des Lebens. Lebendiges Schauen der Wahrheit, ein Schauen, das zugleich Leben ist, wächst auch uns nur aus der Versenkung in unser eignes jüdisches Herz und auch da nur im Gleichnis und Abbild. Und jenen ist um des lebendigen Wirkens der Wahrheit willen das lebendige Schauen überhaupt versagt. So sind wir beide, jene wie wir und wir wie jene, Geschöpfe grade um dessentwillen, daß wir nicht die ganze Wahrheit schauen«[229].

Das hier ausgesprochene Verständnis von »Heilswahrheit« als dialogisches Geschehen, das auf Israel und die Kirche zukommt und, solange Israel und Kirche »auf dem

[229] F. Rosenzweig, Der Stern der Erlösung, Haag 1976,462 f.

Wege«, eben geschichtlich sind, nie zum »Wahrheitsbesitz«, sondern nur zur »Wahrheitsteilhabe« führt, ist ein neuerdings auch in der christlichen Theologie (wieder) entdeckter Ansatz, Offenbarung als das Wunder der Selbstmitteilung Gottes zu begreifen, dem sich Menschen immer nur »annähern« können – und zwar unter den Bedingungen ihrer jeweiligen Geschichtlichkeit und damit Begrenztheit. Diese Wahrheit Gottes hat einerseits universalen Verpflichtungscharakter, aber sie wird andererseits nur in der partikularen Bewegung von Israel und Kirche auf sie hin »ergriffen« (ohne Besitz zu werden!). Von diesem Ansatz her sagt der Münsteraner Dogmatiker *Herbert Vorgrimler* über das Verhältnis von Juden und Christen mit Recht:

> »Die Möglichkeiten,...auch in der Ökumene von Juden und Christen, einander das Sein in der Wahrheit zuzusprechen, Wahrheit verstanden als Heilszusage und absolute Verpflichtung, nicht aber als Besitz, sind noch längst nicht ausgeschöpft«[230].

Indem Juden und Christen die gleichen Heiligen Schriften, wenngleich in jeweils anderer Lesart als »Heilswahrheit« lesen, an der sie gemeinsam und zugleich anders teilhaben, *realisieren* sie zugleich diese Heilswahrheit, die ja zutiefst auf den umfassenden Schalom Israels und der Kirche, ja der Völkerwelt und der Schöpfung zielt.

Daß die Kirche das Erste Testament so auch als *an sie* gerichtetes Gotteswort hört, ist deshalb freilich eine Gratwanderung, weil sie es nie *gegen*, sondern nur *mit* Israel hören und verstehen kann. Wenn sie diese Geschichten über Gottes Handeln an Israel hört, sind dies zwar keine Geschichten *über* die Kirche, aber Geschichten, die auch ihr erzählt werden, damit sie daraus »Kraft und Hoffnung« (vgl. Röm 15,4) für ihren Weg schöpft, den sie nicht

[230] H. Vorgrimler, Wahrheit (s. Anm. 53) 52 Anm. 28.

gegen, sondern nur mit solidarischem Blick auf Israel gehen kann. Und wenn sie die Psalmen Israels betet, kann sie diese als *ihre* Gebete nur rezitieren und singen, wenn sie das in bejahter messianischer Geschwisterlichkeit mit dem jüdischen Volk tut.

4. Messianische Gemeinschaft von Israel und Kirche

Das Erste Testament, das die Christen mit den Juden teilen »müssen«, zwingt sie nicht nur, ein für allemal allen Versuchungen zu einem triumphalistischen Absolutheitsanspruch zu widersagen, es konfrontiert sie auch beharrlich mit der Erinnerung, daß sie gerade als Kirche Jesu Christi nicht am Ziel, sondern auf dem Wege sind - zusammengebunden in einer messianischen Weggemeinschaft mit den Juden. Daß diese »Botschaft« den Christen nicht immer leicht gefallen ist und fällt, haben die Juden schmerzlich erleiden müssen, bis hin zu Auschwitz. *Franz Rosenzweig* hat auch dies klar und visionär erkannt:

> Das »Dasein des Juden zwingt dem Christentum in aller Zeit den Gedanken auf, daß es nicht bis ans Ziel, nicht zur Wahrheit kommt, sondern stets - auf dem Weg bleibt. Das ist der tiefste Grund des christlichen Judenhasses, der das Erbe des heidnischen angetreten hat. Er ist letzthin nur Selbsthaß, gerichtet auf den widerwärtigen stummen Mahner, der doch nur durch sein Dasein mahnt, - Haß gegen die eigene Unvollkommenheit, gegen das eigene Nochnicht«[231].

Daß die Kirche und die Christen sich so schwer tun, sich auf die Gottes-Wahrheit des Ersten Testaments *und* auf die *theologisch* gebotene Aussage, daß die Juden eben diese Heilige Schrift als ihren Tenach auf ihre Weise als Gotteswort hören, einzulassen, hängt in der Tat letztlich

[231] F. Rosenzweig, Der Stern der Erlösung(s. Anm. 229) 459.

mit dem zusammen, was *Johann Baptist Metz* die messianische Schwäche des Christentums genannt hat:

> »Hat sich das Christentum, gerade im Vergleich mit der jüdischen Religion, nicht immer wieder seine eigene *messianische Schwäche* verborgen? Schlägt im Christentum nicht immer wieder ein gefährlicher heilsgeschichtlicher Triumphalismus durch, den gerade die Juden in besonderer Weise zu spüren bekommen? Ist er aber die unvermeidliche Konsequenz aus dem Glauben der Christen an das in Christus endgültig verbürgte Heil? Haben nicht vielmehr auch die Christen noch etwas zu erwarten und zu befürchten - nicht nur für sich selbst, sondern für die Welt und die Geschichte im ganzen? Müssen nicht auch die Christen ihr Haupt erheben dem messianischen Tag des Herrn entgegen? Welchen intelligiblen Rang aber hat für christliche Theologen eigentlich die urchristliche Lehre von der Erwartung des messianischen Tages des Herrn? Welche Bedeutung hat sie - nicht nur als (ohnehin meist ratlos oder verschämt behandelter) Inhalt christlicher Theologie, sondern als Prinzip theologischer Erkenntnis? Hätte sie eine (oder hätten Christen sie an Auschwitz neu entdeckt), dann würde sie als erstes verständlich machen, daß messianisches Vertrauen nicht identisch ist mit der unter Christen häufig herrschenden Sinneuphorie, die sie so unempfänglich macht gegenüber apokalyptischen Bedrohungen und Gefährdungen inmitten unserer Geschichte und die sie mit der Apathie der Sieger auf fremdes Leid reagieren läßt. Und sie würde christlicher Theologie vielleicht bewußter machen, wie sehr die apokalyptisch-messianische Weisheit des Judentums im Christentum gesperrt und verdrängt ist. Wenn für mich die Gefahr jüdischer Messianität darin besteht, daß sie alle Versöhnung für unsere Gegenwart immer wieder suspendiert, dann besteht für mich die Gefahr christlich verstandener Messianität darin, daß sie die in Christus begründete Versöhnung zu sehr in unsere Gegenwart einschließt und dem jeweils gegenwärtigen Christentum nur allzu gern ein Zeugnis seiner moralischen und politischen Unschuld ausstellt«[232].

[232] J. B. Metz, Jenseits bürgerlicher Religion. Reden über die Zukunft des Christentums, München - Mainz 1980,37 f.

Gerade das ernsthafte Hinhören der Christen auf die sogenannten messianischen Texte des Ersten Testaments sollte sie einerseits dafür wach halten, daß die Verheißungen Gottes *noch nicht* erfüllt sind – wie unerträglich wären sonst die Gegenwart und die Zukunft , wenn wir über das hinaus, was schon »ist«, nicht noch etwas zu erwarten, zu erhoffen hätten (nämlich: IHN, den zur Vollendung kommenden Gott)! Und das Hören auf das Erste Testament sollte andererseits das die Christen ärgernde Nein der Juden zu Jesus als dem Messias verständlich machen, wenn diese, nicht zuletzt aus der Differenz zwischen den messianischen Texten des Tenach und der von den Christen mit Jesus verbundenen messianischen Wirklichkeit, die Messiasfrage meinen offen halten zu müssen – um des Gottesreiches willen!

Der Tenach bzw. das Erste Testament ist der *Lebensbaum*, um den herum Juden und Christen in messianischer Gemeinschaft neben- und miteinander leben und arbeiten sollen . Sie sollen den Lebensbaum, den Gott selbst gepflanzt hat, schützen und pflegen. Das wird ihnen am ehesten gelingen, wenn sie ihn mit dem Herzen wahrnehmen, ihn bewundern und lieben, sich an ihm freuen und ihn genießen. Und sie dürfen – jeder auf seine Weise – mithelfen, daß dieser Lebensbaum seine unendlich reichen und kostbaren Gaben austeilen kann, nicht nur ihnen, sondern allen Völkern: seine Schönheit und seinen Duft, seine Früchte und seinen Schatten, seinen Schutz und seine Stille; aber auch die Geschichten, die er erzählen kann, die Träume, die er wecken will, und die heilenden Kräfte, die von ihm ausgehen können – für die bedrohte Erde.

Was der »Tenach-Lehrer« Jesus, Sohn des Sirach, um 180 v. Chr. die Tora über sich selbst sagen läßt, gilt für den Tenach bzw. das Erste Testament überhaupt:

»Ich schlug Wurzeln in dem geehrten Volk,
im Eigentum des Herrn, in seinem Erbbesitz.
Wie eine Zeder auf dem Libanon wuchs ich empor,
wie eine Zypresse hoch auf dem Hermon;
ich wuchs wie die Palmen in En-Gedi,
wie die Oleanderbüsche in Jericho,
wie ein prächtiger Ölbaum in der Schefela,
wie eine Platane am Wasser wuchs ich.
Der lieblichste Duft ging von mir aus
wie Duft von Zimt, Gewürzrohr und Myrrhe,
wie der von Galbanum, Onyx und Stakte,
wie der von Weihrauchwolken im heiligen Zelt.
Wie eine Terebinthe breitete ich meine Zweige aus,
und meine Zweige waren voll Herrlichkeit und Anmut.
Wie ein Weinstock trieb ich wunderschöne Ranken,
und meine Blüten wurden köstliche und reiche Frucht.
Kommt her zu mir, die ihr mich begehrt,
und sättigt euch an meinen Früchten.
An mich zu denken ist süßer als Honig,
und mich zu erlangen ist noch besser als Wabenseim.
Die mich essen, hungern nach mehr,
und die mich trinken, dürsten nach mehr...« (Sir 24,12-21).